Der Insel Verlag, der das Faksimile des berühmten Evangeliars Heinrichs des Löwen verlegt, macht mit der vorliegenden Chronik von Helmut Hiller eine Biographie wieder zugänglich, die, auf neuestem Forschungsstand basierend, ein umfassendes Portrait des genialen Welfenherzogs liefert, eingebettet in die kultur- und sozialgeschichtlichen Begleitumstände der Zeit Friedrichs I. Barbarossa.

Ohne Heinrich den Löwen, der sich vom bedeutendsten Mitstreiter zum erbittertsten Feind Friedrichs I. Barbarossa wandelte, wäre die deutsche Geschichte mit Sicherheit anders verlaufen. Er bemühte sich um die Stärkung der welfischen Herzogsgewalt über das Herzogtum Sachsen hinaus, er förderte den Ostseehandel nicht zuletzt durch die Neugründung Lübecks und weitete seinen Einfluß durch Städtegründungen aus (München, Braunschweig, Schwerin, Lüneburg u. a.). Da sich die Aktionen der Welfen gegen Kaiser und Reich richteten, mußte Friedrich I. den Herzog in die Schranken weisen: 1179 wurde ihm der Prozeß gemacht, er ging daraufhin nach England in die Verbannung. Nach seiner Rückkehr unter Heinrich VI. mußte er sich mit dem welfischen Eigenbesitz um Braunschweig-Lüneburg begnügen. Im Jahre 1195 starb Heinrich der Löwe, einst einer der mächtigsten und reichsten Fürsten seines Jahrhunderts.

Helmut Hiller (1923–1992) ist Autor von Biographien Friedrichs I. Barbarossa und Ottos des Großen, einer kritischen Papstgeschichte sowie eines »Lexikons des Aberglaubens«.

insel taschenbuch 922

Helmut Hiller

Heinrich der Löwe

HEINRICH DER LÖWE

Der verhinderte König

Eine Chronik von Helmut Hiller

Insel Verlag

Umschlagabbildung:
Heinrich der Löwe und seine Gemahlin Mathilde werden von Gott gekrönt. Aus dem von Heinrich dem Löwen in Auftrag gegebenen Evangeliar für den Braunschweiger Dom, Helmarshausen um 1175.
Der für die vorliegende Taschenbuchausgabe vom Autor überarbeitete Text folgt der Ausgabe:
Helmut Hiller, *Heinrich der Löwe.*
List Verlag, München 1978

insel taschenbuch 922
Erste Auflage 1985

Vertrieb durch den Suhrkamp Taschenbuch Verlag
Umschlag nach Entwürfen von Willy Fleckhaus
Druck: Nomos Verlagsgesellschaft, Baden-Baden
Printed in Germany

5 6 7 8 9 – 00 99 98 97 96 95

Inhalt

Anhang

Vorwort

Welfenstolz und Welfentrotz sind in der deutschen Geschichte beinahe sprichwörtlich. Dabei liegen die Motive für die Taten Heinrichs des Löwen, des bedeutendsten Welfen, keineswegs so offen zutage, wie man allzu vereinfachend gerne glaubt. Heinrich hatte von Geburt her als Kaiserenkel mehr und bessere Anrechte auf die deutsche Königskrone als sein staufischer Vetter Friedrich I. Barbarossa. Das wird oft zu wenig beachtet. Es war der Anlaß, dieser 4. Ausgabe meiner Biographie Heinrichs des Löwen den Untertitel »Der verhinderte König« zu geben. Für das Verhalten des Welfen mußte diese seine genuine Überlegenheit von großer Bedeutung sein. Was waren die Beweggründe für den Verzicht des etwa Dreiundzwanzigjährigen auf seine Ansprüche im Jahre 1152? Die jahrzehntelange Verpflichtung Heinrichs, sich trotz seines Elans, seiner Macht und seines Reichtums mit dem zweiten Platz im Reich begnügen zu müssen, hat seinen Charakter aufs äußerste belastet. Schließlich mußte er diese Einschnürung eines Tages zerreißen, um endlich den Versuch zu unternehmen, seine angeborenen Rechte zu verwirklichen. Aber Heinrich machte seinen Versuch halbherzig, und da erwies sich sein staufischer Vetter abermals stärker und geschickter und siegte.

Es ist interessant zu beobachten, wie sich die Charaktere von Barbarossa und Heinrich gegenläufig entwickelten: Der Staufer wurde mit zunehmendem Alter toleranter und verhandlungsbereiter, während sein welfischer Vetter schroffer und verschlossener wurde. Aber selbstverständlich werden in dem vorliegenden Buch nicht nur die Beziehungen dieser beiden Männer dargestellt, sondern auch Heinrichs Widersacher Albrecht der Bär, Wichmann von Magdeburg, Otto von Freising, Hartwig von Bremen, die Kölner Erzbischöfe

Rainald von Dassel sowie Philipp von Heinsberg, König Waldemar I. von Dänemark usw. Ebenso finden Papst Alexander III., Kaiser Manuel I. von Byzanz und König Heinrich II. von England als die wichtigen Gegenpole bei den Manövern Heinrichs des Löwen um seine Machtposition gegenüber Friedrich Barbarossa ihren Platz.
Ebenso wie in meinem Buch »Friedrich Barbarossa und seine Zeit« (1977) habe ich auch hier kultur- sowie sozialgeschichtliche Begleitumstände berücksichtigt und mich tunlichst an eine chronologische Darstellung gehalten. Dies hat für den Leser den Vorteil, daß er über gleichzeitige Ereignisse nicht an auseinanderliegenden Stellen erfährt, sondern ebenso chronologisch damit konfrontiert wird wie die handelnden Personen. Der Autor wird andererseits gezwungen, sich zur zeitlichen Eingliederung sonst nicht eindeutig fixierter Ereignisse zu bekennen, so daß der Leser einen klaren, wenn auch vielleicht subjektiven chronologischen Überblick bekommt. Der neueste Stand der Forschung wurde möglichst vollständig berücksichtigt. Ich hoffe, wieder einen guten Kompromiß zwischen relativer Exaktheit und einer allgemein ansprechenden Darstellung gefunden zu haben.

Helmut Hiller

1125–1142

Die Welfen werden um die deutsche Königskrone gebracht

Zweimal wurden im 12. Jahrhundert die deutschen Königswahlen manipuliert und verfälscht.
Obwohl 1125 als Nachfolger des kinderlosen Saliers Heinrich V. nach Brauch und Geblütsrecht nur dessen staufischer Neffe, der Schwabenherzog Friedrich der Einäugige in Betracht gekommen wäre, schob der Mainzer Erzbischof den salierfeindlichen Sachsenherzog Lothar von Supplinburg vor. Man befürchtete, der Schwabe würde als König eine kirchenfeindliche Politik treiben, und deshalb sorgte der Mainzer Erzbischof als der mächtigste deutsche Kirchenfürst mit einer verfänglichen Frage dafür, daß sich der Staufer die Antipathien der wahlberechtigten Fürsten zuzog. Dem welfischen Bayernherzog Heinrich dem Schwarzen wurde für seinen Sohn die Tochter des Supplinburgers versprochen, womit seinem Haus zusätzlich die Herrschaft über das große Herzogtum Sachsen, vielleicht aber sogar die Nachfolge des Königs winkte. Dafür gab der Welfe seine Stimme dem Supplinburger und nicht seinem staufischen Schwiegersohn Friedrich von Schwaben. Lothar erhielt so die Mehrheit bei der Wahl und kam auf den deutschen Königsthron. Der Staufer zog grollend nach Hause, und der Zwist zwischen Staufern und Welfen, der mit Unterbrechungen mehr als hundert Jahre dauern sollte, nahm seinen Anfang.
Aber diese Wahl kann man beinahe noch als regelgerecht bezeichnen im Vergleich zu den Manipulationen, die dreizehn Jahre später, nach dem Tode Lothars III., in Szene gesetzt wurden. Der Welfe Heinrich der Stolze war in diesen dreizehn Jahren nicht nur der Schwiegersohn Kaiser Lothars ge-

worden, sondern der Supplinburger hatte ihn 1137 auf einem gemeinsamen Kriegszug in Italien auch noch mit den ausgedehnten Mathildischen Gütern zwischen Po und Trasimenischem See sowie mit der Markgrafschaft Tuszien belehnt. Die jüngeren Welfen hatten von den Este her ohnedies italienisches Blut in den Adern und haben Ende des 11. Jahrhunderts durch eine Heirat des siebzehnjährigen Welf V. mit der damals über vierzig Jahre alten Markgräfin Mathilde schon einmal versucht, in den Besitz dieser Mathildischen Güter zu kommen – allerdings vergeblich, weil diese merkwürdige Ehe nach sechsjähriger Dauer wieder auseinanderging.

Durch den Tod Lothars am 4. Dezember 1137 kam der Welfe außerdem erwartungsgemäß in den Besitz des Herzogtums Sachsen, so daß sich seine Herrschaft über Gebiete von der Ost- und Nordsee bis hinab ans Mittelmeer erstreckte. Die Welfen waren damit die weitaus mächtigsten und reichsten deutschen Fürsten – zweifellos allzu reich und mächtig, um nicht sogleich Neid und Furcht bei den anderen Fürsten zu erregen.

Kaiser Lothar III. hat seinen Schwiegersohn Heinrich den Stolzen kurz vor seinem Tod durch Übergabe der Reichsinsignien zu seinem Nachfolger designiert und dadurch den Grundstock für ein starkes deutsches Königtum in der Hand der Welfen gelegt. Ein solches kraftvolles Königtum war aber nicht nach dem Geschmack der Fürsten, und vor allem paßte es nicht in das Konzept der Kirche. Wie stolz Heinrich der Stolze war, das hatte Papst Innozenz II. während des zurückliegenden Italienzuges Kaiser Lothars und seines Schwiegersohnes bereits zu spüren bekommen, als ihm der Welfe wiederholt seinen Willen aufgezwungen hatte. Also setzte sich gleich eine ganze Reihe von Gegnern in Bewegung, als bekannt wurde, daß sich Heinrich der Stolze nach Lothars Tod im Besitz der Reichsinsignien befand. Alle Mittel wurden ergriffen, die Wahl des Welfen auf den deutschen Königsthron zu verhindern. Das lange Interregnum von Anfang Dezember 1137 bis zum 22. Mai 1138, dem Termin der Wahlversammlung, gab den verschiedenen Parteien reichliche Gelegenheit für Intrigen.

Erzbischof Albero von Trier – ein ausgepichter Vertreter jener gregorianischen Richtung, die den Papst über den Kaiser stellte und die weltliche Macht der kirchlichen untertan machen wollte – traf am 7. März 1138 mit dem päpstlichen Kardinallegaten Dietwin, mit Erzbischof Arnold von Köln, Bischof Burchard von Worms und einigen lothringischen Fürsten in Koblenz zusammen. Weder Bayern noch Sachsen waren dazugebeten worden. Aber man hatte die beiden staufischen Brüder geladen, den vor dreizehn Jahren um die Königskrone geprellten Herzog Friedrich von Schwaben und Konrad, der 1127 als Gegenkönig zu Lothar ausgerufen worden war, jedoch 1135 seiner Würde wieder entsagt hatte. Dieser jüngere der beiden Staufer war von den Kirchenfürsten nun dazu ausersehen, die Wahl Heinrichs des Stolzen zum deutschen König zu vereiteln. Man inszenierte in Koblenz unter den wenigen anwesenden Fürsten eine Wahl, deren Ergebnis schon vorher verabredet worden war.

Konrad machte das betrügerische Spiel mit, denn damit konnten sich die Staufer für ihre Hintansetzung bei der Wahl Lothars rächen – und dieser Stachel von 1125 saß noch tief in ihrem Fleisch. Vor allem galt es, Rache an den Welfen zu üben, da doch einer der ihren, Heinrich der Schwarze, damals Friedrich seine Stimme versagt hatte. Dafür nahm Konrad sogar eine beträchtliche Abhängigkeit von der Kirche in Kauf, die ihm später den Spottruf eines »Pfaffenkönigs« einbrachte. Wie sehr aber nicht nur der heimtückische Erzbischof Albero seine Hand im Spiel hatte, sondern auch Papst Innozenz II. ganz persönlich, das zeigte die Anwesenheit von dessen Kardinallegaten. Die Ausschaltung der Welfen vom deutschen Königsthron war von der Kirche mindestens

seit dem Tode Lothars sehr sorgfältig und mit aller Energie vorbereitet worden. Der Kölner Erzbischof mußte auf sein angestammtes Recht der Königskrönung verzichten, und schon wenige Tage nach seiner Pseudowahl wurde Konrad III. am 13. März 1138 in Aachen von dem Kardinallegaten Dietwin mit der Krone Karls des Großen gekrönt und auf dessen Thron gesetzt. Deutlicher konnte der Papst seine angemaßte Herrschaft über den deutschen König nicht demonstrieren, und stärker konnte sich Konrad III. nicht von der Kirche abhängig machen.
Das waren also die zwei Eingriffe der römischen Kirche in die Wahlen der deutschen Könige Lothar III. und Konrad III. Während man in früheren Jahrhunderten von den zwei Schwertern gesprochen hatte, dem kirchlichen und dem weltlichen, die nach dem Willen Gottes gemeinsam und gleichberechtigt über die Welt regieren sollten, versuchte die Kirche vor allem seit Papst Gregor VII. in der Mitte des 11. Jahrhunderts nicht nur unabhängig zu werden, sondern sogar eine Oberherrschaft über die weltlichen Gewalten zu gewinnen. Waren die Kleriker früher froh, wenn sie von den weltlichen Fürsten Geschenke und Zuwendungen erhielten, und räumten sie diesen dafür gewisse Rechte ein, so versuchten die Kirchlichen neuerdings mehr und mehr, die weltlichen Herren aus ihren Bereichen hinauszudrängen. Auch die Könige sollten ihre sakralen Würden verlieren. Die Kleriker wollten ihnen nur noch die Rolle von Beschützern zugestehen, die auf Wunsch und Anweisung der Kirchenfürsten zu handeln hatten.

Die Vorgänge in Koblenz und Aachen waren ganz heimlich erfolgt, ohne Wissen der übrigen Fürsten und natürlich vor allem ohne Wissen des wirklichen Thronanwärters, Heinrichs des Stolzen. Der hatte nach Sachsen eilen müssen, um die Ansprüche Albrechts des Bären, des askanischen Mark-

grafen der Nordmark, auf die Herausgabe der Hausgüter Lothars abzuwehren.
Den von einer Minderheit ausgeschalteten und übergangenen Fürsten fiel es aber nicht ein, sich gegen die Manipulationen bei der Wahl des deutschen Königs wenigstens nachträglich zur Wehr zu setzen. Ihnen war es ganz recht, daß ein schwacher und wenig handlungsfähiger Mann auf den Thron kam, unter dem sie ihre partikularistischen Süppchen weiter kochen konnten.
Konrad war es klar, daß er etwas gegen die erdrückende Übermacht Heinrichs des Stolzen unternehmen mußte. Er forderte ihn zunächst auf, ihm in Bamberg die Reichsinsignien zu übergeben und die Huldigung zu leisten. Konrad glaubte, er könne auf solche Weise seinen drei Jahre zuvor durch Lothar in Bamberg erzwungenen Kniefall an dessen Schwiegersohn vergelten. Aber Heinrich gönnte seinem Rivalen diese Befriedigung nicht. Er schickte zwar dem König durch einen Boten die Reichsinsignien und verzichtete damit auf seine Thronansprüche, aber für die Huldigung wollte er vorher von Konrad die Belehnung mit seinen Herzogtümern Bayern und Sachsen. Der Welfe wußte genau, daß dies für Konrad eine unannehmbare Forderung war.
Tatsächlich bezeichnete der König den gleichzeitigen Besitz zweier Herzogtümer als unrechtmäßig und forderte Heinrich auf, auf Sachsen zu verzichten. Möglicherweise hatte Konrad dieses Herzogtum zu jener Zeit bereits Albrecht dem Bär versprochen, der seit 1134 Markgraf der Nordmark war. Jedenfalls verweigerte der Staufer dem Welfen die Anerkennung seiner beiden Herzogtümer, und dieser war deshalb nicht bereit, dem König zu huldigen. Schlag auf Schlag verkündete jede der beiden Seiten ihre Positionen. Der nächste Schritt war nun, daß der König bereits vier Monate nach seiner merkwürdigen Erhebung den Welfen auf einem Reichstag in Würzburg in die Reichsacht erklären ließ und ihm

beide Herzogtümer aberkannte. Mit Sachsen belieh Konrad sogleich Albrecht den Bären aus dem Hause der Askanier, die als Erben der Billunger Anspruch auf den sächsischen Herzogstuhl zu haben glaubten. Mit Bayern belehnte der König Anfang 1139 seinen Stiefbruder, den Markgrafen Leopold IV. von Österreich aus dem Hause der Babenberger.
Der Kampf zwischen Staufern und Welfen, der bisher unter der Oberfläche grollte, war nun offen zutage getreten. Es war nicht zu erwarten gewesen, daß ein Mann wie Heinrich der Stolze seine beiden Herzogtümer widerstandslos fahrenlassen würde. In Sachsen focht er selbst mit seinen Rittern und zwang Albrecht den Bären zum Verlassen des Herzogtums. Aber im Oktober 1139 starb der kaum vierzigjährige Heinrich überraschend in Quedlinburg. An seiner Stelle übernahm seine Schwiegermutter Richenza, die Witwe Kaiser Lothars III., die Fortführung des Kampfes. Richenza war weitaus energischer als ihre Tochter Gertrud, der als Witwe Heinrichs des Stolzen die Regentschaft für ihren minderjährigen Sohn, den späteren Heinrich den Löwen, eigentlich zugefallen wäre.
In Bayern nahm sich der jüngere Bruder Heinrichs des Stolzen, den man Welf VI. nannte, der welfischen Sache an. Er konnte im August 1140 den neuen bayerischen Herzog Leopold im Mangfalltal schlagen. Von König Konrad III. mußte er jedoch vor der Burg Weinsberg bei Heilbronn einige Monate später selbst eine Niederlage einstecken. Daraufhin konnte Konrad die Burg erobern, wobei sich die weithin bekannte Episode zugetragen hat, daß Konrad den Frauen der überwundenen Burgbesatzung erlaubte, alles mitzunehmen, was sie tragen könnten. Bald darauf erschienen sie nacheinander unter dem Burgtor, und jede trug ihren Mann heraus, um ihn so vor Gefangenschaft oder Tod zu bewahren. Als der Bruder des Königs dies nicht zulassen wollte, soll Konrad gesagt haben: »Ein Königswort darf nicht verdreht

werden«, und die Weiber von Weinsberg konnten ihre Männer also davontragen.
Die Kämpfe zwischen Welfen und Staufern im Süden und zwischen Welfen und Askaniern im Nordosten führten rasch zu einer allgemeinen Unsicherheit in den deutschen Landen. Nicht wenige Grafen und Ritter glaubten, ihre Meinungsverschiedenheiten ebenfalls mit den Waffen austragen zu können, weil weder der König noch ein Herzog oder Markgraf für Ruhe und Frieden sorgte. Die herumziehenden Kaufleute waren in ständiger Gefahr, mit ihren Waren überfallen zu werden. Wer da etwa zwischen den flandrischen Tuchmacherstädten und den lombardischen Handelsmetropolen hin und her zog, der mied bald das deutsche Gebiet, zumal sich ohnedies weiter westlich auf französischem Boden wichtige Messeplätze wie Lille, Brügge, Provins und Troyes entfalteten.
Nicht nur die Entwicklung des Handels litt in den deutschen Ländern unter der Friedlosigkeit, auch die Bauern mußten manche Willkür ihrer Herren über sich ergehen lassen. Natürlich wollten die Bauern ebenso wie ihre Herren möglichst viel ernten, aber es fehlte überall noch an wichtigen Kenntnissen und Hilfsmitteln. Die seit dem frühen Mittelalter mehr und mehr praktizierte Dreifelderwirtschaft, bei der statt der Hälfte des Bodens jährlich zwei Drittel bearbeitet wurden und ein Drittel brachlag, konnte die immer wieder auftretenden Hungersnöte nicht verhindern. Man kannte ja auch weithin nur den oberflächlich wirkenden hölzernen Hakenpflug, und die Verwendung des anfallenden Mistes zur Düngung war nur in wenigen Gebieten bekannt. Unter diesen Umständen waren die Erträge der Landwirtschaft natürlich sehr gering, viel zu gering, um die Ernährung der Bevölkerung zu sichern.
Die Kämpfe und Unruhen in den deutschen Landen verursachten zu alledem die mutwillige Zerstörung vieler An-

pflanzungen und nicht selten die Vernichtung der Ernten von Gegnern. Die Not wurde immer größer, und der König mußte überlegen, wie er seinem Land den dringend erforderlichen Frieden wiedergeben könnte. Ohnedies war auch er selbst in Gefahr, wenn er den Krieg in den deutschen Ländern nicht zum Stillstand brächte. Da gelangen ihm auf einem Fürstentag in Frankfurt am Main im Mai 1142 einige beachtliche Erfolge. Zunächst konnte er Albrecht den Bären zum Verzicht auf das Herzogtum Sachsen bewegen, das der Askanier ohnedies nicht zu halten vermochte, wie er erkannt hatte. Dafür garantierte ihm Konrad seine übrigen Besitztümer, vor allem die Nordmark. Nach diesem Übereinkommen mit dem Askanier war der Weg für den König frei, den jungen welfischen Heinrich mit Sachsen zu belehnen. Der Sohn Heinrichs des Stolzen hatte das zwölfte Lebensjahr vollendet und damit das lehensrechtlich notwendige Alter erreicht, um Herzog von Sachsen werden zu können.
Solch frühe politische und geschäftliche Mündigkeit überrascht uns heute. Aber man verlangte damals teilweise auch von Bürgern schon ab dem vollendeten zwölften Lebensjahr Unterwerfungs- und Treueide, so zum Beispiel Friedrich Barbarossa von den Mailändern im Jahre 1162. Die Belehnung des jungen Welfen mit Sachsen gibt eine Möglichkeit für die Bestimmung seines sonst ungewissen Geburtsjahres. Man glaubt auf Grund dieses Ereignisses, daß Heinrich der Löwe 1129 geboren wurde, und zwar in Schwaben, wobei auch über den Geburtsort – möglicherweise Ravensburg – wenig sichere Anhaltspunkte vorhanden sind.
Der Sohn Heinrichs des Stolzen und Gertruds, Enkel Kaiser Lothars III. von Supplinburg und Richenzas von Northeim erhielt ein außerordentlich großes und weitläufiges Erbe. Neben der sächsischen Herzogswürde kamen zwischen Weser und Elbe die Güter der väterlichen Vorfahren Lothars im Nordostharz auf ihn, die Besitztümer der Haldenslebener

um Haldensleben und Königslutter, der Brunonen beiderseits der Oker mit Braunschweig und in Thüringen, der Katlenburger mit Einbeck, der Billunger an Weser und Ilmenau mit Lüneburg sowie zum Teil auch die Güter der Northeimer unter anderem im Werratal. So konnte der junge Welfe die Mehrheit der Güter all dieser ausgestorbenen Geschlechter bei sich vereinigen. Von Lüneburg im Norden bis Northeim im Süden gehörte ihm ein breites, geschlossenes Gebiet zwischen Elbe und Weser, das an Ausdehnung im Reich kaum seinesgleichen hatte.

Dem König gelang ein geradezu grandioser Überraschungserfolg, als er eine eheliche Verbindung zwischen dem neuen österreichischen Markgrafen und bayerischen Herzog Heinrich II. Jasomirgott und der jungen Witwe Heinrichs des Stolzen und Mutter Heinrichs des Löwen, Gertrud, herstellen konnte. Dieser babenbergische Heinrich hatte die Nachfolge seines verstorbenen Bruders Leopold angetreten. Auf der Grundlage dieser neuen verwandtschaftlichen Beziehungen zwischen Welfen und Babenbergern konnte das Herzogtum Bayern bei den letzten bleiben. Möglicherweise hat Heinrich unter dem Einfluß seiner Mutter sogar ausdrücklich auf Bayern verzichtet.

So wären die Verhältnisse in Bayern und Sachsen geregelt gewesen – wenn nicht der jüngere Bruder von Heinrich dem Stolzen, Welf VI., dagegen aufgestanden wäre. Er fühlte sich von Anfang an benachteiligt, schon als Heinrich der Stolze vom Vater das Herzogtum Bayern erhalten hatte und er nur eine Reihe – allerdings den größten Teil – der welfischen Hausgüter im schwäbischen Herzogtum nördlich des Bodensees rund um Altdorf, dem heutigen Weingarten und Ursprung der Welfen. Als dann sein Bruder Heinrich die reiche Erbin des Supplinburgers heiratete, die diesem nicht nur Aussichten auf das große Herzogtum Sachsen, sondern auch auf schöne und wohl ausgestattete Hausgüter um Lüneburg und Braunschweig eröffnete, fühlte sich Welf vom Schicksal ganz und gar vernachlässigt. Die Aberkennung der Herzogtümer, die Reichsacht und der frühe Tod Heinrichs des Stolzen mochten Welf VI. mit seinem Los zwar wieder etwas versöhnen, aber in dem jungen Heinrich, seinem Neffen, sah er erneut einen Rivalen, mit dem er das Erbe des welfischen Ansehens wieder gegen seinen Willen teilen mußte und der ihn auch von vielen welfischen Besitztümern fernhielt.

Aber Welf ließ sich von seinem 13jährigen Neffen nicht vorschreiben, wie er sich gegenüber den Staufern zu verhalten habe, und kämpfte weiter gegen den König. Ohnedies waren die Welfen geneigt, die Staufer als zweitklassig abzutun, da sie als adeliges Geschlecht erheblich später in Erscheinung getreten sind und außerdem nur recht geringfügige Besitztümer hatten. Während die Welfen schon seit der Zeit Karls des Großen nachweisbar und seit 1070 Herzöge von Bayern waren, kannte man die Staufer erst seit dem 11. Jahrhundert, in dem sie 1079 mit dem Herzogtum Schwaben belehnt worden waren. Gleichzeitig hatten sie sich durch Heirat mit den Saliern versippt. Erst mit Hilfe des salischen Heinrich V., der 1125 kinderlos gestorben war und den Staufern die salischen Hausgüter vermacht hatte, konnten diese ihre privaten Besitztümer etwas vermehren. Konrad III. baute dann durch seine Heirat mit Gertrud von Sulzbach seine Hausmacht weiter aus, aber an die Macht und den Reichtum der Welfen konnten die Staufer nicht annähernd herankommen.

Konrads Schachzug, den Babenberger Heinrich und die Welfenwitwe Gertrud zu verheiraten, erwies sich schon ein Jahr später als Fehlschlag, da Gertrud im Kindbett starb. Viele Hoffnungen auf Frieden und Ausgleich zwischen den zerstrittenen Parteien wurden mit dieser Frau zu Grabe getragen. Welf VI. erhielt für seine Kämpfe gegen die Babenberger und Staufer finanzielle Hilfe des normannischen Königs Roger II. von Sizilien. Roger war sehr daran interessiert und ließ es sich auch einiges kosten, daß der deutsche König durch ständige Querelen nördlich der Alpen festgehalten wurde und es ihm nicht noch einmal passierte wie bei Lothar III. im Jahre 1137, als der deutsche König mit einem Heer zusammen mit dem Papst und Heinrich dem Stolzen bis nach Süditalien vorgedrungen war. Roger hatte damals alle seine Besitzungen auf der italienischen Halbinsel zurücklassen und nach Sizilien fliehen müssen. Er hatte wohl bald wieder zurückkehren und den Papst sogar gefangennehmen sowie zu seiner Anerkennung zwingen können, aber eine Wiederholung jener Bedrängnis wünschte sich Roger doch auf keinen Fall. Welf VI., der immer gerne glaubte, daß ihn das Schicksal auf ein Nebengeleise geschoben habe, ließ sich also vor die Interessen des Siziliers spannen, um so seine Ruhm- und Ehrsucht zu stillen.

Welf soll daneben auch noch Gelder vom ungarischen König empfangen haben, um König Konrad von Aktivitäten gegen dessen Land abzuhalten. Eine noch erstaunlichere Unterstützung erhielt Welf bei seinen Kämpfen gegen Konrad jedoch auf deutschem Boden, wo der junge Friedrich, Neffe des Königs und Sohn des schwäbischen Herzogs, zusammen mit Welf Besitzungen Konrads in Schwaben überfiel. Beide zogen dann sengend und brennend auch durch bayerische Gebiete. Der junge Friedrich war kein anderer als der spätere Kaiser Friedrich I. Barbarossa, der zwar einen staufischen Vater, doch auch eine welfische Mutter hatte, und der sich deshalb damals wohl zu der welfischen Sache hingezogen fühlte – gegen den Willen seines Vaters, der ihn schnell zurückpfiff.

König Konrad mußte wegen der Attacken Welfs in Bayern seinen Wunsch, sich in Rom vom Papst zum Kaiser krönen zu lassen, tatsächlich immer wieder zurückstellen. Dadurch war nicht nur der sizilische König vor einem Angriff Konrads sicher, sondern auch die oberitalienischen Städte konnten ihre Bestrebungen zur Unabhängigkeit vom römisch-deutschen Reich zunehmend entfalten und sich ständig weitere Rechte anmaßen. Da sich seit Lothars zweitem Italienzug im Jahre 1137 kein Herrscher mehr in Italien hatte sehen lassen, griffen die republikanischen Tendenzen immer stärker um sich.

Diese Entwicklung wurde auch der Kirche zum Nachteil, die ursprünglich die Loslösung der Städte von der Oberherrschaft des Kaisers sehr begrüßt und gefördert hatte. Aber die Unabhängigkeitsbestrebungen gingen dann noch weiter, und überall wurden die Bischöfe aus der Herrschaft der Städte durch Konsuln und Senatoren verdrängt. Auch in Rom verlangte der Senat den Verzicht des Papstes auf seine Herrschaftsansprüche über die Stadt.

Aber auf andere Weise etablierte sich die Kirche gerade um diese Zeit sehr nachdrücklich: Der bolognesische Mönch Gratian verfaßte um 1140 sein *Decretum Gratiani*, das bald zum maßgeblichen Kanon kirchenrechtlicher Regeln und Entscheidungen wurde. Es trug sehr wesentlich zur Festigung der päpstlichen Vorherrschaft bei und bildete schließlich den Grundstock für das *Corpus iuris canonici*, das sich in den folgenden Jahrhunderten unter Hinzufügung weiterer Teile entwickelte. Wenige Jahre nach Gratian schrieb der italienische Scholastiker und spätere Bischof von Paris, Petrus Lombardus, seine Sentenzen nieder und schuf damit das wichtigste theologische Handbuch des Mittelalters. Weit über die Kirche hinaus wirkte aber Petrus Abälard in Paris, der mit dem Universalienstreit eine ungeheuer aufwühlende geistige Bewegung verursachte. *Universalia sunt realia* – die Ideen sind wirklich – war einer der fruchtbarsten Gedanken des Mittelalters. Nur aus ihm ist die damalige Auffassung des Papsttums und des Kaisertums zu verstehen, die losgelöst von einzelnen Päpsten und Kaisern den Ideengehalt dieser Institutionen in den Vordergrund stellte.

Abälard, der im Jahre 1142 gestorben ist, war in seinem wechselvollen Leben einerseits nicht vor der Entmannung bewahrt worden und hatte andererseits auch einige Jahre hinter Klostermauern zugebracht. Er war einer der Begründer der scholastischen Methode. Mit der von ihm 1113 ins Leben gerufenen Schule hat er wesentlich dazu beigetragen, daß Paris zu einem Zentrum des geistigen Lebens wurde, das viele wohlhabende junge Leute wie Heinrich der Stolze, Otto von Freising und Rainald von Dassel besuchten. In Paris sind nach Bologna in diesem 12. Jahrhundert auch die ersten Anfänge einer Universität festzustellen. Der Streit Abälards mit einem anderen bedeutenden Geist jener Zeit, dem Zisterzienserabt Bernhard von Clairvaux, bewegte das ganze kirchliche Abendland im 12. Jahrhundert. Der Streit war so heftig, wie er nur sein kann, wenn es zwischen Männern um nicht nachprüfbare Glaubensfragen geht. Bernhard hatte freilich den Volksgeist mehr auf seiner Seite, denn mit seinem mystischen Christus-Glauben und mit seiner Marien-Verehrung konnte er auf seine Mitmenschen einen durchschlagenden Einfluß ausüben. Als 1145 sein Ordensbruder und Schüler Eugen III. auf den Heiligen Stuhl gelangte, sah man in Bernhard infolge der Macht seiner Persönlichkeit und seiner überwältigenden Beredsamkeit bald den eigentlichen Beherrscher der Kirche. Der zeitgenössische Helmold von Bosau weiß sogar von Wundern an Lahmen und Blinden zu berichten, die Bernhard von Clairvaux vollbracht habe.

Im Anschluß an Gebräuche im Raum der byzantinischen Reichskirche wurde seit dem 11. Jahrhundert auch von den Gläubigen des Abendlandes die Gottesmutter Maria stärker verehrt und angebetet. Dies fand Ausdruck in einer Reihe von Dichtungen, zu denen ein Leich (d. i. ein Gedicht mit frei wechselnden Strophen) aus Rheinfranken, entstanden um 1150, gehört (aus dem Mittelhochdeutschen von F. von der Leyen):

Erfreuen sollte das Himmel und Erde,
Das Kind kommt lösen unsre Beschwerde.
Fern aller Art von Weh es von dir kommt
Wie es dem Gotteskinde alleine frommt.

Von der Sonne geht aus das Tageslicht:
Und dennoch wird sie dunkler nicht.
So ward nicht bemakelt dein mägdlicher Leib
Allein gebarest das Kind du, heiliges Weib.

Seit du des Kindes genesen
Bist einzig du gewesen
Lauter und rein
In der Menschen Gemeine.
Wen das dünket zu wunderreich,
Der merk aufs Glas, das ist dir gleich.
Das Sonnenlicht scheinet mitten durchs Glas:
Es ist blinkend und lauter dann wie eh es war.
Durch das blinkende Glas geht es ein ins Haus
Die Finsternis vertreibt es daraus.

Du bist das blinkende Glas, dadurch kam
Das Licht, das Finsternis der Welt benahm.

1142–1151

Die Anfänge Heinrichs des Löwen

Bald nachdem der junge welfische Heinrich vom König in das Herzogtum Sachsen eingesetzt worden war, machte er einige Anordnungen rückgängig, die Albrecht der Bär in der kurzen Zeit seines Regimentes getroffen hatte. Vor allem brachte er nördlich der Elbe den treuen welfischen Gefolgsmann Graf Adolf II. von Schauenburg wieder in seine Grafschaft Holstein-Stormarn. Er beendete damit die Kämpfe des Grafen mit Heinrich von Badwide, den Albrecht der Bär aus dem Lüneburgischen geholt hatte und für den nun die Grafschaft Ratzeburg geschaffen wurde. Die Gründung dieser neuen Grafschaft war ein wichtiger Schritt für das Vordringen westlicher Kultur und Sitten nach Osten.

Graf Adolf errichtete unweit der Stelle eines früheren wendischen Fürstensitzes an der Trave den Markt Lübeck und baute auch die von den Slawen zerstörte Siegeburg (Segeberg) wieder auf. Um in diesem Grenzland die deutschen Siedlungen zu festigen, rief der Holsteiner wie schon in den frühen dreißiger Jahren des 12. Jahrhunderts weitere Westfalen, Friesen und Leute vom Niederrhein herbei, denen er Chancen für ein gutes Fortkommen an dem günstigen Handelsplatz zwischen Ost und West bieten konnte. Hier in Wagrien, dem Gebiet um die Lübecker Bucht, war schon seit einigen Jahrzehnten der Bremer Kanoniker Vizelin als Missionar tätig. Ihm schreibt man die Einführung des Ziegelbaues in Norddeutschland zu. Bis dahin wurden, wie auch sonst in den deutschen Landen, die Häuser aus Holz, Stroh, Reisig oder Schilf gebaut, wobei stets Lehm als Bindemittel verwendet wurde. Natürlich dauerte es lange Zeit, bis der Hausbau mit gebrannten Ziegeln sich ausbreiten konnte. In

Italien hatte er jedoch bereits eine jahrhundertelange Tradition, und auch am Niederrhein kannte man Ziegel als Hilfsmaterial neben Tuffsteinen. Für den Kirchenbau verwandte man in den deutschen Landen bereits Sandstein, in Regensburg auch für den Bau von Patrizierhäusern.

Den raschen und schonungslosen Zugriff des jungen Welfen bekam man in Sachsen schon bald zu spüren. Die Dithmarscher hatten im Zorn über die Bedrückungen ihren Herrn, den Grafen Rudolf von Stade, 1144 erschlagen. Er hatte keine Kinder gehabt, und sein Bruder, der Bremer Dompropst Hartwig, glaubte deshalb, sein Erbe übernehmen zu können. Aber der junge Herzog behauptete, der Getötete habe seiner Mutter Gertrud versprochen, daß seine Güter ihm zufallen. Hartwig konnte als Prälat ohnehin keine Besitztümer übernehmen. Da er die Erbschaft vor der Habgier des Herzogs bewahren wollte, schloß Hartwig mit dem Bremer Erzbistum schnell einen ziemlich eigenwilligen Vertrag, der der Bremer Kirche das Erbgut des Erschlagenen und dem Dompropst die Belehnung mit der Grafschaft Stade brachte. Hartwig mochte sich auf solche Weise eine Anwartschaft auf den Bremer Erzbischofsstuhl ausrechnen. Um sein Ziel sicherer zu erreichen, bedachte Hartwig auch den Erzbischof von Magdeburg sowie den Bischof von Havelberg, und selbst Markgraf Albrecht der Bär und Pfalzgraf Friedrich von Sommerschenburg wurden in den Handel einbezogen. Schließlich wußte sich Hartwig auch noch die Zustimmung des Königs zu diesen Abmachungen zu verschaffen. Aber er hatte doch zu wenig mit dem jungen Herzog Heinrich gerechnet, der beim König zunächst eine nochmalige Überprüfung der ganzen Vereinbarungen erreichte.

Auf königliches Geheiß mußte man sich also in Ramesloh bei Lüneburg zusammensetzen. Man verhandelte lange, und die Verhandlungen gingen in einen hitzigen Streit über, in dem der Herzog plötzlich den Bremer Erzbischof Adalbero und den Dompropst Hartwig von seinen Leuten festnehmen ließ. Um den Protest der Schöffen kümmerte sich der Herzog nicht. Er ließ den Erzbischof sogleich nach Lüneburg bringen und hielt ihn dort gefangen, bis der alte Mann mürbe war und sich Heinrichs Wünschen willfährig zeigte. Hartwig mußte seine Freiheit mit einem hohen Lösegeld erkaufen und zog es trotzdem vor, sich zunächst nicht wieder in Bremen sehen zu lassen, sondern Markgraf Albrecht den Bär zu besuchen, bei dem er sich sicher fühlte.

Vermutlich ist es Heinrich nicht nur um die Grafschaft Stade gegangen, sondern ebenso um den Ort und Hafen Stade. Der Hafen war damals bedeutender als der in Hamburg, und der Herzog wollte sich zweifellos die Einnahmen daraus verschaffen. Er hat Stade auch bald zur Stadt erhoben und sich selbst die oberste Gerichtsbarkeit gesichert.

Der junge welfische Heinrich hatte also mit seinen fünfzehn Jahren schon gezeigt, daß mit ihm nicht zu spaßen war und daß er sogar einen Gerichtstag mißachtete, wenn er seine Ansprüche durchsetzen wollte. Seine Vasallen wußten nun, was sie erwartete, wenn sie seinen Wünschen nicht entsprechen würden. König Konrad aber hatte es jetzt wieder mit zwei hartnäckigen und widerborstigen Welfen zu tun – einem im Norden und einem im Süden. Welf VI. meinte, sich Herzog von Bayern nennen zu sollen, nachdem sein Neffe keine Ansprüche auf dieses Land erhob. So konnte er endlich seinen Ehrgeiz nach einem schönen Titel doch noch stillen. Aber Heinrich meldete nach dem Tode seiner Mutter erneut Forderungen auf das Herzogtum Bayern an. Damit standen König Konrad schließlich drei Männer gegenüber, die auf das Herzogtum Bayern Ansprüche erhoben.

Die weitere Entwicklung im Abendland nahm aber plötzlich einen ganz anderen unerwarteten Verlauf. Im Morgenland hatten die Mohammedaner verschiedene Eroberungen der Christen aus dem ersten Kreuzzug wieder zurückgewinnen

können. Vor allem der Fall von Edessa im Dezember 1144, einer der reichsten und schönsten Städte, die als Vorposten der Christen galt, erregte das Abendland aufs höchste. Man erfuhr bald, daß die Kirchen der Stadt von den Muslims konsequent in Moscheen umgestaltet wurden und daß die Kruzifixe dem islamischen Halbmond weichen mußten. Es war zu befürchten, daß der energische und kriegstüchtige Imad ed-Din Sengi, Herrscher von Mosul, die Kreuzfahrerstaaten gänzlich vernichten würde. Papst Eugen III. beauftragte deshalb den redegewaltigen und einflußreichen Bernhard von Clairvaux, für einen neuen Kreuzzug zu werben, um den bedrängten Christen im Morgenland Hilfe zu bringen. Der Zisterzienserabt wurde von einem heiligen Feuer erfaßt, und obgleich er sich auf die Franzosen beschränken sollte, führte ihn sein eigener Eifer bald über die Grenze hinweg. So gewann er nicht nur den französischen König Ludwig VII. für die Teilnahme am Kreuzzug, sondern schließlich auch Konrad III. und zahlreiche deutsche Fürsten. Auch Welf VI. und Friedrich, seit dem Tod seines Vaters Herzog von Schwaben und bald schon Kaiser Barbarossa, nahmen das Kreuz. Viele Streitigkeiten in den deutschen Landen wurden im Hinblick auf das bevorstehende gemeinsame Unternehmen im Zeichen Christi eingestellt. Was vor kurzem noch von größter Wichtigkeit war, verlor an Bedeutung und mußte anderen Dingen weichen, die plötzlich viel mehr Bedeutung erhielten.
Otto von Freising berichtet, nur die sächsischen Fürsten unter ihrem welfischen Herzog hätten gemeint, daß es doch widersinnig wäre, wenn sie zu einem Glaubenskrieg in das Morgenland ziehen würden, da sie doch mehr als genug Ungläubige und Götzendiener gleich vor der Tür hätten. Diese Überlegung fand rasch viele Anhänger, und die Vermutung, daß es diesen Fürsten weniger um die Ausbreitung des christlichen Glaubens als vielmehr um ganz profanen Land-

gewinn in den slawischen Gebieten zu tun war, war nicht unberechtigt. Man freute sich auf den Zug gegen die Heiden und war sich des Erfolges sicher, weil man dort bedenkenlos die Armbrüste einsetzen konnte. Die Verwendung dieser Schnellschießwaffen gegen Christen hatte erst einige Jahre vorher das Laterankonzil von 1139 unter Bannandrohung verboten. Gegen die Heiden war aber alles erlaubt, weil man sich dabei in Übereinstimmung mit dem Kampf Gottes gegen die Gewalt des Teufels glaubte.

Als man den Gedanken eines speziellen Kreuzzuges gegen die heidnischen Wenden Bernhard von Clairvaux vortrug, erklärte er sich rasch damit einverstanden. Es wird nicht so gewesen sein, wie Helmold von Bosau in seiner *Slawenchronik* behauptete, daß nämlich den Urhebern des Kreuzzuges, also dem Papst und Bernhard, der Gedanke gekommen sei, einen Teil der Ritter gegen die Wenden zu schicken. Kraft seiner päpstlichen Vollmachten erklärte Bernhard, daß alle, die an dem Kreuzzug über die Elbe gegen die Wenden teilnähmen, ebenso Ablaß von ihren Sünden erhalten würden wie die Kreuzfahrer in das Heilige Land. Bernhard erließ ein besonderes Manifest für den Kreuzzug nach Osten, in dem als Voraussetzung für den Ablaß die Bekehrung oder Vernichtung des ganzen Wendenvolkes genannt wurde. Bei einer nur teilweisen Erfüllung dieser Aufgabe sollte der Ablaß also hinfällig sein.

Der Ablaß als die Befreiung von zeitlich begrenzten Bußen war damals noch recht neu, da ja auch der Glaube an das Fegefeuer im Volk erst allmählich Fuß faßte. Das Fegefeuer als Möglichkeit zur Läuterung bei kleineren Sünden war zwar schon von Augustinus im fünften Jahrhundert in die christliche Heilslehre eingeführt worden, aber es gewann erst im 11. und 12. Jahrhundert größere Verbreitung. Das war auch die Voraussetzung für den Glauben an die Möglichkeiten des Ablaßes. Um diese Zeit kamen zahlreiche Berichte und Legenden über die Qualen in der Hölle und im Fegefeuer in Umlauf, sogar von Leuten, die beides persönlich gesehen haben und wieder auf die Erde zurückgekehrt sein wollten. Dergleichen wurde mit Inbrunst geglaubt, wie überhaupt der Glaube einschließlich des Aberglaubens in jener Zeit fruchtbaren Boden fand. Wenn sich Anfang des 14. Jahrhunderts Dante in Verona sehen ließ, so wurde er von den Leuten als der Mann bestaunt, der in der Hölle gewesen sei, und als einige Monate vor dem zweiten Kreuzzug eine große Hungersnot ausbrach, wollte man sie durch eine vorausgegangene Sonnenfinsternis angekündigt gesehen haben.

Bevor sich die Kreuzfahrer sammelten, berief König Konrad im März 1147 noch einen Reichstag nach Frankfurt am Main ein, um für die Zeit seiner Abwesenheit einen allgemeinen Landfrieden zu erlassen. Auch für seine Stellvertretung wollte Konrad sorgen, und er wollte seinen etwa zehnjährigen Sohn Heinrich zum König wählen lassen. Hier sah der welfische Heinrich eine Möglichkeit, seine Forderung nach dem bayerischen Herzogtum durchzusetzen: Er wollte seine Zustimmung zu der Königswahl nur geben, wenn er das Herzogtum Bayern erhielte. Aber mit dem gleichen diplomatischen Geschick, das Konrad schon fünf Jahre zuvor in Frankfurt gezeigt hatte, konnte er den Herzog von Sachsen dazu bringen, seine Forderung auf die Zeit nach dem Kreuzzug zurückzustellen. Er hatte dabei die Unterstützung wohl fast aller anwesenden Fürsten, denn man war von der Notwendigkeit des Aufbruches zum Kreuzzug durchdrungen, und Heinrich sollte nicht wieder, wie vor einigen Jahren in Ramesloh, als Störenfried auftreten. Widerwillig verzichtete der Welfe, und Konrads Sohn wurde daraufhin einstimmig zum König gewählt und im gleichen Monat zu Aachen gekrönt.

Das Heer der Kreuzfahrer brach im Mai 1147 von Regensburg aus, wo eben die Steinerne Brücke vollendet wurde, in das

Heilige Land auf. Die Brücke über die Donau wurde noch lange Zeit als ein Bauwunder bestaunt, denn die Kunst des Steinbrückenbaues der Römer war jahrhundertelang vergessen gewesen.
Rund sechs Wochen nach den Morgenlandfahrern sammelten sich bei Magdeburg die Ostlandfahrer. Aber die Wenden hatten von dem gegen sie gerichteten Unternehmen längst Wind bekommen. Sie waren erstaunt, daß sie nun wegen des Glaubens mit Feuer und Schwert überzogen werden sollten, da sie doch längst friedliche Missionare der Christen bei sich aufgenommen hatten. Graf Adolf von Holstein hatte mit dem Obodritenfürsten Niklot sogar ein Freundschaftsbündnis geschlossen, und es bestand ein gutes nachbarschaftliches Verhältnis zwischen den Völkern. Das sollte jetzt zu Ende sein?
Graf Adolf sah sich genötigt, das Bündnis mit seinem Freund Niklot zu lösen, um die Erwartungen Herzog Heinrichs zu erfüllen. Der Obodrit jedoch rüstete sich und holte zu einem Gegenschlag aus, um dem Angriff der Deutschen zuvorzukommen. Auf zahlreichen Schiffen erschien er mit seinen Männern am Morgen des 26. Juni 1147 vor Lübeck, vernichtete Menschen, Häuser, Schiffe und Waren mit Feuer und Schwert, ließ von seinen Reitern die Siedlungen in der näheren und weiteren Umgebung zerstören und zog sich bald darauf mit vielen Gefangenen und reicher Beute wieder zurück.
Dieser Überfall, der mit Windeseile im ganzen Sachsenland bekannt wurde, gab das Zeichen für den sofortigen Aufbruch der Kreuzfahrer von Magdeburg, obgleich noch längst nicht alle beisammen waren. Aber der einige Jahre vorher von Herzog Heinrich sehr mißhandelte Erzbischof Adalbero von Bremen war mit seinem Dompropst Hartwig und vielen Rittern zur Stelle, und auch Konrad von Zähringen nahm an diesem Zug gegen die Wenden teil. Unter der Führung von

Herzog Heinrich ritten die Deutschen so schnell wie möglich nach Norden gegen Dobin am Schweriner See, der Hauptfestung der Obodriten. Diese Burg war nicht nur vorzüglich gerüstet, sondern hatte auch eine starke Besatzung, so daß sich die Deutschen auf eine Belagerung einrichten mußten. Unerwartet stießen bald auch die Dänen zu ihnen, die sich unter dem Vorzeichen des Kreuzzuges für die zahlreichen Überfälle der Wenden rächen wollten und dazu ihre Thronstreitigkeiten eingestellt hatten. Aber Niklot gelang ein erfolgreicher Ausfall aus der Festung, bei dem er viele Dänen gefangennehmen konnte. Den mit ihm verbündeten Ranen von Rügen gelang es, einen großen Teil der an der Küste zurückgelassenen Schiffe der Dänen zu zerstören, die daraufhin umgehend von Dobin abgezogen sind.
Die Deutschen sahen bald ein, daß es besser wäre, mit den Obodriten zu einer friedlichen Übereinkunft zu kommen, und das gelang auch auf der Grundlage der unlängst abgebrochenen Beziehungen zwischen dem Grafen Adolf und Niklot. Die Obodriten versprachen, nicht mehr ihren Göttern zu huldigen, sondern sich christlich taufen zu lassen. Niklot erneuerte sein Freundschaftsbündnis mit Graf Adolf und verpflichtete sich außerdem zu regelmäßigen Tributzahlungen an Herzog Heinrich. Damit war die Oberherrschaft des Welfen über das Gebiet der Obodriten gesichert, und man sah den Zweck dieses Kreuzzuges als erreicht an.
Der größere Teil der Ostlandfahrer, der den durch den Überfall auf Lübeck ausgelösten eiligen Aufbruch von Magdeburg nicht mehr erreicht hatte, zog Anfang August 1147 gegen die Lutizen. Bei diesem Heerzug befand sich auch der Bischof von Havelberg als päpstlicher Legat und Abt Wibald von Corvey, der ebenfalls im Auftrag von Papst Eugen III. handelte. War der Papst mißtrauisch, daß er zu dem Zug gegen die Wenden gleich zwei Beobachter beorderte? Das Heer unter der Führung der Markgrafen Albrecht von der Nordmark

und Konrad von Meißen stürmte sengend und brennend nach Norden. Eine breite Straße zerstörter menschlicher Siedlungen ließ dieses angeblich etwa 60000 Mann starke Heer hinter sich, bis es vor die Burg Demmin an der Peene kam, wo es erstmals auf Widerstand traf. Die eingeleitete Belagerung mußte allerdings bald ergebnislos abgebrochen werden.

Für Markgraf Albrecht bedeutete das die Gelegenheit, mit den Kreuzfahrern gegen Stettin zu reiten. Er wußte sehr wohl, daß dort bei den Pommern Bischof Otto von Bamberg den christlichen Glauben bereits mit viel Erfolg verbreitet hatte, aber es ging dem Markgrafen ja in erster Linie darum, in Konkurrenz zu dem jungen welfischen Herzog seine machtpolitischen Herrschaftsansprüche über das Land mit Hilfe der Kreuzfahrer durchzusetzen, wie schon der zeitgenössische Vincenz von Prag mißbilligend feststellte.

Anfang September 1147 wurde der Wendenkreuzzug schon wenige Wochen nach seinem Beginn beendet und das Heer aufgelöst. Allerdings war es eine Augenwischerei, wenn man sich selbst glauben machte, man hätte die vorgesehenen Ziele erreicht. Es war mehr Schrecken und Entsetzen als christliche Überzeugung verbreitet worden. Die Pommern konnten sich glücklich schätzen, daß dieses Heer nicht weiter ostwärts in ihr Land vorgedrungen ist, wie es wohl eigentlich geplant war, als Bernhard von Clairvaux in seinem Manifest die Bekehrung aller Wenden zur Voraussetzung des Ablaßes machte. Der martialische Zug hat im Gegensatz zu seinen proklamierten Zielen vieles zerstört, was die friedlichen Missionare vorher in mühevoller und gefahrenreicher Kleinarbeit erreicht hatten. Vor allem die Orden der Zisterzienser und Prämonstratenser betätigten sich bei der Christianisierung dieser Gebiete vor und nach dem Kreuzzug mit großer Hingabe und trugen nicht zuletzt auch zur besseren und erfolgreicheren landwirtschaftlichen Nutzung bei.

Herzog Heinrich hat der Kreuzzug zweifellos beträchtlichen Gewinn gebracht, denn sein Name war in den wendischen Gebieten nun geachtet und gefürchtet – vor allem gefürchtet, aber das störte den jungen Welfen wenig. Ihm war die Hauptsache, daß er sich Respekt verschafft hatte und daß er nun seine Interessen und Wünsche durchsetzen konnte. Der Pfarrer Helmold von Bosau schreibt denn auch sehr drastisch, wie Heinrich über die Slawen herrschte und dabei »immer größer und mächtiger wurde, denn so oft die Slawen widerspenstig waren, überzog er sie mit Krieg. Um ihr Leben und Land zu retten, gaben sie ihm, was er nur forderte. Aber auf all den Feldzügen, die der noch junge Mann gegen die Slawen unternahm, war keine Rede vom Christentum, sondern nur vom Geld.«

Schon im nächsten Jahr zog der Herzog gegen die trotzigen und eigenwilligen Dithmarscher an der Westküste Holsteins zwischen Elbe- und Eider-Mündung. Heinrich gab vor, er wolle die Dithmarscher wegen der Ermordung des Grafen Rudolf von Stade bestrafen, dessen Erbschaft er so rücksichtslos an sich gebracht hatte. In Wirklichkeit ging es dem Welfen darum, die Dithmarscher zu unterwerfen und sich ihr Land anzueignen. Dazu mußten ihm wiederum der Bremer Erzbischof und sein Dompropst Hartwig helfen, denen er die Erbschaft des erschlagenen Grafen abgenommen hatte. Aber auch den Markgrafen Albrecht und die Grafen Adolf von Holstein und Heinrich von Badwide verpflichtete der Herzog zum Beistand. Es ist erstaunlich, wie sich hier Männer vor den Wagen des Welfen spannen ließen, die im Grunde bereits zu seinen ärgsten Feinden gehörten. Aber mit solch großem Aufgebot gelang Heinrich das Vorhaben gegen die Dithmarscher rasch und sicher.

In der Folge dieses gewalttätigen Handstreiches hetzte ein zu den Dänen geflohener Dithmarscher einen der dänischen Thronanwärter, Knud, zum Einfall in Wagrien auf. Die Dänen äscherten Oldenburg und Segeberg ein und richteten auch sonst in dem Küstengebiet große Verwüstungen an. Graf Adolf wurde zum Verlassen seines Landes genötigt, weil dieses dem dänischen Reich einverleibt werden sollte. Da griff aber Herzog Heinrich ein und wendete die Verhältnisse rasch wieder zugunsten seines Vasallen, so daß Graf Adolf seine Tätigkeit für den Handel und die Siedler in seinem Gebiet fortsetzen konnte.

Der junge Welfenherzog wollte die ungeteilte Macht in seinem Herzogtum ohne Einschränkungen, und er wachte eifersüchtig darüber, daß ihm nicht irgendwo etwas weggenommen würde. Als Erzbischof Adalbero in Bremen im August 1148 starb, wurde tatsächlich der Dompropst Hartwig sein Nachfolger. Die Bremer Kirchenprovinz war arg geschmälert worden, denn die nordischen Bistümer, die ursprünglich zu ihr gehört hatten, waren nach jahrzehntelangem Hin und Her dem Anfang des Jahrhunderts gegründeten Erzbistum Lund unterstellt worden. Der neue Metropolit Hartwig wollte deshalb östlich und nördlich der Elbe einige frühere Suffraganbistümer seiner Kirchenprovinz wieder aufleben lassen. Als er aber im Herbst 1149 in Oldenburg und Mecklenburg für Wagrien und das Obodritenland Bischöfe einsetzte, traf er auf den härtesten Widerstand bei Herzog Heinrich. Wenn der Welfe schon die Wahl des mit ihm verfeindeten Hartwig zum Erzbischof von Bremen als einen Affront angesehen hat, dann wollte er es sich auf keinen Fall bieten lassen, daß dieser nun in »seinem« Land Bischöfe ohne seine Zustimmung einsetzte und damit in seine streng gehüteten Rechte eindrang. Der Welfe beanspruchte in dem Land, das sein Großvater Lothar von Supplinburg bereits als Herzog von Sachsen erobert und beherrscht hatte, das Recht der Einsetzung der Bischöfe für sich, und er verweigerte den von Hartwig ernannten Kirchenfürsten den ihnen zustehenden Zehnten. Dazu scheint die Kurie den Herzog sogar ermäch-

hoffen, daß er durch diese enge Verbindung mit dem im Südwesten des Reiches ansässigen Geschlecht die Staufer sicher in die Zange nehmen könnte. Die Zähringer waren ebenfalls nicht gut auf die Staufer zu sprechen, seit der junge Friedrich im Frühjahr 1146 in ihr Gebiet eingefallen war, Zürich besetzt und wochenlang im Breisgau arg gehaust hatte, bis er auch hier, wie schon bei seinen Attacken gegen die Babenberger in Bayern, von seinem Vater energisch zurückgepfiffen wurde. Da war es nur allzuverständlich, daß sich die Zähringer mehr zu den Welfen als zu den Staufern hingezogen fühlten, weshalb sich ihr gegenwärtiges Stammesoberhaupt auch bereits am Wendenkreuzzug beteiligt hatte, statt mit dem König ins Morgenland zu ziehen.
Über die Formalitäten und Festlichkeiten der Hochzeit Heinrichs mit Clementia sind wir nicht informiert. Aller Wahrscheinlichkeit nach fand die Verehelichung vor einem Priester statt – das war im Mittelalter noch keineswegs selbstverständlich, zumal die katholische Kirche selbst erst auf dem Tridentiner Konzil im 16. Jahrhundert für ihre Gläubigen die kirchliche Einsegnung der Ehen verbindlich vorgeschrieben hat. Vorher war es den Brautleuten überlassen, wie sie ihre Eheschließung begingen – und das führte wohl nicht selten zu sogenannten »wilden Ehen«, bei denen man ohne viel Aufhebens zusammen- und auch wieder auseinanderging. In adeligen Kreisen wurden die Söhne und Töchter aus politischen oder erbrechtlichen Gründen oft schon in sehr jungen Jahren verheiratet. Dabei bildete sich die Sitte heraus, daß die Ehe erst mit dem ersten Beilager als vollzogen galt. Da das Aufsuchen des Beilagers in diesen Fällen also rechtliche Bedeutung hatte, erfolgte es häufig in Anwesenheit von Zeugen. Das Aussehen der Braut und Altersunterschiede spielten bei derartigen Ehen, die aus politischen oder sonstigen sachlichen Gründen geschlossen wurden, ebensowenig eine Rolle wie die gegenseitige Zuneigung der Eheleute.

König Konrad kam im Frühjahr 1149 vom Kreuzzug wieder zurück. Erreicht hatte man praktisch nichts. Im Gegenteil, das Heer hatte große Verluste an Menschen und Material hinnehmen müßen, als es in seligem Gottvertrauen und gegen den Ratschlag des byzantinischen Kaisers quer durch Anatolien zog. Die wenigsten – unter ihnen aber der König – bekamen das Heilige Land zu Gesicht. Konrad III. hat jedoch bei dieser Gelegenheit mit Kaiser Manuel I. in Konstantinopel vereinbart, daß beide Reiche zusammen gegen den gemeinsamen Feind in Unteritalien, den Normannenkönig Roger II. vorgehen. Die drei Herrscher rivalisierten um den Besitz Unter- und Mittel-Italiens. Der Sizilier wollte sich jedoch nicht nur auf der italienischen Halbinsel ausdehnen, sondern er wollte auch das Mittelmeer beherrschen. Dazu hatte er sich 1146 schon in Nordafrika festgesetzt, griff während des Kreuzzuges das byzantinische Reich in Epirus an und besetzte die Insel Korfu. Die Expansionsgelüste des Normannen konnten also sowohl dem römisch-deutschen wie auch dem byzantinischen Reich gefährlich werden, eine gemeinsame Abwehr lag nahe.

Aber noch ehe Konrad und Manuel etwas unternehmen konnten, hatte sich der listenreiche Welf VI. vom Kreuzzugsheer abgesetzt und war nach Sizilien gelangt. Dort ließ er sich von König Roger außerordentlich hofieren, und beide vereinbarten, daß Welf nach seiner Rückkehr über die Alpen sogleich wieder seine Angriffe gegen den König fortsetzen würde. Roger gab seinem Gast auch Briefe an eine Reihe deutscher Fürsten mit, in denen er sie, wie Abt Wibald von Stablo und Corvey berichtet, aufforderte, mit Welf zusammen gegen König Konrad zu kämpfen. Und der Welfe versäumte nicht, auf seinem Weg nach Norden auch eine Übereinstimmung mit dem Papst anzustreben, denn der päpstliche Konsensus konnte für die gemeinsame Sache gegen den deutschen König natürlich viel bewirken. Welf beeilte sich,

zweifellos von Roger mit einer ansehnlichen Vorschußzahlung versehen, nach Hause zu reisen und seine Versprechen einzulösen.
So ist es nicht überraschend, daß schon wieder allerorten in den süddeutschen Ländern gekämpft und zerstört wurde, als König Konrad heimkehrte. An die Aufnahme eines Krieges gegen König Roger war also nicht zu denken, und auch die Hilferufe, die ihm die beiden Parteien des schon lange währenden Streites zwischen Papst und Römern sandten, wurden von Konrad zwar gehört, aber er konnte dort nicht eingreifen – seit seiner Rückkehr aus dem Morgenland siechte er mehr und mehr dahin. Die Kreuzzugsteilnehmer schleppten ja auch die Lepra, den Aussatz, in das Abendland ein. Nach einer anderen Version ist diese Seuche freilich schon von den römischen Truppen nach Europa gebracht worden. Krankheiten galten im 12. Jahrhundert weithin noch als vom Teufel geschickt – oder vom strafenden Gott gegen die Sünder, wie schon Papst Gregor der Große im 6. Jahrhundert erklärt hatte.
Es war für den kranken König Konrad vorteilhaft, daß die beiden Welfen auch untereinander zerstritten waren, da sie beide das Herzogtum Bayern haben wollten. Und auch die italienische Markgrafschaft Tuszien, die Heinrich der Stolze 1137 von Kaiser Lothar zu Lehen bekommen hatte, war wohl ein heimlicher Zankapfel zwischen dem Herzog von Sachsen und seinem Onkel. Der Staufer verstand es jedoch trotz allem nicht, die beiden feindlichen Welfen gegeneinander auszuspielen. Welf wurde von den Königlichen dennoch bald ausgeschaltet, da es gelang, ihn im Frühjahr 1150 in der Schlacht bei Flochberg unweit von Nördlingen vernichtend zu schlagen. Aber erneut schaltete sich der staufische Friedrich, Herzog von Schwaben, zugunsten des Welfen ein und vermittelte für ihn ein günstiges Abkommen mit dem König.

Albrecht der Bär und seine Gemahlin (Nach einer zeitgenössischen Münze)

Herzog Heinrich trat mit aller Entschiedenheit wieder auf den Plan, als er sein Sachsenland soweit unter Kontrolle hatte, daß er seine Gemahlin und Graf Adolf von Holstein mit seiner Vertretung beauftragen konnte. Mit einer ansehnlichen Streitmacht zog Heinrich mitten im Winter nach Süden, ohne dann aber am 13. Januar 1151 auf einem vom König nach Ulm einberufenen Hoftag zu erscheinen. Selbstherrlich nannte er sich jedoch bereits »Herzog von Bayern und Sachsen von Gottes Gnaden«. Mit seinem kriegerischen Aufzug wollte Heinrich aber wohl zunächst nur bluffen, denn er erklärte sich rasch damit einverstanden, daß seine Sache Mitte

Juni in Regensburg behandelt werden solle. Als es so weit war, erschien er jedoch auch dort nicht.
Was sollte man also von seinen Forderungen halten, wenn er nicht bereit war, sie vor einem Reichstag zu vertreten? Auch zu einer weiteren Reichsversammlung in Würzburg im Herbst 1151 reiste Heinrich nicht an. Es ist erstaunlich, daß sich Konrad III. diese Widersetzlichkeiten des Welfen gefallen ließ, obgleich er ihn doch wegen dieser Haltung förmlich vor ein Gericht hätte laden können. War sich der Staufer seiner Sache so wenig sicher? Jedenfalls ließ er durch einen Kapellan die Stimmung unter den Fürsten erkunden, die keineswegs unbedingt auf seiner Seite standen, da ihnen ein starker König auf keinen Fall wünschenswert erschien.
Um sich nicht länger den Eigenwilligkeiten des jungen Mannes auszusetzen, entschloß sich der König Ende 1151, gegen den Welfenhort in Braunschweig zu ziehen und dort das gleiche zu tun wie sein Antipode im Süden, nämlich die gegnerische Stellung zu bedrohen. Damit erreichte er, daß Heinrich schnellstens nach Norden zurückkehrte, und Konrad zog nun seinerseits nach Süden. Eine Entscheidung war damit allerdings nicht erreicht, und der Tanz konnte bei nächster Gelegenheit von vorne beginnen.
Zunächst drohte Heinrich aber in seinem Herzogtum Sachsen zwischen die Mühlsteine zu kommen. Graf Hermann von Winzenburg war zusammen mit seiner Gemahlin von Ministerialen des Hildesheimer Bistums ermordet worden. Da keine männlichen Erben vorhanden waren, gerieten sich Herzog Heinrich und Albrecht der Bär um die große Hinterlassenschaft des Winzenburgers am Westrand des Harzes in die Haare. Albrecht hatte erst kurz vorher das Erbe des Hevellerfürsten Pribislaw an der Havel übernommen und nannte sich seither – vielleicht auch schon etwas länger – Markgraf von Brandenburg. Er war ebenso wie Heinrich und alle anderen Fürsten darauf aus, seine Macht und seinen Be-

sitz zu vergrößern. Heinrichs Expansion im Norden bis zur Peene war dem Askanier ein beträchtliches Ärgernis, und er wollte deshalb jetzt im Süden seiner Mark nach Westen expandieren. Albrecht konnte die Anhängerschaft einiger sächsischer Dynasten gewinnen, aber als beide Parteien Streitkräfte sammelten, war sein Aufgebot von etwa 1500 Rittern demjenigen des Herzogs mit rund 5000 Rittern weit unterlegen. Zu einem großen Treffen ist es freilich nicht gekommen, und in einzelnen Geplänkeln war keine Entscheidung zu erzielen. So zog sich die Auseinandersetzung um das Winzenburger Erbe zwischen den beiden Fürsten noch jahrelang hin.

Als der Obodrit Niklot nach Lüneburg kam und der Herzogin in Abwesenheit ihres Gemahls klagte, daß die Kessiner und Zirzipanen die Zahlung des Tributs verweigerten, erhielt Graf Adolf von Holstein den Auftrag, zusammen mit Niklot in das Land der Rebellen zu ziehen. Nachdem sie dort vieles verbrannt und getötet und ein bedeutendes Heiligtum zerstört hatten, waren die Aufständischen bereit, mit einer »ungeheuren Summe Geldes« den Frieden zu erkaufen. Graf Adolf und Niklot konnten zufrieden wieder nach Hause zurückkehren.

Am 15. Februar 1152 starb König Konrad III. in Bamberg. Infolge der ständigen Reibereien mit den Welfen war er während seiner vierzehnjährigen Regierungszeit niemals nach Rom gekommen und deshalb auch nicht zum Kaiser gekrönt worden – eine Tatsache, die ihn sehr schmerzte. Konrad hat einen mutigen und tapferen Kampf gegen die Welfen geführt, denen er von Anfang an unterlegen war. Seine Entschlüsse waren vom Glück wenig begünstigt. Trotzdem hat er versucht, seinen Platz zu behaupten. Schon 1150 ist zu allem Unglück auch sein Sohn Heinrich gestorben, der 1147 vor dem Kreuzzug noch zum König gekrönt worden war. Man munkelte von Giftmord, ohne jedoch einen Beweis erbringen zu können. Ein zweiter Sohn Konrads war bei dem Tod des Vaters erst etwa sechs Jahre alt. Deshalb soll sich der sterbende König entschlossen haben, seinen Neffen Friedrich, den Herzog von Schwaben, als Nachfolger zu designieren.

Um diese Zeit entstand die *Kaiserchronik*, ein mittelhochdeutsches Epos, vermutlich von mehreren Regensburger Geistlichen geschrieben. Diese Reimchronik enthält die Biographien römischer und deutscher Kaiser, verwoben mit Sagen und Legenden. Man hat dieses Werk verschiedentlich als Ausdruck des Wunsches nach einem neuen, starken Kaisertum angesehen, da es in einer Zeit mißlungener glückloser Herrschaft die Möglichkeiten und Vorteile kraftvoller Herrscher zeigte.

1152–1156

Hat Heinrich der Löwe auf die Königs- und Kaiserkrone verzichtet?

Für den jungen welfischen Heinrich war es natürlich außerordentlich wichtig, wer König Konrad auf dem deutschen Königsthron folgt. Würde es ein Mann sein, der ihm das bayerische Herzogtum weiter vorenthalten und der sich seinem Ehrgeiz und seinem Expansionsdrang ebenso in den Weg stellen sollte wie Konrad III.? Wäre es dann nicht vorzuziehen, wenn Heinrich selbst nach der deutschen Königskrone greifen würde? Als Enkel Kaiser Lothars III. hatte er unbezweifelbare Rechte auf die Krone!

Es ist nicht überliefert, was nach dem Tod Konrads III. hinter den Kulissen alles vorging. Aber der Wunsch nach mehr Ruhe und Sicherheit im Reich war allgemein. Die Fürsten waren zweifellos sehr aktiv, denn ebenso ungewöhnlich wie das kurze Interregnum von nur drei Wochen zwischen dem Tod des bisherigen und der Wahl des neuen Königs ist auch die völlig regelwidrige Verlegung der Wahl von Mainz nach Frankfurt am Main. Aber die Mainzer Erzbischöfe waren traditionell eng mit den Welfen verbunden, sie hatten als die mächtigsten deutschen Kirchenfürsten ein gewichtiges Wort bei der Königswahl mitzureden, und vom gegenwärtigen Oberhirten wußte man, daß er gegen die Wahl des staufischen Schwabenherzogs war. Also eine Fülle von Gründen für die staufische Partei, die Verlegung der Wahl nach Frankfurt zu betreiben!

Beim Tod Konrads III. waren nur sein Neffe, der Schwabenherzog Friedrich, und Bischof Eberhard von Bamberg anwesend. Man mußte also den beiden Überlebenden glauben, daß Konrad den Schwabenherzog zum Nachfolger gewünscht hat und nicht seinen sechsjährigen Sohn. Diese Designation war freilich für die wahlberechtigten Fürsten nicht verbindlich und ohne staatsrechtliche Bedeutung. Warum aber wurde Konrad mit so merkwürdiger Eile in Bamberg und nicht in der staufischen Familiengruft zu Lorch begraben?

Tatsächlich schien der Schwabenherzog für den Thron sehr geeignet zu sein, denn als Sohn eines staufischen Vaters und einer welfischen Mutter bot er die größten Möglichkeiten, die unheilvollen Zwistigkeiten zwischen diesen beiden Dynastien ausräumen zu können. Er hatte sich bereits als eine kraftvolle Persönlichkeit erwiesen.

Es ist mehr als wahrscheinlich, daß der Staufer seinem welfischen Vetter Heinrich während des kurzen Interregnums verschiedene Versprechungen gemacht hat, um ihn von der eigenen Kandidatur abzuhalten und für seine Wahl zu gewinnen. Bei dem Ehrgeiz, dem Pragmatismus und der Machtfülle des Sachsenherzogs ist es durchaus vorstellbar, daß er sich für die Königskrone interessiert hat, die seinem Vater 1138 auf so schnöde Weise vorenthalten worden war. Schließlich hatte Heinrich nach dem Geblüt als Enkel von König und Kaiser Lothar III. mehr Anrechte auf den Thron als der Neffe Friedrich des Königs Konrad.

Trotzdem ist Heinrich zugunsten seines Vetters Friedrich zurückgetreten – ausgerechnet Heinrich, der bisher nicht nur seine Rechte mit äußerster Konsequenz wahrgenommen, sondern der sogar bereits königliche Rechte usurpiert hatte. Ist hier eine Erklärung für die Bemerkung Gisleberts von Mons zu finden, daß Friedrich seine Wahl durch eine Hinterlist erschlichen habe? Oder bezog sich dieser Vorwurf auf das Beiseiteschieben von König Konrads Sohn?

In neuerer Zeit ist sogar die Meinung geäußert worden (O. Engels), Heinrich sei in der Wahlversammlung am 4. März 1152 zu Frankfurt als Gegenkandidat des Staufers aufgetreten, der jedoch durch üppige Versprechungen die Stimmen der Fürsten für sich gewonnen habe. Es ist aber wenig wahrscheinlich, daß Heinrich unüberlegt in eine solche Schlappe gestolpert ist, und noch unwahrscheinlicher ist es, daß er nach einer Wahlniederlage mit dem Sieger in so gute Beziehungen getreten wäre, wie er es gegenüber dem Staufer getan hat. Ganz abgesehen davon hätte sich Otto von Freising einer erheblichen Geschichtsfälschung schuldig gemacht, wenn der Welfe bei der Königswahl kandidiert hätte.

Es gibt viele offene, unbeantwortbare Fragen um die Wahl des neuen deutschen Königs. Jedenfalls hat der Welfe nicht ohne Entschädigung auf seine Anrechte verzichtet. Die vom Mainzer Erzbischof eifrig kolportierte angebliche Äußerung Friedrichs, er wolle die Krone auch dann an sich reißen, wenn er nicht gewählt werde, hat Heinrich ebensowenig

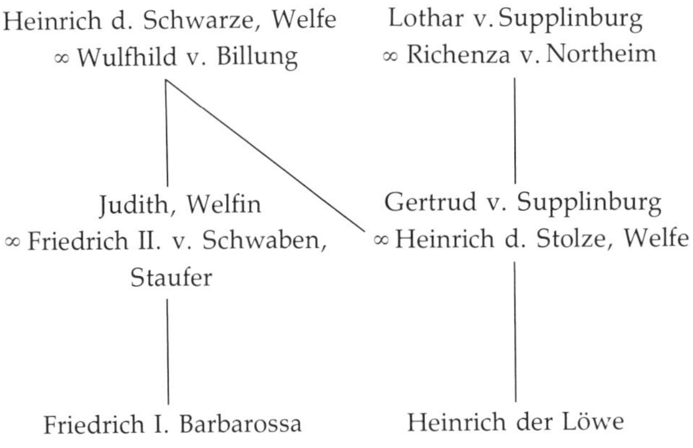

Die verwandtschaftlichen Beziehungen zwischen den Vettern Friedrich I. Barbarossa und Heinrich dem Löwen (siehe auch den Stammbaum der Welfen am Schluß des Buches)

zum Verzicht veranlaßt, wie es die 3000 schwäbischen Ritter konnten, die sein Vetter drohend an den Wahlort beordert haben soll.

Die Offerten des Staufers für die Zustimmung des Welfen waren sicher sehr ansehnlich, und wenn es auch nicht erwiesen ist, daß Heinrich die Wahl mitgemacht hat, so ist sein Einverständnis doch unbezweifelbar. Die beiden Vettern sind nach der Wahl fast ständig beisammen gewesen, und Heinrich hätte sich bestimmt nicht unnötig lange am königlichen Hof aufgehalten, wenn er seinen Verzicht nur widerwillig geleistet und der Wahl Friedrichs nicht zugestimmt hätte. Der Sachsenherzog war auch bei der Krönung des Königs in Aachen dabei, und er begleitete seinen Vetter auf dem folgenden Umritt durch die deutschen Lande. Zweifellos hatten beide Männer großes Interesse am künftigen guten Einvernehmen und erwarteten sich beiderseits konkrete Vorteile davon.

Der neue König, etwa dreißigjährig, wie man heute zu wissen glaubt, berief für Mitte Mai 1152 – Pfingsten – seinen ersten Reichstag ein, nach Merseburg, jener alten Grenzfeste gegen die Slawen an einer Furt der Saale. Heinrich war natürlich anwesend. Der Herzog hatte mit Markgraf Albrecht von Brandenburg vor der Königswahl einen Waffenstillstand in den Auseinandersetzungen um das Erbe des Winzenburgers vereinbart. Friedrich wollte die Sache jetzt in Merseburg aus der Welt schaffen. Aber die Zeit war noch nicht reif dazu. Die Kämpfe entbrannten sogar bald aufs neue.

Der junge Welfe machte aber trotzdem in Merseburg einen reichen Fang – sogar einen sehr reichen! Er brachte seinen Vetter dazu, daß dieser ihn mit der Reichsvogtei Goslar belieh, die mit ihrem Silberbergbau außerordentlich hohe Einnahmen brachte. Die Meinungen über diese Belehnung schwanken allerdings, da sie nicht eindeutig überliefert ist. Schon seit nahezu zweihundert Jahren wurde am Rammelsberg das begehrte Erz abgebaut und teilweise nach Norden über das Meer exportiert. Für den Sachsenherzog war die Belehnung mit Goslar, wenn sie tatsächlich erfolgt ist, also ein beträchtlicher Gewinn. Friedrich hatte sich zwar die dortige Kaiserpfalz ausbedungen, aber das störte Heinrich wenig, denn er baute sich bald nach ihrem Vorbild in Braunschweig die Burg Dankwarderode. Wenn es jedoch zutrifft, was gelegentlich vermutet wird, daß Friedrich und Heinrich das Reich in eine südliche Interessensphäre des Staufers und in eine nördliche des Welfen geteilt haben, dann wäre die Abgabe Goslars an den Welfen nur die selbstverständliche Konsequenz gewesen.

Der Bremer Erzbischof Hartwig wollte Herzog Heinrich auf seine Weise die angemaßten königlichen Rechte bei der Bischofs-Investitur wieder aus der Hand nehmen. Er forderte seinen Suffragan Vizelin auf, den König in Merseburg um seine Investitur zu bitten, um diejenige des Herzogs zu deklassieren. Der alte Vizelin wollte es sich mit dem Herzog jedoch nicht noch einmal verderben, da dieser seinem Bistum näher war und ihm somit unangenehmer werden konnte als der König. Vizelin befolgte also den Wunsch seines Erzbischofs nicht.

Wenn Friedrich von diesen Vorgängen hinter den Kulissen erfahren hat, dann hat er mit um so größerer Genugtuung eine andere Gelegenheit wahrgenommen, seine königlichen Rechte im Norden auszuüben. Der Magdeburger Erzbischofsstuhl war vakant und wurde von zwei Bewerbern beansprucht, die jedoch beide nicht nach den Vorstellungen des Königs waren. Friedrich wollte diese wichtige Kirchenprovinz mit dem Naumburger Bischof Wichmann besetzen, da dieser sich schon als reichstreuer Kirchenfürst gezeigt hatte und für eine größere Selbständigkeit des deutschen Episkopates gegenüber dem Papst eingetreten war. Auf Veranlassung des Königs wählten die Anhänger des einen der beiden Bewerber bei einer Stichwahl Wichmann, aber der andere Kandidat hatte die Mehrheit. Der König machte daraufhin von seinem Recht Gebrauch, das ihm nach dem Wormser Konkordat vom Jahre 1122 erlaubte, bei zwiespältig ausgegangenen Bischofswahlen zu entscheiden. Er investierte Wichmann in Merseburg sogleich für die Magdeburger Kirchenprovinz. Damit kam er allerdings mit dem Papst in Konflikt, von dessen Zustimmung der Wechsel eines Prälaten von einem Bistum in ein anderes abhängig war. Aber dem König mochte es wichtiger sein, daß er mit der Investitur Wichmanns sowohl seine selbständige Linie gegenüber der Kirche als auch seine Oberherrschaft im Norden des Reiches demonstrieren konnte.

Es ist nicht ausgeschlossen, wenn auch unwahrscheinlich, daß Friedrich seinem Vetter auch bei einer anderen Gelegenheit seine Macht beweisen wollte: Die dänischen Thronbewerber hatten den deutschen König um eine Entscheidung in ihren Auseinandersetzungen gebeten. Der Staufer entschied sich für Sven, den er in Merseburg sogleich krönte und der ein Schützling des Bremer Erzbischofs Hartwig war. Knud dagegen, für den sich Herzog Heinrich bislang stark gemacht hatte, mußte zum Zeichen, daß er auf die Krone verzichtete, sein Schwert dem König ausliefern. Friedrich hat seine Entscheidung wohl auf Grund der bestehenden Machtverhältnisse getroffen, denn Knud war kurz vorher von Sven aus seinem Land vertrieben worden – aber für den Bremer Erzbischof war die Entscheidung des Königs ein Triumpf gegen den Herzog. Beide Fürsten waren natürlich am Ausgang der Thronstreitigkeiten im benachbarten Dänemark sehr interessiert. Es ist jedoch nichts bekannt, daß sich der Welfe von der Entscheidung des Königs irgendwie düpiert gefühlt hätte. Sicher war Heinrich überzeugt, daß er auch mit dem ihm weniger sympathischen Sven fertig werde.

Zweifellos war dem Welfen wichtiger, so bald wie möglich in

den Besitz des angestammten Herzogtums Bayern zu kommen, das ihm sein Vetter versprochen hatte. Der hat sich aber zunächst den unruhigen älteren Welf VI. vom Halse geschafft, indem er ihm in Italien die Markgrafschaft Tuszien, die Mathildischen Güter, das Herzogtum Spoleto sowie die Inseln Sardinien und Korsika verlieh. Damit war der stets umtriebige Welf in Italien beschäftigt, und der Staufer brauchte nicht zu befürchten, daß er in den deutschen Landen so schnell wieder sengen und morden würde, wie er es zur Zeit Konrads III. getan hatte.

Durch diese Belehnung Welfs mit den italienischen Ländereien wurde indes der Drang des jungen Löwen nach Bayern nur um so heftiger angestachelt, schließlich handelte es sich bei jenen Territorien südlich der Alpen ja teilweise um ehemalige Lehnsgüter seines Vaters Heinrich des Stolzen. Für den König war es aber gar nicht so leicht, sein Versprechen einzulösen, denn er mußte Bayern erst einmal von Herzog Heinrich II. Jasomirgott freibekommen. Der Babenberger war über dieses Ansinnen natürlich alles andere als erfreut, und so suchte er nach Mitteln und Wegen, die Sache abzuwenden. Bei einer Zusammenkunft in dem von einer Feuersbrunst übel heimgesuchten Regensburg konnte der König bei dem Babenberger nichts erreichen. Der war sicher nicht bereit, seine Rechte ohne eine kräftige Entschädigung aufzugeben.

Zu einem Reichstag in Würzburg erschien der bayerische Herzog Mitte Oktober 1152 vorsorglich gar nicht, um sich nicht erneuten Pressionen des Königs auszusetzen. Obwohl die Versammlung der Fürsten vor allem zur Regelung der bayerischen Angelegenheit einberufen worden war, mußte man sich vertagen. Immerhin konnte der Staufer die Streitigkeiten des sächsischen Herzogs und des brandenburgischen Markgrafen um die hinterlassenen Güter des Grafen von Winzenburg beenden. Da sich die beiden Fürsten auch um eine Erbschaft des während des Kreuzzuges 1147 gefallenen Grafen Bernhard von Plötzkau an der Saale stritten, teilte der König die umkämpften Güter zwischen den beiden Streitenden auf. So wurden die zahlreich erschienenen Fürsten doch Zeugen wenigstens dieses für den Frieden in Sachsen recht bedeutsamen Abkommens. Und sie wurden sich zugleich bewußt, daß der junge Sachsenherzog seinen Machtbereich im südlichen Sachsen, im Gebiet der Leine westlich bis in die Gegend von Kassel ausweitete.

Mag sein, daß der Welfe hier aus taktischen Überlegungen auf das Plötzkauische Erbe verzichtete und sich so duldsamer zeigte, als es sonst seiner Art entsprach. Aber der Friedensschluß mit Markgraf Albrecht ermöglichte es ihm, weiterhin beim König zu bleiben und diesen immer wieder an die Einhaltung des gegebenen Wahlversprechens zu erinnern. Heinrich war zweifellos willens, seinen staufischen Vetter genauso zu attackieren, wenn er Bayern nicht erhielte, wie er und sein Onkel Welf VI. vorher Konrad III. attackiert hatten. Heinrich war in Trier ebenso am Hof des Königs zu finden, wie er im Februar 1153 dabei war, als Friedrich als erster deutscher König nach hundert Jahren Burgund besuchte. Im Vergleich zu den Zeiten Konrads III. hatten sich die Verhältnisse völlig verändert. Während ehedem enge und herzliche Kontakte zwischen dem Staufer und den Babenbergern bestanden, ließen sich diese jetzt kaum noch am staufischen Königshof sehen, aber an ihrer Stelle waren nun die Welfen fast ständige Begleiter des Herrschers.

Der König plante, im Jahre 1154 nach Rom zu ziehen, um sich vom Papst zum Kaiser krönen zu lassen. Schon in seinem ersten Regierungsjahr hat Friedrich neben den örtlichen Friedensregelungen ein allgemeines Landfriedensgesetz erlassen, das aufschlußreiche Einblicke in die damaligen rechtlichen Gewohnheiten gibt. Mord wurde mit der Todesstrafe bedroht, aber im Gegensatz zu früher machte das Gesetz von

1152 keinen Unterschied, ob der Täter ein Freier oder ein Unfreier war. Wer einen anderen während eines Landfriedens verletzt, der sollte eine Hand verlieren, Diebstahl unter fünf Schilling Wert sollte durch Stäupen und Zwicken mit Ruten und Scheren geahndet werden, wo der Wert fünf Schilling überstieg, drohte der Galgen. Wenn ein Angeklagter seine Unschuld dartun wollte, dann konnte er einen sogenannten Reinigungseid leisten. Dabei wurden aber Standesunterschiede gemacht, denn ein Bauer mußte dafür sechs Zeugen beibringen, ein Ritter jedoch nur vier. Ein Bauer konnte auch ein Gottesurteil beantragen. Dabei mußte er zum Beispiel einen Gegenstand mit der Hand aus kochendem Wasser herausholen. Wenn ihm das ohne Schaden gelang, dann hatte Gott für seine Unschuld gezeugt. Auch im Zweikampf konnte ein Beschuldigter seine Unschuld beweisen, denn Gott half nach dem damaligen Glauben immer dem Schuldlosen, dem Gerechten. Aber Zweikämpfe durften nur von Rittern bei todeswürdigen Verbrechen ausgetragen werden.

In anderer Hinsicht höchst interessant ist die Bestimmung, daß Reisende unterwegs zur Fütterung ihrer Pferde soviel Getreide von den Feldern nehmen durften, wie sie von der Straße aus mit den Händen erreichen konnten. Bei den gänzlich ungepflegten Straßen mit kaum vorhandenen exakten Abgrenzungen konnte das zu mancherlei Streit führen. Aber sicher haben die meisten Bauern ihr kostbares Saatgut nicht allzu nahe der Straße ausgesät. Die Wiesen und Wälder waren weitgehend Gemeingut, und jedermann konnte, solange er nur keine Verwüstungen anrichtete, soviel Gras und Holz nehmen, wie er für seine Versorgung benötigte. Netze, Schlingen und Fallen durften nur gegen Bären, Eber und Wölfe aufgestellt werden, jedoch nicht gegen anderes Wild. Auch die jährliche Prozedur für die Festsetzung des Getreidepreises regelte dieses Gesetz, und wer etwa eine der Hun-

gersnöte ausnützte und den Preis überschritt, mußte mit harten Strafen rechnen.
Der König schloß zur Regelung der Beziehung zwischen Kirche und Reich mit dem Papst einen Vertrag. Da die Übereinkunft im März 1153 zu Konstanz geschlossen wurde, ist sie als Konstanzer Vertrag in die Geschichte eingegangen. Das Einvernehmen zwischen Friedrich I. und Eugen III. war zwar nach der Magdeburger Affäre und einigen anderen Vorkommnissen getrübt, aber beide Seiten waren aufeinander viel zu sehr angewiesen, als daß sie es zu einem Bruch hätten kommen lassen können. In dem Vertrag sicherte der Papst unter anderem zu, daß er Friedrich zum Kaiser krönen werde, wenn dieser nach Rom kommt. Das war für den Staufer bedeutsam, denn die Wiederherstellung der Reichsmacht und der kaiserlichen Gewalt war sein oberstes Ziel. Die Kaiserkrone brachte ihm zwar keinen realen Machtgewinn, aber sie versinnbildlichte seine Funktion als Schutzherr über die römische Kirche in ihrer Gesamtheit und sie hob ihn damit über die anderen Potentaten des Abendlandes hinaus. Ein sowohl religiös wie auch machtpolitisch so stark geprägter Mensch wie der Staufer legte auf derartige Heraushebungen und Symbole allergrößten Wert. Wie unvollkommen die Repräsentanz des römisch-deutschen Kaisers jedoch war, das zeigt die Tatsache, daß es keinen Kaiserthron gab.
Die gegenseitige Abhängigkeit von König und Papst ermöglichte es auch, daß sich Friedrich in Konstanz von seiner ersten Gemahlin mit päpstlicher Genehmigung scheiden lassen konnte. Offiziell wurde zu nahe Blutsverwandtschaft als Begründung genannt, aber man hat lange Zeit angenommen, daß sich Friedrich von seiner Frau getrennt habe, da sie ihm keinen Sohn gebar. Das konnte für einen deutschen König vom Schlage Barbarossas tatsächlich ein Scheidungsgrund gewesen sein, denn der Staufer wollte den glücklich errungenen Thron verständlicherweise seinem Geschlecht

bewahren. In neuerer Zeit hat man jedoch zwei andere Motive für die Scheidung genannt: einen Ehebruch der Frau und den Wunsch Friedrichs, aus politischen Gründen eine byzantinische Prinzessin zu heiraten. Bei der Mentalität des Staufers ist es sehr unwahrscheinlich, daß er eine Scheidung angestrebt hätte, wenn sein Erbe gesichert gewesen wäre, so daß die Kinderlosigkeit als ausschlaggebend und die neue politische Heirat – die er dann doch nicht realisiert hat – bestenfalls als Folge angesehen werden kann.
Der Ehebruch der Frau, sofern er tatsächlich erfolgt ist, war zweifellos ebenfalls eine Folge der Kinderlosigkeit der Ehe. Die unbekümmerte Verheiratung adeliger Kinder aus politischen und besitzrechtlichen Gründen, ohne Rücksicht auf Sympathien oder Antipathien, hat es mit sich gebracht, daß nicht wenige derartiger Ehen unglücklich verlaufen sind und Ehebrüche nicht selten waren. Hinzu kam, daß die Ehemänner gegenüber ihren Frauen ein unbeschränktes Züchtigungsrecht hatten, das auch von der Kirche anerkannt wurde. Von dem Franziskaner und größten deutschen Volksprediger, Berthold von Regensburg, ist aus dem 13. Jahrhundert eine Äußerung überliefert, in der er sich wohl gegen das ungerechtfertigte Schlagen, aber nicht gegen die körperliche Züchtigung der Frauen überhaupt ausspricht: »du solt ir daz har alle zit niht uz ziehen umbe sus und umbe niht (unnötig und um nichts) unde slahen wie dicke dich gout dünket unde schelten unde fluochen und ander boese handelunge tun unverdienet«. Auch der französische Sire de Beaumanoir ermahnte seine Geschlechtsgenossen in seinem berühmten Rechtsbuch gegen Ende des 13. Jahrhunderts lediglich, die Frauen »nur mit Maß und Ziel« zu schlagen. Die im 12. Jahrhundert unter dem Einfluß Bernhards von Clairvaux entfaltete Marienverehrung behinderte eine solche handfeste Einstellung gegenüber den irdischen Frauen offenbar in keiner Weise! Aber man sollte sich in jeder Richtung vor zu weitge-

henden Verallgemeinerungen hüten, denn in der zweiten Hälfte des 12. Jahrhunderts konnte doch auch der Minnesang erblühen, der uns diese Epoche in einem ganz anderen Licht zeigt als dem der körperlichen Züchtigung der Frauen. Heinrich von Veldeke war einer der frühen Minnesänger, der die ritterlich-höfische Kultur verkörperte und nach Vorbildern der provencalischen Troubadours dichtete:

Wer denn schadet meiner Fraue,
dem wünsche ich das dürre Reis
an dem die Diebe nehmen ihr Ende.
Wer mir aber freundlich traue,
dem wünsche ich das Paradeis
und falt' für ihn die Hände.
Fragt jemand, wer sie sei,
der könnte sein dabei:
es ist ja wohl gemeint.
Gnade, Fraue mir
die Sonne geb' ich dir,
so mir der Mond nur scheint.

So sehr Friedrich auch mit seinen privaten Angelegenheiten beschäftigt war, so durfte er doch den Wunsch seines Vetters nicht aus den Augen lassen, so rasch wie möglich mit dem Herzogtum Bayern belehnt zu werden. Aus der Tatsache, daß Friedrich sich so viel Zeit ließ, wird geschlossen, daß der Staufer Bayern lieber bei den Babenbergern gelassen hätte. Aber der Welfe war kein sehr geduldiger Mann, und der König brauchte ihn mit seinen Rittern für den bevorstehenden Zug nach Italien. Der Staufer durfte den Welfen also auf keinen Fall vergrämen oder verärgern, denn zwingen konnte er ihn zur Begleitung seines Krönungszuges auf keinen Fall. Freilich, wenn es stimmt, daß Friedrich zu seiner Wahl 3000 schwäbische Ritter aufgeboten hat, dann konnte er eine ähnliche Anzahl aus Schwaben auch für seinen Zug nach Italien zusammenbringen. Er hatte dem unmündigen Sohn Konrads III. das Herzogtum Schwaben wohl als Gegenleistung für die Königskrone übergeben, sich selbst aber doch die vormundschaftliche Verwaltung ausbedungen. Das schwäbische Herzogtum war zwar nicht gerade klein und arm, aber der Staufer hatte nur sehr beschränkte Verfügungsrechte, denn sowohl die umfangreichen Besitzungen der Welfen wie auch diejenigen der Zähringer in der heutigen Mittel- und Westschweiz waren durch ältere Vereinbarungen aus dem 11. Jahrhundert der Herzogsgewalt entzogen.

Die übrigen Reichsfürsten sahen es mit zwiespältigen Gefühlen, wie der Staufer den Babenberger um sein Herzogtum Bayern bringen wollte. Hatte der neue König vielleicht noch mehrere solche Veränderungen vor? Dann mußte jeder von ihnen damit rechnen, daß er einmal betroffen würde. Sie hatten deshalb alle miteinander wenig Neigung, Friedrich auf seinem Zug über die Alpen zu begleiten. Um so mehr stieg unter diesen Umständen der Wert des Sachsenherzogs für den König. Da aber der Babenberger mehrmals zu Reichstagen, auf denen die bayerische Sache verhandelt werden sollte, nicht erschien, zögerte sich der geplante Besitzwechsel immer mehr hinaus. Es zeugt von der nicht gerade starken Stellung des Königs gegenüber den Fürsten, daß Friedrich diese Hinhaltemanöver des Babenbergers dulden mußte. Aber einige Historiker glauben, daß Jasomirgott die Entscheidung sogar im Einvernehmen mit dem Staufer hinausgezögert hat. Friedrich tat jedoch im Sommer 1153 sein Möglichstes, um die Absetzung des welfenfreundlichen Mainzer Erzbischofs zu erreichen. Er wollte in den süddeutschen Ländern kein allzu großes welfisches Übergewicht entstehen lassen, wenn Bayern an seinen Vetter käme.

Im Sommer 1154 mußte die Entscheidung fallen, denn im Oktober sollte der Zug nach Italien aufbrechen, und Heinrich gab klar zu erkennen, daß der König mit seiner Teilnahme nur rechnen könne, wenn Bayern vorher in seine Hand käme. Es war eine ausgezeichnete Möglichkeit für den Welfen, seine Wünsche durchzusetzen. Der König berief für den Juni 1154 einen Hoftag in seine Pfalz zu Goslar, wo er den Welfen auf jeden Fall zufriedenstellen wollte. Die anderen Reichsfürsten sahen es mit Mißvergnügen, daß die bayerische Angelegenheit im Herzogtum Sachsen verhandelt werden sollte, zumal in Goslar, seit 1152 Heinrichs Trumpf. Sie vermieden es deshalb nach Möglichkeit, dorthin zu reisen, und der Babenberger ließ es sich sowieso nicht einfallen, das Land seines Widersachers zu besuchen.

So versammelten sich also in Goslar vornehmlich sächsische und thüringische Herren. Der König rief die anwesenden Fürsten zu einer Entscheidung über Bayern auf, und das Ergebnis konnte nicht zweifelhaft sein – die einen stimmten für die Übergabe an den Welfen, weil sie seine überzeugten Anhänger waren, die anderen in der Hoffnung, daß er dann stärker in seinem zweiten Herzogtum zu tun haben würde und sie vor ihm mehr Ruhe hätten. Angesichts des bevorstehenden Italienzuges vermied der König allerdings eine abrupte Lösung. Er ließ den Babenberger zunächst noch im Besitz Bayerns und vertagte die Einsetzung des Welfen. Erhoffte er sich dadurch die Teilnahme beider Fürsten an dem Italienzug? Heinrich der Löwe konnte nun auf den Fürstenspruch pochen und seine baldige Belehnung mit dem bayerischen Herzogtum fordern.

Noch ein anderes Zugeständnis konnte der Welfe vom König erzwingen. Hatte der Bremer Erzbischof Hartwig im Mai 1152 in Merseburg noch gehofft, die Usurpation der königlichen Investiturrechte durch den Herzog wieder rückgängig machen zu können, so gelang es im Gegenteil jetzt Heinrich, vom König eine Urkunde zu erlangen, die ihm diese Rechte für die Bistümer nördlich der Elbe zusicherte. Das sollte auch für jene Bistümer gelten, die in zukünftigen, neu eroberten

Gebieten nördlich der Elbe lagen. Friedrich wies wohl besonders darauf hin, daß es sich da um königliche Rechte handelte, die dem Herzog übertragen wurden. Damit aber räumte er dem Welfen mehr als herzogliche Rechte ein. Der König anerkannte nicht nur eine Art autonomer Regierung des Welfen, sondern zog sich damit weitgehend aus diesen Gebieten seines Reiches zurück. Wofür der Staufer andernorts hartnäckig und zäh kämpfte, darauf verzichtete er zugunsten des Welfen mit einer generösen Geste, um sich dessen Unterstützung zu sichern. Heinrich machte gleich die Probe aufs Exempel und gründete das neunzig Jahre vorher gestiftete, inzwischen jedoch untergegangene Bistum Ratzeburg im Sommer 1154 neu.

Dabei trat anscheinend bereits eine Rivalität zwischen den Erzbischöfen Wichmann von Magdeburg und Hartwig von Bremen in Erscheinung. Im Gegensatz zu Hartwig hat Wichmann an dem Hoftag zu Goslar teilgenommen und den Herzog wohl beeinflußt, den Propst Evermond des Magdeburger Prämonstratenserstiftes als Bischof der neuen Diözese einzusetzen. Wichmann machte sich dabei sicher Hoffnungen, das Bistum Ratzeburg mit Magdeburg verbinden zu können, da Otto der Große diese Kirchenprovinz doch schon einmal zur Mutterkirche der Slawen bestimmt hatte. Der Welfe mochte mit Wichmanns Vorschlag einverstanden sein, denn er kannte die ertragreiche Kolonisationsarbeit der Prämonstratenser in den Marken der Askanier und wollte sie auch für seine Gebiete gewinnen.

Die Einmaligkeit des Privilegs der Bischofs-Investitur für seinen welfischen Vetter entwertete der Kaiser ein paar Jahre später wieder, da er 1156 auch Berthold von Zähringen für die Bistümer Genf, Lausanne und Sitten das königliche Investiturrecht zugestand.

Zunächst konnte sich Heinrich der Löwe aber jedenfalls sehr geschmeichelt fühlen, und so ist es nicht erstaunlich, daß er beim Krönungszug seines Vetters den größten Heerbann stellte. Allenfalls kann man sich wundern, daß es insgesamt nur etwa 1800 Fürsten, Ritter und Kriegsknechte – Bogen- und Wurfschützen sowie Schleuderer – waren, die an dieser Reise teilnahmen, und entsprechend gering war auch die Anzahl der Sachsen. Aber die augenfällige Mitwirkung des Löwen hielt eben eine ganze Reihe anderer Fürsten davon ab, sich gleichfalls an dem Zug zu beteiligen – nicht nur den babenbergischen Herzog Heinrich, sondern auch Markgraf Albrecht von Brandenburg, den Bremer Erzbischof Hartwig, den Halberstädter Bischof Udalrich und manchen anderen. Auch Welf VI. mochte es wohl nicht leiden, wenn sein junger Neffe da den Ton angäbe.

Vom Lechfeld bei Augsburg brach das Heer Anfang Oktober 1154 auf, zog über den Brenner hinunter zum Gardasee und hatte schon allerlei Schwierigkeiten bei der Lebensmittel- und Futter-Beschaffung zu überwinden. In den ersten Dezembertagen hielt Barbarossa – wie die Italiener Friedrich I. wegen seines rotblonden Bartes bald nannten – auf der Roncalischen Ebene am linken Po-Ufer nördlich von Piacenza eine Heerschau, und dorthin hatte er auch einen ersten Reichstag einberufen. Zur Sicherung und Festigung des Reiches und der Lehnsordnung erließ der König ein Gesetz, mit dem er die Veräußerung von Lehen verbot. Alle diejenigen, die einen von ihrem Lehnsherrn verlangten Dienst verweigerten, sollten ihre Lehen verlieren. Für Friedrich war die gegenseitige Treue und der Zusammenhalt innerhalb einer Lehensgemeinschaft das grundlegende Element für die damalige Gesellschaftsordnung. Nach einer aus dem 13. Jahrhundert überlieferten Urkunde baute sich die Lehnsordnung folgendermaßen auf: 1. Der König, 2. Die kirchlichen Fürsten, 3. Die weltlichen Fürsten, 4. Die Grafen und Freiherren, 5. Die schöffenbar Freien und Ministerialen, 6. Deren Mannen, 7. Die übrigen rittermäßigen Leute. Einzig der König

war ausschließlich Lehnsherr, ohne selbst jemandes Lehnsmann zu sein. Die Lehen konnten nur nach dieser sogenannten Heerschildordnung vergeben werden, so daß also der König nicht irgendeinen Ritter belehnen konnte, sondern lediglich die kirchlichen und weltlichen Fürsten. Die beiden letzten Stufen der Heerschildordnung haben selbst keine Lehen vergeben.
Als das Heer von der Roncalischen Ebene aufbrach, schlossen sich ihm zahlreiche italienische Streitkräfte an, so daß die Erwartungen des Königs auf Erweiterung seines Heeres in Erfüllung gingen. Mailand, die mächtigste der lombardischen Städte, bot dem Staufer wohl 4000 Mark Silber für ein Privileg, aber vor dem königlichen Gericht wollten die stolzen Konsuln trotz mehrmaliger Aufforderung nicht erscheinen. Barbarossa erklärte deshalb über Mailand ebenso wie über Chieri und Asti die Reichsacht. Während er die Ächtung an den beiden kleinen Städten vollstrecken und sie zerstören konnte, war ihm dies bei der großen Metropole nicht möglich. Als aber die Bürger der Mailand befreundeten Stadt Tortona gleichfalls einer Vorladung des Königs nicht folgten und ihre Tore vor den Königlichen verschlossen hielten, begann der Staufer im Februar 1155 eine Belagerung. Gleich zu Beginn konnte Heinrich der Löwe mit seinen Sachsen den an Ausdehnung größeren Teil der Stadt erobern und zerstören, so daß sich die Belagerten nur noch in der auf einer Felsenklippe errichteten Burg zusammendrängen konnten. Dort hielten sie allerdings dem Ansturm ihrer Feinde trotz Hungers und Krankheiten neun Wochen lang stand.
Nach dem Ende der Belagerung feierte Barbarossa mit den Seinen in Pavia, der alten Hauptstadt der Langobarden, den Sieg und setzte sich am 17. April 1155 die lombardische Königskrone selbst aufs Haupt. Es war ein klares Zeichen der deutschen Vormachtstellung im römisch-deutschen Reich, daß nur die deutschen Fürsten den deutschen König wählen

konnten, daß dieser aber mit seiner Wahl einen Anspruch auf die italienische und burgundische Krone ohne Wahlrecht der dortigen Fürsten hatte. Seit Mitte des 11. Jahrhunderts wurde der deutsche König bereits vor seiner Kaiserkrönung als römischer König bezeichnet. Heinrich III. erhob mit der Annahme des Titels *Rex Romanorum* schon 1040 seinen Anspruch auf die Kaiserkrone.

Heinrich der Löwe zog zusammen mit dem königlichen Heer auf der italienischen Halbinsel weiter nach Süden. In Rom saß seit Dezember 1154 Hadrian IV., bis heute der einzige englische Papst, auf dem apostolischen Stuhl. Er mußte fürchten, zwischen die Fronten zu geraten. Da waren die Deutschen, denen wegen der zerstörten Städte und der Plünderungen ein schlimmer Ruf – immer wieder der »furor teutonicus« – vorausging, und da waren andererseits die Römer, die ihm unter Führung des leidenschaftlichen Antipapisten Arnold von Brescia immer mehr Schwierigkeiten machten. Schließlich durfte er die Normannen nicht übersehen, die unter ihrem jungen König Wilhelm I. bis nahe an Rom vorgedrungen waren, ihrerseits jedoch die in Bari gelandeten Byzantiner fürchten mußten. Angesichts dieser Vielzahl von Gefahren und Bedrückungen sah der Papst sein Heil noch am ehesten bei den Deutschen. Aber Vorsicht war doch auch ihnen gegenüber am Platze, denn man konnte nie wissen, was ihrem König plötzlich einfiel.

Bei der ersten Begegnung zwischen Papst Hadrian und König Friedrich in der Gegend von Sutri nördlich von Rom erwartete der Papst vom König den Marschalldienst, wie ihn auch Lothar III. gegenüber Innozenz II. geleistet hatte. Aber der Staufer wollte sich auf keinen Fall als päpstlicher Steigbügelhalter betätigen, denn im Lateran existierte ein Bild von Lothars Marschalldienst und eine Legende dazu, in der der deutsche Kaiser als Vasall des Papstes bezeichnet wurde. Ein Lehnsmann des Papstes wollte Barbarossa nicht sein, denn

er vertrat die Ansicht, daß Kaiser und Papst nach Gottes Willen die Welt gleichberechtigt regieren sollen. Daran wollte der Staufer nicht rütteln lassen. Friedrich war nur bereit, dem Papst die Füße zu küssen, was er auch tat, als sich Hadrian in einem auf freier Flur aufgestellten Thron niedergelassen hatte. Der Papst sah jedoch seine schlimmen Erwartungen erfüllt und verweigerte dem Staufer den Friedenskuß. Die beiden trennten sich schon nach kurzer Zeit wieder, jeder vom anderen zutiefst enttäuscht.
Erst Verhandlungen der Begleiter glätteten die Wogen: Als die päpstliche Seite den Königlichen versicherte, daß man in dem Marschalldienst nur eine traditionelle Ehrenbezeigung und keinerlei Anerkennung einer Vasallität des Königs sähe, wurde die Zeremonie am nächsten Tag vor den Augen des deutschen Heeres nochmals inszeniert.
Aber schon wenige Stunden später drohte der gewonnenen Eintracht Gefahr. Wie schon seinem Vorgänger, so boten die Römer nun auch Friedrich die Kaiserkrone aus ihren Händen, also aus den Händen des Volkes an. Eine Abordnung wollte dafür die Anerkennung der Rechte und Besitzungen der Stadtrepublik sowie ein Krönungsgeld von nicht weniger als 5000 Pfund Gold. Dieses Ansinnen ärgerte Friedrich, doch er benützte die Gelegenheit, die Römer vor dem Papst und den Kardinälen darauf zu verweisen, daß ihm die Kaiserkrone als Erbe seiner Vorfahren zustehe und er sie deshalb weder zu kaufen noch vom Papst als Lehen zu nehmen brauche. Auf der päpstlichen Seite vernahm man solche Ansichten des Staufers nicht gerade gern, aber man war froh, daß die Gefahr einer Liaison des römischen Königs mit den Römern vorüber war.
Noch sicherer als vorher war es aber nun, daß die Römer die Kaiserkrönung durch den Papst mit Feindseligkeit erwarteten. Was war dagegen zu tun? Ganz gegen die Prunkliebe Friedrichs, der sich dem Volk immer gerne im herrscherli-

chen Glanz zeigte, beschloß man, die Krönung gewissermaßen unter Ausschluß der Öffentlichkeit vorzunehmen. Kurzfristig wurde der 18. Juni 1155 dafür festgesetzt, der folgende Samstag, so daß alles schon vorbei sein sollte, wenn die Römer die Feierlichkeiten entsprechend dem Herkommen am Sonntag erwarteten und etwa stören wollten. Tatsächlich fand die Zeremonie in aller Stille und mit großer Verhaltenheit in der von den deutschen Kriegern abgeriegelten Leostadt in der Peterskirche statt. Aber trotz aller Vorsichtsmaßnahmen, vielleicht aber auch gerade in ihrer Folge, wurden die Römer auf die Vorgänge aufmerksam. In den Mittagsstunden sprach es sich mit Windeseile herum, was hinter den Mauern der Leostadt auf der anderen Seite des Tiber geschehen war. Es dauerte nicht lange, bis sich größere Gruppen der aufgebrachten Römer sammelten und durch die Tore in die nach der Zeremonie wieder freigegebene Leostadt strömten. Lautstark machten sie ihrem Unmut über die hinter ihrem Rücken erfolgte Krönung Luft. Was soll das für ein Herrscher sein, der sich ohne sein Volk in aller Heimlichkeit krönen läßt?

Rasch erreichte den Kaiser vor der Stadt die Kunde von den lärmenden Protesten der Römer, und man befürchtete, daß der noch in seinem Palast weilende Papst in Gefahr sei. Tatsächlich wurden einige Kardinäle mißhandelt und zwei zurückgelassene Kriegsknechte erschlagen. Die Deutschen stürmten sogleich erneut zum Petersplatz, und beideParteien trafen mit Steinwürfen und Schwerthieben aufeinander. Ein Kampf entbrannte, der bald in ein übles Gemetzel der Bewaffneten gegen die Unbewaffneten ausartete. Vor allem Heinrich der Löwe trug mit seinen Sachsen zur Niederschlagung des Aufstandes bei. Etwa 800 Bürger sollen teils gefallen, teils im Tiber ertrunken sein, bevor sich die Römer bei Einbruch der Dunkelheit aus der Leostadt zurückzogen. Der von dem Staufer seit Jahren herbeigewünschte Krönungstag

endete mit einem Blutbad statt mit den vorgesehenen Festlichkeiten.
Die sommerliche Hitze und Krankheiten förderten unter den Deutschen eine allgemeine Kriegsmüdigkeit, so daß der Kaiser den von ihm ebenso wie vom Papst gewünschten Zug nach Süditalien gegen die Normannen nicht antreten konnte. Auch als Boten des byzantinischen Kaisers Barbarossa und seinen Fürsten Unterstützung boten und einen leichten Sieg über die Normannen sowie reiche Beute in Aussicht stellten, war niemand unter den Deutschen bereit, in der Augusthitze weiter nach Süden zu reiten. Der Sachsenherzog mag nicht zum wenigsten zurück über die Alpen gestrebt haben, denn er wußte doch, daß eine ganze Reihe von Feinden sein Herzogtum bedrohten und dieses nur von seiner zwar energischen, aber doch wenig erfahrenen Gemahlin regiert wurde. Der Bremer Erzbischof Hartwig hatte bereits seine Burgen rüsten lassen und nach der gegen ihn gerichteten Entscheidung des Königs in Goslar im Juni 1154 wegen der nordelbischen Bistümer Kontakte mit anderen Fürsten aufgenommen, die ebenfalls Gegner des Welfen waren.
Als der Kaiser bei Ancona sein Heer auflöste, blieb Heinrich mit den Seinen bei ihm. Die Veroneser gaben ihnen noch einige Nüsse zu knacken, aber über den Brenner kamen sie rund ein Jahr nach ihrem Auszug wieder nördlich der Alpen an.
Der Welfe drang nun verständlicherweise darauf, daß ihm das bayerische Herzogtum endgültig übergeben würde. Der Kaiser berief sogleich einen Reichstag nach Regensburg ein, der schon Mitte Oktober 1155 zusammentrat. Der Staufer hatte durch den Italienzug und die Kaiserkrönung sein Prestige wohl in vieler Hinsicht gefestigt, aber der babenbergische Herzog erschien trotzdem nicht in Regensburg. Er war also nach wie vor nicht bereit, Bayern ohne Kampf aufzugeben. Aber der Kaiser war nicht mehr gewillt, die Sache länger

zu verzögern und übergab seinem Vetter Bayern in einer feierlichen Sitzung des Reichstages. Die bayerischen Grafen mußten auf Geheiß des Herrschers ihrem neuen Herzog sogleich huldigen und ihm den Lehnseid leisten; die Regensburger Bürger mußten dem Welfen nicht nur Treue schwören, sondern ihm auch noch Geiseln stellen. Wie würde der Babenberger auf das alles reagieren?

Der 26jährige welfische Heinrich konnte als der weitaus mächtigste Fürst des Reiches triumphieren. Fürs erste hatte sich für ihn der Verzicht auf den Thron seines Großvaters durchaus gelohnt, denn wenn auch der Königs- und Kaisertitel natürlich glänzender und klingender waren als der eines Herzogs, so übertraf er doch seinen königlichen und kaiserlichen staufischen Vetter an realer Macht nun bei weitem. Und wenn er jetzt auf dem Thron seines Großvaters säße, dann müßte er genau so lavieren und sich durch alle Widrigkeiten des Monarchen hindurchkämpfen und durchschlängeln wie Friedrich. Ihm war es auf jeden Fall so lieber, da er frisch und frei seine Forderungen erheben und einstreichen konnte, statt immer nur auf leisen Sohlen auf die Ansprüche und Rechte anderer Rücksicht nehmen zu müssen.

Heinrich kehrte nun unverzüglich in sein sächsisches Herzogtum zurück. Seine Leute hatten den Erzbischof Hartwig von Bremen einige Monate vorher von der Rückkehr in seine Kirchenprovinz abgehalten, nachdem er im Böhmerwald an einer verschwörerischen Versammlung ostsächsischer und bayerischer Herren teilgenommen hatte. Jetzt bemächtigte sich der Herzog der Güter des Erzstiftes, beschlagnahmte die Münze und schaltete in Bremen nach freiem Belieben. Aber da bekam er kaiserliche Konkurrenz, denn der Staufer hatte – sicher auf Betreiben des Welfen, der sich damit an zwei Gegnern rächen wollte – dem Bremer Erzbischof und dem Bischof von Halberstadt die Regalien abgesprochen, weil sie nicht mit ihm nach Italien gezogen waren. Die Einkünfte der

beiden Kirchenfürsten sollten ab sofort der kaiserlichen Kasse zufließen.
Als Regalien wurden mehr und mehr bestimmte Hoheitsrechte des Monarchen bezeichnet, die dieser an Fürsten, Städte usw. verlieh und wofür er Abgaben erhielt. Solche Regalien gab es zum Beispiel für das Einheben von Zöllen, für das Prägen von Geldmünzen, für das Abhalten von Märkten, für Jagd und Fischerei in den Krongütern, weiter gab es Forstregalien und solche für Bergwerke, auch für das Salz, für Mühlen und Fähren, für die Ausübung der Gerichtsbarkeit, für den Geleitschutz und für den Schutz der Juden. Die Einnahmen aus den verliehenen Regalien bildeten das Rückgrat der Reichsfinanzen, und man kann die Regalien als ein Übergangsinstrument von der Naturalwirtschaft zur fiskalischen Finanzpolitik ansehen.
Im Wormser Konkordat war 1122 festgelegt worden, daß jeder neu gewählte Bischof vor seiner Weihe vom Kaiser mit dem Zepter die Regalien erhalten sollte. Das hieß, daß der Kaiser den Amtsantritt eines mißliebigen Bischofs verhindern konnte. Ohne die Regalien zum Beispiel für die landwirtschaftlichen Güter eines Bistums war der neue Bischof weitgehend ohne Einkünfte. Das hieß also auch, daß der Kaiser die Herrschaft über die Reichskirche behielt. In den deutschen Landen hatten die mit den Regalien beliehenen Kirchenfürsten dem Kaiser die Vasallenhuldigung und in Kriegszeiten Hilfsdienste zu leisten.
Der Welfe kam selbst nach Bremen, nicht zuletzt um eine Rechnung zu präsentieren, die noch aus dem Jahre 1153 offenstand. Damals war eine größere Anzahl von Sachsen, darunter auch Dienstmannen des Herzogs, von den friesischen Rüstringern, die westlich der unteren Weser wohnten, erschlagen worden. Nun ließ Heinrich alle Rüstringer, die zu dem großen Markt nach Bremen gekommen waren, von seinen Leuten festnehmen und ihre Waren konfiszieren. Dem

Erzbischof aber erlaubte er bald nach dessen völliger Unterwerfung die Rückkehr nach Bremen.
Der Herzog gewährte Hartwig allerdings keinerlei Rechte und machte ihn zu einer bloßen Repräsentationsfigur. Das mochte die Folge des Ärgers sein, den der Erzbischof dem Herzog bei der Einsetzung des Nachfolgers für den 1154 verstorbenen Bischof Vizelin von Oldenburg bereitete. Während Heinrichs Abwesenheit auf dem Italienzug hat seine Gemahlin Clementia den Braunschweiger Domkanonikus Gerold für die Oldenburger Diözese bestimmt. Hartwig verweigerte jenem aber die Weihe, weshalb Gerold auf Weisung des Welfen nach Rom zog, wo ihn der Papst weihte. Er entsprach damit einem Wunsch Heinrichs, dem er sich nach dessen Waffentaten an Barbarossas Krönungstag verpflichtet fühlte. Trotzdem konnte Hartwig erst nach längerem Hin und Her dazu gebracht werden, seinen neuen Suffraganbischof anzuerkennen.
Ebenso wie der staufische Kaiser hatte auch der welfische Herzog ständig Bedarf an Geld und Gut. Schon vor dem Italienzug hatte Heinrich den ihm so treu ergebenen Graf Adolf von Holstein aufgefordert, ihm die Hälfte seiner Einnahmen vom Markt Lübeck und von der Oldesloer Saline zu geben. Heinrich sah es mit Mißgunst, wie es der Schauenburger verstand, mit pfleglicher Hand in Wagrien den Handel mit den Dänen und anderen Ostseeanliegern zur Blüte zu bringen. Seinem eigenen unsteten und aufbrausenden Wesen lag es nicht, Entwicklungen abzuwarten – er fuhr eher mit seiner eisernen Faust dazwischen, wenn etwas nicht so ging, wie er es sich vorgestellt hatte. So war es auch in Lübeck und Oldesloe, denn die Treue des Grafen Adolf ging nun doch nicht so weit, daß er seinem Herzog gleich die Hälfte der Einnahmen mühsam hochgezogener Einrichtungen überlassen hätte. Heinrich wollte jedoch den Widerspruch des Grafen nicht hinnehmen, denn schon wanderten Handelsleute aus seiner

Königsmahl des 12. Jh.: links ein Jude mit spitzem Hut; rechts ein vollstrecktes Todesurteil. (Aus dem Hortus deliciarum)

Stadt Bardowick – nördlich von dem damals noch kleineren Lüneburg – nach Lübeck ab. Und das Salzwerk in Oldesloe beeinträchtigte den Absatz der herzoglichen Saline in Lüneburg erheblich. Der Welfe verbot kurzerhand die Abhaltung von Handelsmärkten in Lübeck, und so mußten dieKaufleute fortan ihre Waren zum Markt nach Bardowick bringen. Das Salzwerk in Oldesloe ließ er einfach zuschütten. So brachte der Welfe mit Zwangsmaßnahmen die gräflichen Einrichtungen zum Erliegen und förderte seine eigenen.

Nachdem der Kaiser im Februar 1156 in Frankfurt am Main mit dem Herzog zusammengetroffen war, kam Friedrich auch bald nach Sachsen, so daß für die beiden wieder reichlich Gelegenheit zum Meinungsaustausch war. Im Einvernehmen mit Heinrich söhnte sich der Herrscher auf diesem Umritt wieder mit den Kirchenfürsten von Bremen und Halberstadt aus. Es mag sein, daß der Welfe dabei auch die Bremer Münze wieder an den Erzbischof zurückgegeben hat, vielleicht aber auch erst etwas später. Mitte Mai trennten sich Kaiser und Herzog in der kaiserlichen Pfalz Boyneburg an der Werra bei Sontra, da Friedrich große Dinge vorhatte.

Heinrich ritt wenige Wochen später auch südwärts, denn der Kaiser hatte für den 10. Juni zu seiner Hochzeit mit Beatrix, der Erbin von Burgund, nach Würzburg geladen. Ein solches Fest wollte sich kein Fürst entgehen lassen, und sie kamen nicht nur aus den deutschen Landen, sondern auch aus Italien, Böhmen und Burgund.

Hoch und niedrig hat gerne auch damals üppig geschmaust, zumal viele kirchliche Fastentage den Verzicht auf Fleisch und überhaupt nur einmaliges Sattessen pro Tag vorschrieben. Besonders das Fleisch von Schweinen und anderen Haustieren, Geflügel, aber auch Wildbret und Fische wußte man zu schätzen. Dazu aß man viel Brot, denn Kartoffeln waren ebensowenig bekannt wie Salate, und auch Gemüse kannte man noch kaum. Aber man liebte allerlei Gewürze, mit denen man den Speisen mehr Geschmack gab. Butter, Käse und Eier kamen natürlich auch häufig auf den Tisch. Aber Teller und Löffel waren noch kaum gebräuchlich, während die Männer die Messer, die sie immer bei sich trugen, zum Zerkleinern von Fleisch und Brot benutzten. Die vornehmen Gäste der Würzburger Hochzeit haben vielleicht Gabeln bekommen, aber im allgemeinen waren diese Eßinstrumente noch kaum bekannt, da sie von kirchlicher Seite seit alters zu den Beigaben des Teufels und der Hexen gezählt wurden. Es war daher allgemein üblich, daß man auch das Fleisch mit den Fingern aß oder es allenfalls mit den spitzen Messern aufspießte. Getrunken wurde bei der Hochzeit sicher vor allem Wein. Im Alltag der einfachen Leute trank man aber viel Milch und Wasser, im Norden auch häufig Bier.

Durch seine Verheiratung mit der Erbin von Burgund gewann der Staufer die unmittelbare Herrschaft über Hochburgund und die Provence mit den wichtigen Alpenpässen, die von dort nach Italien führten. Burgund gehörte zwar seit 1032 zum römisch-deutschen Reich, aber die deutschen

Monarchen übten ihre Herrschaft sehr auf Distanz aus, wie sich bereits gezeigt hat, als Friedrich Barbarossa 1152 als erster deutscher König nach rund hundert Jahren nach Hochburgund geritten ist. Dabei war zu jener Zeit das persönliche Erscheinen des Herrschers die unabdingbare Voraussetzung dafür, daß seine Macht anerkannt wurde und daß sich seine Untertanen als unter seinem Schutz stehend fühlen konnten. In den Zeiten, da es noch keine gedruckten Mitteilungen, Gesetze und Verordnungen gab, mußte derjenige, der herrschen wollte, durch persönliche Präsenz zeigen, daß er im Besitz der Macht war. Für Begriffe wie »Reich« und »Souveränität« hatten noch die wenigsten Menschen eine reale Vorstellung, aber Kaiser, König und Herzog waren die Verkörperung dieser Abstrakta.

Für den September 1156 hat Barbarossa wieder einen Reichstag nach Regensburg einberufen. Er war nun mit dem babenbergischen Heinrich handelseinig geworden, daß das Herzogtum Bayern an den Welfen übergeben werden konnte. Der Babenberger hat durch sein langes Sträuben vom Kaiser ein Maximum an Zugeständnissen erreicht. Der Österreicher wollte auch auf dem Reichstag in Regensburg noch vor allen Fürsten demonstrieren, wie ihn der Kaiser hofieren mußte. Deshalb lagerte er außerhalb der Stadt und wartete dort, bis der Staufer mit den anderen Fürsten zu ihm kam. Nach einer anderen, vielleicht begründeteren Version hat man die Stadt im allseitigen Einvernehmen gemieden, um protokollarischen Komplikationen zu entgehen, die entstanden wären, wenn Herzog Heinrich Jasomirgott in »seine Residenz« zurückgekehrt wäre. Jedenfalls wurde die einige Wochen vorher zwischen dem Kaiser und dem Babenberger unter vier Augen ausgehandelte Vereinbarung auf den Wiesen von Barbing südlich von Regensburg in einer feierlichen Zeremonie demonstriert. Der Österreicher überreichte dem Kaiser sieben Fahnenlanzen und gab damit das Herzogtum Bay-

ern symbolhaft zurück. Barbarossa händigte die Lanzen Heinrich dem Löwen aus, der gab dem Kaiser wieder zwei Fahnenlanzen, die die Mark Österreich symbolisierten und die sodann vom Staufer dem Babenberger zurückgegeben wurden.
Damit wurde also die Mark Österreich in ein selbständiges Herzogtum unter Heinrich II. Jasomirgott verwandelt. Der Babenberger erhielt für sein Herzogtum eine Reihe bedeutender Privilegien, die den Neid und die Forderung nach Gleichstellung der anderen Fürsten provozieren mußten. Der österreichische Herzog brauchte königliche Hoftage nur in Bayern zu besuchen und Feldzüge des Königs nur dann zu unterstützen, wenn sie sich über Länder erstreckten, die Österreich benachbart waren. Ohne Zustimmung des Herzogs durfte auch niemand anderer in Österreich Gericht halten. Ganz ungewöhnlich war es schließlich, daß das österreichische Reichslehen nicht nur dem Herzog, sondern auch seiner aus byzantinischem Geschlecht stammenden Gemahlin Theodora übertragen wurde. Noch mehr: Erstmals wurde die weibliche Erbfolge eines deutschen Fürstentums verbrieft, und bei Erbenlosigkeit hatte der österreichische Herzog gegenüber dem König ein Vorschlagsrecht für den Nachfolger.
Der König hatte damit gefährliche Zugeständnisse gemacht, die seine ohnehin schwache Zentralgewalt weiter reduzierten und zur Hoheit der Länder führen mußten. Tatsächlich konnte nun lange kein deutscher König mehr über das Herzogtum Österreich verfügen. Ausgerechnet Friedrich I. Barbarossa, der die Macht und die Hoheit des ganzen Reiches wieder herstellen wollte, hat den entscheidenden Schritt zur Loslösung Österreichs vom deutschen Reich getan!
Aber auch der Welfe hatte beträchtliche Zugeständnisse machen müssen und nicht das ganze bayerische Herzogtum bekommen, wie es seine Vorfahren besessen hatten. Bayern

war durch die Verkleinerung wesentlich geschwächt worden, es verfügte auf der Donau über keinen freien Weg mehr nach Osten und war zu einem reinen Binnenland des römisch-deutschen Reiches geworden.
Die Urkunde, in der dem Babenberger Heinrich Jasomirgott seine neuen Errungenschaften quittiert wurden, hat man später als *privilegium minus* bezeichnet, im Gegensatz zum *privilegium maius*, das der habsburgische Herzog Rudolf IV. im 14. Jahrhundert als die von Friedrich I. ausgefertigte Urkunde des Jahres 1156 ausgab. Nach diesem *privilegium maius* sollte Barbarossa Österreich von allen Verpflichtungen gegenüber dem Reich befreit und dem neuen Herzogtum noch wesentlich größere Vorteile eingeräumt haben, als er es ohnehin getan hat. Das *privilegium maius* bestimmte rund fünfhundert Jahre lang die Beziehungen zwischen dem deutschen Reich und Österreich, denn es wurde erst im 19. Jahrhundert als Fälschung entlarvt.

1156–1171

Kämpfe in Italien, in Sachsen und gegen die Wenden

Konnte nun der Welfe mit seinem Gewinn im Süden halbwegs zufrieden sein, so erwiesen sich im Norden einige Kriegszüge als Phantomjagden. Schon im Sommer 1156 war Heinrich über die Weser nach Westen gegen die Friesen gezogen. Aber seine Gegner führten ihn in den Marsch- und Moorgebieten immer wieder in die Irre, so daß er bald froh sein mußte, zwar ohne Erfolg, aber doch auch ohne größeren Schaden wieder festen Boden unter seine Füße zu bekommen.

Im Herbst zog Heinrich auf Ersuchen des vertriebenen dänischen Königs Sven nach Jütland. Trotz der kaiserlichen Belehnung im Jahre 1152 waren die Kämpfe um den dänischen Thron wieder aufgeflammt. Sven hat dem Welfen für seine Hilfe eine große Summe Geldes versprochen. Auch Erzbischof Hartwig hat sich für den Dänenkönig stark gemacht, denn er hoffte immer noch auf die Rückgliederung der nordischen Bistümer zur Bremer Kirchenprovinz und erwartete sich dazu die Unterstützung von Sven.

Heinrich konnte mit seinem Heer das Danewerk, die große Befestigungsanlage, die die Dänen seit dem 9. Jahrhundert immer stärker ausbauten, um sich vor Einfällen der Deutschen zu schützen, mit Hilfe bestochener Wachen schnell überwinden. Von der Stadt Schleswig verlangte er nach einer kurzen Belagerung beträchtliche Kontributionen. König Sven fügte der Stadt jedoch noch gößeren Schaden zu, da er im Hafen befindliche russische Kauffahrteischiffe beschlagnahmte, um mit dem Erlös seine Schulden zu bezahlen. Der Sachsenherzog drang mit seinen Streitkräften weiter nach

Norden vor, aber es erwies sich bald als ein Wunschtraum Svens, daß sich seine Widersacher schon beim bloßen Erscheinen des sächsischen Heeres ergeben würden. Ebenso wie bei dem Zug gegen die Friesen bekam der Welfe kaum einen Gegner zu Gesicht, den er hätte besiegen können. Er kehrte deshalb schleunigst wieder um, denn immer nur in die Leere zu reiten, ohne zu wissen, was hinter dem eigenen Rücken vorgeht, war ihm nicht geheuer.

Lieber beauftragte Heinrich die Wenden, den unglücklichen Dänenkönig zu unterstützen und aus ihren Eroberungen seinen Profit zu ziehen. Die Wenden stöhnten unter der Last der Abgaben, die ihnen der Welfe auferlegt hatte, um seinen Säckel nach den verschiedenen Kriegszügen wieder zu füllen. Niklot, der sich dem Sachsenherzog vor rund zehn Jahren unterworfen hatte, nutzte mit den Seinen deshalb jede Gelegenheit zu Beutezügen und Eroberungen, und diese Gelegenheiten boten sich vor allem in der Ostsee gegenüber den Dänen.

Freilich versuchten die christlichen Missionare, die Wenden von ihren Raubzügen abzuhalten, denn sie wollten die Wenden doch für ihren Glauben gewinnen. Der Pfarrer Helmold von Bosau hat jedoch in seiner *Slawenchronik* eine Schilderung des Wendenfürsten Pribislaw wiedergegeben, in der dieser dem Bischof Gerold von Oldenburg die Situation seines Volkes klarmacht: »Deine Worte, ehrwürdiger Bischof, sind Worte Gottes und du sprichst sie zu unserem Heil. Wie aber sollen wir in unserem Elend diesen Weg gehen? Damit du unsere traurige Lage erkennen kannst, höre meine Worte geduldig an. Das Volk, das du hier siehst, ist dein Volk, und wir legen dir unsere Not dar. Deine Sache ist es dann, mit uns Mitleid zu haben. Unsere (deutschen) Lehnsherren gehen nämlich mit solcher Strenge gegen uns vor, daß uns vor Steuern und härtester Knechtschaft der Tod besser als das Leben erscheint. Sieh, in diesem Jahr haben wir Bewohner dieses kleinen Gebietes dem Herzog volle tausend Mark bezahlen müssen und dem Grafen viele hundert. Aber immer noch ist es nicht genug und wir werden täglich gepreßt und bedrängt bis aufs Äußerste. Wie sollen wir uns deinem neuen Glauben öffnen, wie sollen wir Kirchen bauen und die Taufe empfangen, wenn uns tägliche Vertreibung aus unserer Heimat droht? Hätten wir doch noch einen Ort, zu dem wir flüchten könnten! Aber wenn wir über die Trave gehen, so herrscht dort gleiches Elend wie hier, und kommen wir an die Peene, so steht es dort ebenso. Was bleibt uns also, als aufs Meer zu fahren und in den Wogen zu wohnen? Welche Schuld trifft uns, wenn wir Vertriebenen die See unsicher machen und von Dänen und sonstigen Kaufleuten, die das Meer befahren, unseren Unterhalt nehmen? Wird das nicht die Schuld der Fürsten sein, die uns dazu zwingen?«

Es ist freilich anzunehmen, daß Helmold seine *Slawenchronik* an dieser Stelle absichtlich dazu benutzt hat, um den deutschen Fürsten, voran dem Herzog, durch den Mund Pribislaws seine Meinung zu sagen. Wieweit also der Wendenfürst tatsächlich so geklagt hat, läßt sich nicht mehr feststellen. Bei anderer Gelegenheit hat Helmold selbst die mangelnde Bereitschaft der Wenden zum Ackerbau aufgezeigt und kritisiert, daß sie nur von der Seeräuberei leben wollten. Bischof Gerold soll in seiner Antwort das Verhalten des Herzogs und des Grafen damit begründet haben, daß sie der Meinung waren, von den Wenden unbedenklich Tribut in jeder Höhe verlangen zu können, solange diese nicht christlich getauft waren. Der Bischof hätte demnach also die Situation dazu benutzt, um seine Missionsaufgabe vorwärtszutreiben. Aber wie sollten die Wenden ihm glauben, sich durch Annahme des Christentums vor weiteren Repressalien zu bewahren, da sie doch sahen, wie wenig der Herzog die Bischöfe unterstützte, so daß sie kaum Kirchen bauen konnten und keinen Unterhalt bekamen?

Als der Herzog in der Artlenburg, seiner stärksten Festung an der wichtigen Furt durch die Elbe, einen Landtag hielt, erschienen auch die wendischen Großen. Wie schwer das Joch des Herzogs auf ihnen lastete und wie wenig Chancen die Missionare bei ihnen hatten, wurde nochmals deutlich, als Niklot in der Versammlung den Welfen über den christlichen Gott stellte: »Der Gott in seinem Himmel soll dein Gott sein, aber du bist unser Gott und das ist uns genug. Verehre du deinen Gott, wir verehren dich!« Heinrich wehrte sich wohl dagegen, sich als Gott anbeten zu lassen, aber die Bekehrung war Sache der Bischöfe und Missionare und nicht die seine. Ihm konnte es nur recht sein, wenn seine Untergebenen einen möglichst großen Respekt vor ihm hatten.

Nur widerwillig und zögernd gab der Herzog den Kirchlichen Land und bessere Arbeitsbedingungen. Er sah es doch auch schon überall sonst in den deutschen Landen, wie die Bischöfe und Äbte, wenn sie einmal Fuß gefaßt hatten, unter dem Einfluß der gregorianischen Ideen immer unabhängiger sein wollten. Was ihnen zur Nutzung überlassen worden war, wollten sie ganz haben, und an Ehrerbietung und Dank gegenüber den Stiftern dachte man nicht mehr. Um ihres Seelenheiles willen überließen der Herzog und Graf Adolf von Holstein den Geweihten schließlich doch da ein Stück Land und dort eine Kirche und dann auch einmal ein Kloster. Als man sich freilich endlich durchgerungen hatte, dem Oldenburger Bischof Gerold dreihundert Hufen Land zur Nutzung zu übergeben, da ließ der Holsteiner eigens mit einem kürzeren Maß messen, so daß der Bischof dann feststellte, daß er nur hundert Hufen bekommen hatte, noch dazu kaum brauchbare Sümpfe und Moore. Der deswegen angerufene Herzog wies zwar den Grafen zu mehr Korrektheit an, der Holsteiner ließ sich jedoch damit reichlich Zeit.

Die Kirchenmänner waren für die Weltlichen aber doch nicht zu entbehren, denn sie setzten sich nicht nur für die Verbreitung des christlichen Glaubens ein, sondern sie lehrten in den von ihnen missionierten Gebieten auch fortschrittliche handwerkliche und landwirtschaftliche Arbeitsmethoden. Die gelegentlichen Kreuzigungen von gefangenen Dänen und die Götzendienste an den heiligen Hainen, Bäumen, Steinen und Quellen gaben die Wenden allerdings nur sehr langsam auf. Man befahl ihnen wohl den Kirchgang und die Bestattung ihrer Toten auf dem Friedhof und wollte allerlei Irrglauben beseitigen, aber die christlichen Priester duldeten doch selbst so merkwürdige Wahrheits- und Reinheits-Beweise wie das bloßfüßige Beschreiten glühender Pflugscharen. Wenn ein Beschuldigter solche Prüfungen im heiligen Hain seiner alten Religion vollzog, dann waren sie wertlos, nur wenn ein christlicher Priester Zeuge war, hatte der versuchte Unschuldsbeweis Aussicht auf Anerkennung – aber wann gelang damit eigentlich ein »Beweis« für die Schuldlosigkeit?

Der polnische Herzog Boleslaw IV. weigerte sich immer noch, der Forderung Kaiser Friedrichs nach Anerkennung der Lehenshoheit nachzukommen und Tribut zu bezahlen. Heinrich der Löwe zog deshalb im August 1157 zusammen mit dem Kaiser und einem stattlichen Heer von Halle an der Saale aus gegen Polen. Beinahe alle sächsischen und thüringischen Großen nahmen an dem Kriegszug teil, nicht zuletzt auch Markgraf Albrecht der Bär, der Teile seiner Mark Brandenburg östlich der Elbe kurz vorher erneut aus den Händen der Slawen freigekämpft hatte. Unter den kirchlichen Fürsten ritt Erzbischof Wichmann von Magdeburg mit gegen Polen. Er hatte gleichfalls kurz vorher das Land Jüterbog – südlich des heutigen Berlin – in sein Erzbistum einbeziehen können.

Der Feldzug nach Osten kam nach Überschreiten der Oder bei der Mündung des Bober trotz umfangreicher Baumverhaue und vieler anderer Hindernisse der Polen, trotz ver-

brannter Burgen und vernichteter Lebensmittel- sowie Futtervorräte rasch voran. Schon sechs Wochen nach dem Aufbruch mußte sich der polnische Herzog vor Posen dem Kaiser unterwerfen. Der böhmische Herzog Wladislaw II. vermittelte zwischen seinem polnischen Verwandten und dem Kaiser. Boleslaw gelobte, Weihnachten 1157 nach Magdeburg zu kommen, den Streit mit seinem vertriebenen Bruder zu beenden und diesem die Mitregentschaft in Polen und die Herrschaft in Schlesien einzuräumen. Nachdem er dem Kaiser den Huldigungseid geleistet hatte, zahlte er eine Geldbuße und versprach, dreihundert Ritter für den geplanten Italienzug zu stellen. Für die Einhaltung seiner Versprechungen überließ Boleslaw eine Reihe polnischer Adeliger als Geiseln, die freilich, da er seine Gelöbnisse nicht einlöste, lange nicht in ihre Heimat zurückkehren konnten.
Zwischen Kaiser Friedrich und Papst Hadrian bestand seit dem Sommer 1156, als der Pontifex mit dem neuen sizilischen König Wilhelm I. den Vertrag von Benevent geschlossen hatte, ein gespanntes Verhältnis. Die Kirche hatte im Konstanzer Vertrag von 1153 den römisch-deutschen Kaiser zum Kampf gegen den Sizilier verpflichtet und paktierte nun selbst mit ihm. Daß ein solches Verhalten des Papstes den Konstanzer Vertrag zu Fall bringen mußte, war klar.
Während sich der Kaiser im Oktober 1157 in Besançon mit einigen päpstlichen Legaten erneut herumstritt, ob er seine kaiserliche Krone vom Papst als Lehen bekommen oder ob er sie direkt von Gott erhalten hat, ritt Herzog Heinrich nach Bayern. Wenngleich für den Welfen sein Herzogtum Sachsen mehr bedeutete, mußte er nun doch zusehen, daß er auch sein südliches Herzogtum in den Griff bekäme. Er war hier nun die höchste Instanz in allen öffentlichen Angelegenheiten, zumal die meisten Grafschaften nicht mehr Reichslehen waren, sondern vom Herzog zu Lehen gingen. Aber das waren weitgehend veraltete, schon allein infolge

der Erblichkeit der Lehen kaum noch realisierbare Rechte, mit denen der Welfe wenig anfangen konnte. Anders als in Sachsen gehörten Heinrich in Bayern nur wenige Eigengüter, vornehmlich am Lech, so daß ihm beinahe jeder kleine Graf mit realem Grundbesitz überlegen war, ganz zu schweigen von den begüterten Wittelsbachern und Andechsern. Es sollte sich deshalb rasch zeigen, daß Heinrich sein süddeutsches Herzogtum durch Erwerb von Vogteien, Einhebung von Straßenzöllen usw. in erster Linie als Geldquelle für die Finanzierung seiner politischen Pläne in Sachsen benützte. Erklärlich wäre dieses Verhalten des Welfen, wenn die bereits erwähnte Vermutung der Aufteilung in ein südliches und ein nördliches Einflußgebiet zwischen Herzog und Kaiser zuträfe, denn dann wäre die Zurückhaltung Heinrichs in Bayern die Konsequenz einer derartigen Vereinbarung gewesen.

Zur Beaufsichtigung des Salzhandels von Reichenhall – das ihm nicht gehörte – in das südliche Schwaben ließ Heinrich bald eine *Landespurg* – die Feste Landsberg – an dem Übergang über den Lech errichten. Wahrscheinlich geht auch die Brücke über die Amper zu Fürstenfeldbruck an der gleichen Salzhandelsstraße auf den Welfen zurück. Die Straßen, die nichts anderes als durch häufigen Gebrauch verbreiterte Trampelpfade waren, mußten ihren Verlauf vielfach nach den wenigen brauchbaren Flußübergängen richten. Deshalb war es eine sehr einschneidende Gewalttat, als Heinrich 1157 die seit langem bestehende Brücke über die Isar bei Föhring zerstören ließ und alle Salzfuhrwerke und den sonstigen Verkehr zwang, eine neue Brücke etwas flußaufwärts bei der Siedlung Munichen des Klosters Tegernsee zu benützen. Der Übergang bei Föhring hatte dem Bischof von Freising gehört und er hatte dort reichliche Einnahmen bezogen. Diese künftig in seine Taschen zu leiten, war natürlich der Grund, warum der junge Herzog die Verhältnisse mit einem Fausthieb zu seinen Gunsten änderte. Und da er beim Kaiser nach wie vor eine Vorzugsstellung genoß, nützte auch eine wortreiche Beschwerde von dessen Onkel, dem Bischof Otto von Freising, wenig. Eine kaiserliche Urkunde vom 14. Juni 1158 bestätigte die Markt-, Münz- und Zollrechte Heinrichs des Löwen an dem neuen Isar-Übergang und legte lediglich fest, daß das Bistum Freising ein Drittel der Erträge bekommen sollte. Dieses erhaltene Dokument gilt als die Gründungsurkunde von München.

Über viele Generationen und Jahrhunderte hinweg waren durch Erbteilungen, Verheiratungen, aufgelassene Reichslehen, kleinere und größere Eroberungen usw. die Besitzverhältnisse am Grund und Boden sehr verzwickt geworden. Jeder Fürst hatte Allodialgüter und Lehen an den verschiedensten Stellen, die ebenso wie die Reichsgüter häufig teilweise sehr aufgesplittert waren. Barbarossa machte ohnedies keinen Unterschied zwischen Gütern, die als staufischer Hausbesitz auf ihn gekommen waren, und den Kron- oder Reichsgütern, die er als deutscher König zu verwalten hatte. Für ihn war ja das Reich identisch mit dem Kaiser, und er fühlte sich nur als die Personifikation des Reiches. Diese Gleichbehandlung der Reichsgüter mit den Besitztümern der Kaiserfamilie hatte allerdings erst dreißig Jahre vorher zu heftigen Kämpfen geführt, als 1125 mit Heinrich V. der letzte Salier kinderlos verstorben und der Supplinburger Lothar auf den Königsthron gekommen war. Lothar hatte zu Recht die Kron- und Reichsgüter beansprucht, während die Staufer auf Grund ihrer Verwandtschaft mit den Saliern deren Hausgüter übernehmen wollten. Nachdem aber die Salier rund hundert Jahre auf dem deutschen Königsthron gewesen waren und man längst keine Trennung der Reichs- und Familiengüter mehr vorgenommen hatte, war es äußerst schwierig, plötzlich Klarheit in diese Verhältnisse zu bekommen, als die Krone auf ein anderes Geschlecht überging.

Kaiser Friedrich I. und Herzog Heinrich von Bayern und Sachsen wollten schon seit längerer Zeit einige Güter tauschen, um die Zerrissenheit ihrer Besitztümer zu verringern und die Verwaltung zu erleichtern. Als der Herzog am 1. Januar 1158 an den Kaiserhof kam, war man soweit, daß der Tausch perfekt gemacht werden konnte. Heinrich überließ seinem Vetter die Burg Badenweiler mit dazugehörenden fünfhundert Hufen Land, ein Besitz, der ihm als Mitgift seiner Frau Clementia von den Zähringern zugekommen war und der außerhalb seiner sonstigen Ländereien lag. Dazu gehörten auch hundert Ministeriale, die als Unfreie ebenfalls in den Besitz des Staufers kamen. Der Welfe handelte sich dafür einige Reichsgüter im südlichen Harz ein, die für ihn wesentlich interessanter waren. Für diese bisherigen Reichsgüter, die nun in die Hand des Welfen übergingen, übereignete der Staufer dem Reich diverse Allodien, also staufische Eigengüter an der Pleiße und der Mulde. Die beiden Vettern haben also einen Ringtausch durchgeführt, durch den auch das Reich Vorteile hatte, weil dadurch um Altenburg, Chemnitz und Zwickau ein größeres, abgerundetes Reichsgebiet entstanden war, das sogenannte Pleißenland. Herzog Heinrich wurde vom Kaiser außerdem mit der Grafschaft Liesgau um Duderstadt und dem Wildbann im Harz belehnt, auf die der Welfe Erbansprüche angemeldet hatte.
Um diese Zeit gründete der Staufer im thüringschen Mühlhausen wie auch in Altenburg neue Münzstätten. Ihre Prägungen erleichterten nicht nur den Einzug der Abgaben durch den Fiskus, sondern förderten auch den Handel und Verkehr in jenen Gebieten. Ohnedies waren diese Länder im Vergleich zu den westlichen am Rhein und denen südlich der Donau noch weniger entwickelt. Es mag sein, daß sich dabei einerseits klimatische Hemmnisse zeigten und daß andererseits auch die Römer den Gebieten hinter dem Limes einen Vorsprung verschafft haben, der sich noch viele Jahrhun-

derte später auswirkte. Merkwürdig ist es aber, daß die Kunst des Steinbrückenbaues ebenso wie die Verwendung des Glases beim Hausbau nach den Römern wieder weitgehend in Vergessenheit geraten war. Während man zur Zeit von Augustus und Nero durchaus verstand, die Fenster der Häuser mit Glas zu versehen, fror man im 12. Jahrhundert im Norden oder man hatte es dunkel in den Burgen der Adeligen und in den Häusern der Bürger und Bauern. Mühsam behalf man sich mit ölgetränkter Leinwand, mit Fetthäuten oder Pergament, um wenigstens die schlimmste Kälte und den Regen abzuhalten. Mehr Schutz boten zwar Holzläden, aber dann ging es nicht ohne einen oder mehrere Kienspäne, wenn man nicht ganz und gar im Dunkeln sitzen wollte. Nur an festlichen Tagen und in besseren Kreisen benutzte man die angenehmeren, rußärmeren Kerzen, die aber teuer waren. Aus der Mitte des 12. Jahrhunderts ist wohl schon eine Lampe mit Asbestdocht bekannt, aber diese Art der Beleuchtung scheint doch noch sehr selten gewesen zu sein. Es ist jedenfalls nicht erstaunlich, daß man damals in der Regel mit den Hühnern zu Bett ging, denn es gab ja auch nichts zu lesen, und noch nicht einmal Spielkarten waren bekannt (da man im Abendland auch noch kein Papier herstellen konnte). Allerdings kannte man zur Unterhaltung verschiedene Brettspiele und vor allem das Würfelspiel, wie einige Verse aus den *Carmina Burana*, den Benediktbeurer Liedern der damaligen Zeit (Übertragung von Ernst Buschor) zeigen:

Wenn wir in der Kneipe stecken,
Kann die Erdenlast nicht schrecken,
Spiel allein soll uns erheben,
Dem wir bis zum Tod ergeben.
Worum sichs hier innen handelt,
Wo man Geld in Wein verwandelt,
Danach muß genau gefragt sein
Und so soll es euch gesagt sein.

Dieser spielt, der schwingt den Becher,
Ringsum toben üble Zecher.
Manche, die ein Spiel beginnen
Ziehen splitternackt von hinnen.
Andre ernten neue Kleider,
Andere alte Säcke, leider.
Keiner kennt des Todes Schrecken,
Würfel muß die Runde decken.

Der agile junge Welfenherzog hat aber energisch dahin gewirkt, in seinen Ländern den Fortschritt und die weitere Entwicklung zu fördern – nicht zuletzt natürlich in seinem ureigensten Interesse. Der günstig gelegene Hafenort Lübeck des Grafen Adolf von Schauenburg war im Herbst 1157 vollständig niedergebrannt. Da die Bürger – zum großen Teil waren es Kaufleute – während der vorhergegangenen Jahre die starke Hand Herzog Heinrichs zu spüren bekommen hatten, als dieser ihnen den Markt verbot, baten sie nun, daß er ihnen einen ihm genehmen Platz für ihre neue Siedlung anweise. Das war für den Herzog wohl der Anlaß, Graf Adolf erneut zu fordern, aber diesmal verlangte er nicht nur an den Einkünften beteiligt zu werden, sondern er wollte den Hafen und die Halbinsel, auf der der Ort gestanden war, ganz für sich haben. Mehr noch als einige Jahre zuvor war darauf jedoch nur eine Absage des Grafen zu erwarten.
Graf und Herzog, die ehedem so freundschaftlich zusammengestanden waren, drohten sich jetzt in offener Feindschaft zu befehden. Der Welfe suchte noch einen Ausweg, um einen Krieg in seinem Herzogtum zu vermeiden, und so gründete er Anfang 1158 oberhalb von Lübeck an der Wakenitz einen neuen Markt, der außerhalb des gräflichen Landes lag. Er nannte ihn stolz und drohend die »Löwenstadt«, denn seit er 1155 von Italien zurückgekehrt war, wo er sich durch tapfere Kämpfe hervorgetan hatte, legte man ihm

mehr und mehr den Ehrennamen »der Löwe« bei. Er mußte für seine neue Gründung viel Wald roden lassen, und die Lübecker Kaufleute ließen sich nur ungern in der unwirtlichen Gegend nieder.

Im Sommer 1158 wollte der Kaiser mit einer größeren Streitmacht als das erstemal wieder nach Italien ziehen, um die rebellischen lombardischen Städte, allen voran Mailand, unter seine Herrschaft zu bringen. Er hatte sich dazu von vielen deutschen Fürsten Gefolgschaft schwören lassen, ebenso vom Herzog von Polen und vom König der Ungarn. Aber der Staufer beging den großen Fehler, mehrere Gegner seines welfischen Vetters wie den Bremer Erzbischof Hartwig und Graf Adolf von Holstein sowie einige weitere sächsische Große von der Teilnahme an seinem zweiten Italienzug zu beurlauben. Als Herzog Heinrich nun erfuhr, daß einige ihm übel gesonnene Fürsten zurückblieben, mußte er befürchten, es werde sich, während er in Italien für Kaiser und Reich kämpfte und sein sächsisches Herzogtum nicht schützen könne, gegen ihn etwas zusammenbrauen. Schon 1155 hatten ja arglistige Verschwörer seine Abwesenheit ausgenützt und ihr Ziel nur knapp verfehlt. Den Bremer Erzbischof verpflichtete der Kaiser jetzt wohl besonders, sich bei seinen Meinungsverschiedenheiten mit dem Herzog nicht selbst Recht zu verschaffen, sondern ihn, den Kaiser, anzurufen. Aber war wirklich darauf Verlaß, daß sich der Kirchenfürst danach richtete? Heinrichwar ohnedies mißtrauisch angesichts einer neuerlichen erstaunlichen Eintracht zwischen dem Staufer und dem Bremer. Der Kaiser hatte dem Erzbischof erst kurz zuvor zugesichert, daß das ganze Slawenland bis zur Peene zum Bremer Erzstift gehören solle. Was Friedrich da zur Förderung des Gleichgewichts der Kräfte tat, faßte sein Vetter zweifellos als Provokation auf, denn eine Zusammenarbeit mit Hartwig erschien ihm schlechthin unmöglich.

Als man sich im Juni 1158 zum Zug nach Italien versammelte,

kam der Welfe nur mit wenigen Begleitern auf das Lechfeld bei Augsburg. Der Kaiser war überrascht, denn er hatte mit einem großen Heerbann seines Vetters gerechnet, doch Heinrich klagte Friedrich über die Ruhelosigkeit und Gefährlichkeit der Obodriten an der Ostgrenze seines sächsischen Herzogtums, sprach über die noch ungefestigten Verhältnisse in Bayern und bat den Kaiser schließlich ebenfalls um Befreiung vom Italienzug.

Was blieb Barbarossa anderes übrig, als sich mit dem Wunsch des Löwen abzufinden, da dieser ihn doch vor vollendete Tatsachen gestellt und seine Streitkräfte zu Hause gelassen hatte? Aber man vereinbarte, daß Heinrich unverzüglich nachkommen solle, wenn der Kaiser ihn in Italien benötigen würde.

Der Löwe hatte erreicht, was er wollte, und ritt nach Sachsen zurück. Um die Kaufleute seiner Löwenstadt und ihre Handelsschiffe vor den ständigen Bedrohungen der Wenden zu schützen, unternahm Heinrich einen Zug gegen den unruhigen Stamm der slawischen Obodriten. Solange die Kauffahrer aus den fernen Ländern immer mit Überfällen beutehungriger Seeräuber rechnen mußten, wollten sie kaum den deutschen Hafen anlaufen. Der neue dänische König Waldemar I., der 1157 dem gefallenen, glücklosen Sven gefolgt war, unterstützte den Sachsenherzog tatkräftig, denn auch die dänischen Inseln und Schiffe waren immer wieder das Ziel wendischer Raubzüge. Sonst ist jedoch über diesen Kriegszug des Herzogs im Jahre 1158 wenig bekannt, zumal ihn der Chronist Helmold von Bosau kaum erwähnt. Nur an späterer Stelle läßt er Niklots Sohn Wertislaw an die Gefangenschaft seines Vaters zu Lüneburg erinnern, die nach aller Vermutung 1158 erfolgt sein muß.

Aber es zeigte sich bald, daß die neue Löwenstadt nur von flachen Schiffen erreicht werden konnte, die nicht seetüchtig waren. Die Kaufleute klagten deshalb dem Herzog, daß sie

mit dem neuen Marktplatz wenig anfangen könnten, und der Herzog mußte erkennen, daß er von diesem Platz kaum die erhofften Einkünfte beziehen konnte. Darum forderte Heinrich den Grafen abermals auf, ihm das Hafengebiet zu überlassen. Der Herzog hat seinem Lehnsmann beträchtliche Gegenleistungen versprochen, aber er hat ihn auch wissen lassen, daß er mit seiner Faust dreinschlagen werde, wenn der Graf auf sein Angebot wieder nicht eingehe. Graf Adolf blieb also kaum eine andere Möglichkeit, als sich den Wünschen des Herzogs zu fügen, wenn er nicht alles verlieren wollte. Wahrscheinlich im Frühjahr 1159 gründete dann Heinrich der Löwe sein Lübeck an der Stelle, an der ehedem das gräfliche gestanden hatte. Und er holte dazu, neben den ursprünglichen Bewohnern, auch kapitalkräftige Fernhändler aus Westfalen und vom Niederrhein. Ihnen allen gab er für ihren Handel Zollfreiheit in ganz Sachsen, und er hat vermutlich auch auf den sonst üblichen Arealzins – eine Art Grundsteuer – verzichtet, um die neue Stadt möglichst schnell zur Blüte zu bringen. Mehr noch, die Lübecker konnten eine Art städtischer Eidgenossenschaft bilden, und die zugewanderten Bürger erhielten nach Jahr und Tag ohne große Umschweife ihre persönliche Freiheit. Der Welfe setzte hier im neuen Lübeck den eben im 12. Jahrhundert aufgekommenen Spruch »Stadtluft macht frei« in die Tat um.
Der Herzog hat also in der von ihm ebenso hartnäckig wie zielstrebig gegründeten Stadt auf die ihm zustehenden Rechte verzichtet. Der uralte Herrenanspruch »Luft macht eigen« hätte ihn berechtigt, die Unfreien, die in seiner Stadt, in seiner Luft lebten, nach Jahr und Tag zu seinen Eigenmännern zu bestimmen. Statt dessen gab er ihnen die persönliche Freiheit! Man muß sich den Gegensatz, der in den beiden Sentenzen zum Ausdruck kommt, deutlich vor Augen halten, um den völligen Bruch mit den früheren Gewohnheiten zu erfassen. Freilich war Heinrich der Löwe mit diesem Vor-

gehen nicht allein, denn der neue Spruch »Stadtluft macht frei« hatte seinen Ursprung wohl in Flandern und drückte eine allgemeine Zeitströmung aus.
Der Welfe wollte mit seiner Stadtgründung nicht zuletzt dem dänischen Hafen Schleswig das Wasser abgraben und schloß mit norwegischen, schwedischen, dänischen und russischen Kaufleuten Handelsverträge ab, um auf diese Weise den Überseehandel der Lübecker zu fördern. Von Ost nach West wurde vor allem mit Rohstoffen wie Holz, Flachs, Hanf, Pelzen, Pech und Wachs gehandelt, während in der umgekehrten Richtung Fertigwaren wie Tuche und Metallarbeiten verschifft wurden. Aus Schweden wurden Eisenerze und Kupfer eingeführt, aus Schonen Heringe und aus Bergen Stockfisch. Heinrich versprach allen Kaufleuten für ihre Fahrten nach Lübeck Sicherheit und Frieden. Er richtete in der Stadt auch eine Münze und eine Zollstelle ein. Die Münzstätte blieb unter dem Welfen die einzige nördlich der Elbe und gewann eine entsprechend große Bedeutung, da ihre Prägungen in allen transalbingischen Marktorten Gültigkeit erlangten. Heinrich hat die Lübecker Münze wie so vieles nördlich der Elbe ohne kaiserliches Privileg ins Leben gerufen, da er sich dort doch ganz als der oberste Herrscher fühlte. Tatsächlich regierte der Welfe in jenen Gebieten nicht als Herzog, sondern als Markgraf. Wie alle Münzherren der damaligen Zeit sah Heinrich in der Münze nur ein Mittel zur besseren und leichteren Erfüllung der Aufgaben des Fiskus. Da dessen Einnahmen jedoch stark vom Gedeihen des Handels abhängen, war der Herzog naturgemäß auch an der Förderung der Märkte und des Verkehrs interessiert.
Lübeck erlangte bald eine führende Stellung im ganzen Ostseehandel, und die seetüchtigen, bauchigen Koggen mit ihrem erstaunlichen Fassungsvermögen trugen die Waren in alle Richtungen. Die Schiffahrt gewann gerade im 12. Jahrhundert in mehrfacher Hinsicht neue Dimensionen. Nicht

nur lernte man neben den Naturhäfen auch künstliche Hafenanlagen mit Pfählen und Bohlen zu bauen, sondern an der Nord- und Ostseeküste wurden im 12. Jahrhundert auch die ersten Orientierungszeichen für die Schiffahrt planmäßig aufgestellt. Darüber hinaus brachte dieses Jahrhundert an den Schiffen selbst die Entwicklung des Steuers am Heck, so daß sie sicherer lenkbar wurden als vorher mit dem seitlichen Steuerruder. Als besonders wichtige Grundlage für die Seeschiffahrt wurde gegen Ende des 12. Jahrhunderts der Kompaß im Abendland gebräuchlich. Die Chinesen und Muselmanen kannten dieses Orientierungsmittel zwar bereits sehr viel länger, aber im Abendland soll es nicht wenige Seeleute gegeben haben, die sich zunächst weigerten, ein Schiff mit einem solchen »Teufelsding« zu betreten. Immerhin war jedoch auch in unseren Breiten die Magnetnadel schon viel länger bekannt, und die Sage vom Magnetberg, der den sich nähernden Schiffen die Nägel herauszieht, ging ebenfalls schon lange um.

Der Kaiser war unterdessen in Italien tätig. Obwohl er auf die Streitmacht Heinrichs des Löwen hatte verzichten müssen, soll sein Heer etwa 10000 Ritter gezählt haben und mit dem Fußvolk und dem Troß wurde es auf 50000 Mann geschätzt. Aber alle größeren Zahlenangaben des Mittelalters sind mit großer Vorsicht zu genießen, denn sie scheinen nicht selten viel zu hoch gegriffen zu sein. Ein Heer von 50000 Männern warf naturgemäß enorme Versorgungsschwierigkeiten auf und war bei den damaligen Möglichkeiten der Informationsübermittlung äußerst schwer zusammenzuhalten und zu ordnen. Welche Belastung stellte auch der Abzug von 50000 Männern kurz vor der Ernte für die Landwirtschaft nördlich der Alpen dar! Das sind wohl Gründe, die die Schätzung auch in diesem Fall sehr zweifelhaft erscheinen lassen.

Eine Reihe lombardischer Städte hatte schon den kaiserlichen Vorausboten, dem Kanzler Rainald von Dassel und dem Pfalzgrafen Otto von Wittelsbach, den Treueid geleistet. Aber die Mailänder mit einigen Trabantenstädten wollten die während der vorausgegangenen Jahrzehnte gewonnene Unabhängigkeit nicht aufgeben. Als das kaiserliche Heer näherrückte, machten die Mailänder doch Angebote, die der Kaiser allerdings nach den schlechten Erfahrungen, die er mit ihren Versprechungen gemacht hatte, nicht annahm. Erst nach einer mehrwöchigen Belagerung, als auch die Nordländer unter der südlichen Augusthitze gelitten hatten, einigten sich beide Seiten Anfang September 1158 auf Bedingungen für die Unterwerfung der Stadt. Alle Einwohner mußten dem Kaiser Treue schwören und 300 Geiseln stellen. An den Kaiser waren 9000 Mark Silber zu zahlen und die Regalien für Markt, Münze, Zoll usw. zurückzugeben. Die Bürger konnten wohl ihre Konsuln weiter wählen, aber diese bedurften künftig der Bestätigung durch den Kaiser. Sehr deprimierend war es für die Mailänder, daß sie in ihrer Stadt eine kaiserliche Pfalz errichten und erhalten mußten, auf daß sie immer an die Herrschaft des Kaisers erinnert würden.
Mit der Unterwerfung der lombardischen Metropole hatte der Staufer sein wichtigstes militärisches Ziel erreicht. Zur Manifestation seiner politischen Herrschaft berief er Mitte November 1158 einen Reichstag auf die Roncalische Ebene ein. Hier ließ er von angesehenen Bologneser Juristen und zahlreichen Vertretern der Städte ein Weistum ausarbeiten, in dem die kaiserlichen Regalien zusammengestellt wurden. Die Erwartungen Barbarossas wurden vollauf bestätigt, denn die Kommission nahm zahlreiche Rechte in ihre Liste auf, die sich die Städte während der zurückliegenden Jahrzehnte angeeignet hatten, so zum Beispiel die Einsetzung von Konsuln, die Hoheit über die Verkehrswege einschließlich der Zolleinkünfte, die Münzprägung und Abhaltung von Märk-

ten. Auf Grund dieser Festlegungen konnte der Kaiser den Städten unter dem frischen Eindruck seiner Machtüberlegenheit ein Gesetz auferlegen, das sie zwang, alle angeeigneten Regalien, soweit sie nicht ihre rechtmäßige Belehnung nachweisen konnten, an ihn zurückzugeben. In Verbindung mit einigen anderen neuen Gesetzen traf der Kaiser damit außerordentlich einschneidende Verfügungen, die ihm nach einer Berechnung Rahewins jährlich 30000 Pfund Silber bringen konnten. Die Einkünfte der Städte wurden entsprechend geschmälert, womit deren Opposition natürlich sicher war.

Die von Barbarossa in den meisten Städten eingesetzten Podestàs, Stadtvögte mit diktatorischen Vollmachten, wurden für die Italiener rasch zu Symbolfiguren der kaiserlichen Zwangsherrschaft. Die Mailänder wehrten sich dagegen, daß das ihnen im September eingeräumte Recht der eigenen Wahl von Konsuln durch das Gesetz von Roncalia im November bereits wieder außer Kraft gesetzt werden sollte. Der Kaiser mußte erkennen, daß die Rechtsauffassung der Italiener und ihr Wille zur Selbstverwaltung ihrer Städte in schroffem Gegensatz zu seinen Ansichten stand. Ein allgemeiner Widerstand konnte deshalb nicht ausbleiben, wenn sich auch ein Teil der Städte seinen Verfügungen beugte. Da er nach dem Fall von Mailand erhebliche Teile seiner Streitkräfte in ihre Heimat entlassen hatte, rief er im Frühjahr 1159 Heinrich den Löwen sowie andere weltliche und geistliche Fürsten mit ihren Truppen nach Italien.

Widerwillig nahm der Welfe den Ruf des Kaisers zur Kenntnis, denn natürlich waren ihm seine Herzogtümer wichtiger als die Reichsangelegenheiten in Italien. Seit dem Abzug seines Vetters über die Alpen war er nicht mehr in Bayern gewesen, und die dortigen Verhältnisse waren deshalb noch genauso wie im Sommer 1158, als er ihre Verbesserungsbedürftigkeit als Grund für seine Nichtteilnahme am Italienzug vorgeschoben hatte. Jetzt konnte er aber dem Kaiser nicht noch einmal eine Absage erteilen und mußte deshalb zusehen, daß er die Wenden für die Zeit seiner Abwesenheit zur Ruhe verpflichtete. Er bestellte deshalb den Obodritenfürsten Niklot und andere Wendenfürsten zu sich und schloß mit ihnen einen Waffenstillstand. Die Slawen versprachen, sich bis zur Rückkehr des Herzogs ruhig zu verhalten und die Sachsen sowie die Dänen nicht anzugreifen. Der Dänenkönig Waldemar bezahlte dem Welfen für diese Vermittlung 1000 Mark Silber. Aber Heinrich überspannte in seinem Mißtrauen den Bogen und verpflichtete die Wenden, ihre Schiffe nach Lübeck zu bringen, damit sie keine Raubzüge mehr durchführen könnten. Damit provozierte er die freiheitsliebenden Männer zum Falschspiel, und prompt brachten sie nur alte und untaugliche Schiffe. Kaum hatte Heinrich Sachsen verlassen, fielen die Obodriten wieder in Dänemark ein und holten sich dort reiche Beute. Die Dänen ihrerseits zogen im Sommer 1159 auf Initiative des Bischofs Absalon von Roeskilde gegen die wendische Insel Hiddensee und das Gebiet von Barth; im Herbst versuchten sie die Burg Arkona auf der Insel Rügen zu erobern. Es interessierte die Dänen nicht, daß Kaiser Lothar III. in jenen Gebieten 1135 als Lehnsherr aufgetreten war.

Mit etwa 1200 Rittern zog Heinrich der Löwe im Sommer 1159 über die Alpen. Die Kaiserin Beatrix schloß sich ihm mit ihrem Gefolge an. Als der Zug am Gardasee bei der Burg Garda ein Lager aufgeschlagen hatte, wurde er von Italienern aus Peschiera überfallen. Wenn die Deutschen hernach auch die Burg in Peschiera stürmten und vernichteten, konnten sie damit die bei Garda erlittenen Verluste doch nicht mehr wettmachen.

Als Heinrich mit den Seinen zum Kaiser stieß, war seit etwa zwei Wochen eine der schlimmsten und grauenvollsten Belagerungen des Mittelalters im Gange. Die kleine Stadt

Crema am Serio hatte im Vertrauen auf die Hilfe Mailands einem kaiserlichen Befehl zur Zerstörung ihrer Befestigungen getrotzt. Barbarossa verhängte deshalb über die Stadt die Reichsacht. Die Vollstreckung derselben, und das war nichts anderes als die Vernichtung der kleinen Stadt, sollten die Cremonesen vornehmen, Cremas schlimmste Rivalen, die dem Kaiser nicht weniger als 15000 Mark Silber geboten hatten, wenn er sie von den Bedrohungen dieser Stadt befreien würde.

Kurz bevor der Belagerungsring um Crema geschlossen wurde, konnten noch etwa 4000 Mann mailändischer Hilfstruppen hinter die Mauern der Stadt gelangen und die Verteidiger dadurch wesentlich stärken. Aber dadurch waren auch viele Esser mehr zu nähren, was bei einer längeren Belagerung eine zusätzliche Belastung bedeutete. Die Cremoneser, die sogleich durch deutsche Streitkräfte unterstützt wurden, bauten einen riesigen Holzturm, der etwa 18 Meter hoch sowie 9 Meter breit und lang war und mit dem die Belagerer die Stadtmauer von Crema überwinden wollten. Die wunderlichsten Dinge sind über diesen Turm berichtet worden. Er soll sechs Stockwerke oder Plattformen gehabt haben, von denen die unterste – der Turm verengte sich nach oben – nicht weniger als 1000 Männern Platz gegeben haben soll, die oberste jedoch nur etwa zehn. Natürlich bauten die Cremonesen den Turm außerhalb der Wurf- und Pfeilschußentfernung von der cremaskischen Stadtmauer, aber zum Vorschieben an die Mauer wurden dann 500 Männer benötigt.

Der Kaiser glaubte, daß das Eintreffen der neuen Verstärkung die Belagerten an ihren Erfolgsaussichten zweifeln lassen und mutlos machen würde. Er forderte die Eingeschlossenen deshalb zum wiederholten Male zur Übergabe auf. Aber die Bürger der Stadt dachten gar nicht an eine Unterwerfung. Von dem großen Belagerungsturm aus konnte der

Kaiser zu seinem Mißvergnügen beobachten, wie Scharen von Weibern und Kindern durch die Stadt zogen und Trotz- und Spottlieder auf ihn und seine Ritter sangen. Sie kündigten ihm an, daß es ihm genauso ergehen werde wie Lothar III., der 1132 seine Belagerung der Stadt auch schmählich hatte abbrechen müssen. Die Erneuerung der Reichsacht, die Barbarossa darauf als einziges Mittel zur Verfügung stand, machte auf die Cremasken keinen Eindruck, sondern vermehrte nur ihren Hohn.
Die Belagerung dauerte bereits an die drei Monate, und die Verbitterung nahm auf beiden Seiten ständig zu. Die Belagerten machten immer wieder Ausfälle, den Ring um ihre Stadt zu sprengen. Einmal gelang es ihnen, eine Wurfmaschine der Belagerer in Brand zu stecken. Aber Barbarossa rächte diese Schlappe sogleich an vier gefangenen Cremasken, von denen einem der Kopf, einem zweiten beide Beine, dem dritten beide Arme abgehackt wurden, während man den vierten langsam zu Tode marterte. Weitere sieben Cremasken wurden auf Befehl des Kaisers aufgehängt, wofür die Städter ihrerseits vier Gefangene deutlich sichtbar für die Belagerer auf dem Wall aufknüpften.
Im Oktober 1159, also im vierten Monat der Belagerung, erschienen mehrere Kirchenfürsten in Friedrichs Lager vor Crema, um Frieden für Mailand und seine Trabanten zu erbitten. Aber der Kaiser machte ihnen klar, daß sich die Mailänder in seinen Augen durch eine Vereinbarung mit dem Papst für den Krieg entschieden hätten. Um die gleiche Zeit stellten sich auch Welf VI. und der neue Kölner Erzbischof Rainald von Dassel mit etwa sechshundert Rittern und Kriegsknechten vor Crema ein, so daß die Übermacht der Belagerer immer erdrückender wurde. Der Kaiser ließ den Eingeschlossenen nun verkünden, daß er künftig mit allen Mitteln gegen sie vorgehen werde. Er war ergrimmt, daß ihn diese kleine Stadt nun schon so lange Zeit hinhalten konnte,

länger, als es im Vorjahr dem großen Mailand möglich gewesen war. Um zu zeigen, daß es ihm mit der Ankündigung des gnadenlosen Kampfes ernst war, ließ er vierzig Geiseln und sechs vornehme mailändische Gefangene vor den Augen der Belagerten hinrichten.

Jetzt sollte endlich der große Holzturm zur Überwindung der Mauer eingesetzt werden. Dazu mußte aber vorher der breite Stadtgraben an einer Stelle zugeschüttet werden. Man baute große Schutzdächer, um die Arbeitenden vor den Steinen und Pfeilen der Cremasken zu schützen. Mit einer Unmenge von Erde, Kies und Holz – man wollte 2000 Wagenfuhren gezählt haben! – wurde der Graben soweit gefüllt, daß der Turm vorgeschoben werden konnte. Die Belagerten erkannten natürlich die auf sie zukommende Gefahr und versuchten mit Feuer, Steinen und Pfeilen das Näherrücken des Ungetümes zu verhindern. Da ließ der Kaiser an der Vorderfront und an den Seiten des Turmes Körbe anbringen, in die Geiseln und Gefangene gestellt wurden. So sollten die Cremasken davon abgehalten werden, gegen den Turm etwas zu unternehmen, da sie doch mit jedem Steinwurf und mit jedem Pfeilschuß ihre eigenen Leute in Gefahr brachten. Nachts mußten die Männer in den Körben brennende Kerzen oder Fackeln halten, damit sie von den Schützen auf den Stadtmauern erkannt werden konnten. Aber die Cremasken schätzten das Risiko der Vernichtung ihrer Stadt höher ein als den Verlust einzelner ihrer Angehörigen. Sie schossen deshalb so lange auf den Turm, bis er unbrauchbar war. Dann übten sie für ihre auf dem Turm getöteten Angehörigen Vergeltung und richteten eine Reihe gefangener Deutscher, Cremonesen und Lodesanen auf dem Wall ihrer Stadt hin.

Die gegenseitige Rachgier steigerte sich immer noch mehr, und als unter den Augen der Städter zwei gefangene Cremasken zum Tod verurteilt wurden, drohten die Belagerten mit Vergeltung, falls das Urteil vollstreckt würde. Da sich der Kaiser nicht beirren ließ, hingen bald unten vor der Stadt wie auch oben auf der Mauer je zwei Männer an den Galgen. Darüber ergrimmte wiederum Barbarossa. Er ließ alle noch in der Nähe befindlichen Geiseln und Gefangenen zusammenholen und eine lange Reihe von Galgen aufstellen. Nur dem Einspruch der Bischöfe war es zu verdanken, daß diese grauenvolle Massenhinrichtung nicht ausgeführt wurde. Aber neun Männer mußten dennoch an die aufgestellten Galgen. Rahewin berichtet, daß den Toten sogar die Köpfe abgeschlagen wurden und die Belagerer damit Ball spielten. Die Cremasken brachten zur Rache einige gefangene Deutsche auf die Mauer und zerstückelten sie Glied für Glied vor den Augen ihrer Kameraden.

Inzwischen waren die Mailänder nicht müßig und unternahmen verschiedene Angriffe, um den Kaiserlichen möglichst großen Schaden zuzufügen. Aber auch Barbarossa machte Streifzüge gegen Mailand. Die Piacentiner konnten von den Mailändern zum Übertritt auf ihre Seite gewonnen werden und wollten, wie der Kaiser erfuhr, ebenfalls Hilfe nach Crema senden.

Die Anstrengungen, die Stadt endlich zu Fall zu bringen, wurden daher weiter verstärkt. Der große Belagerungsturm wurde repariert und besser gegen die Geschosse der Eingeschlossenen geschützt. Mit einem riesigen, eisenbeschlagenen Sturmbock gelang es, eine Bresche in die Mauer zu schlagen. Aber die Cremasken konnten mit einem dahinter aufgeworfenen Wall die Gefahr sogleich abfangen und trieben außerdem unter der Bresche eine Mine vor, um die Angriffsvorbereitungen der Belagerer zunichte zu machen. Beide Seiten waren sich an Einfallsreichtum, Mut und Tapferkeit durchaus ebenbürtig.

Die Belagerer, denen Material in weit größerem Maß zur Verfügung stand als den Eingeschlossenen, errichteten nun eine ganze Reihe von Schutzdächern, unter denen sie den Stadtgraben an verschiedenen Stellen zuschütten konnten. Die Cremasken versuchten, diese Schutzdächer mit brennenden Fässern, Steinen und anderem abgeworfenen Zeug zu zerstören. Es gelang dem Kaiser schließlich, durch Bestechung einen tüchtigen Baumeister der Cremasken zum Treubruch zu veranlassen, der dann sogleich ein Gerüst zum Ersteigen der Mauer konstruieren mußte, von dem aus eine Brücke auf das Befestigungswerk vorgeschoben werden konnte. Auch der Belagerungsturm wurde mit einer Fallbrücke ausgestattet.

Am 21. Januar 1160 – die Belagerung dauerte also bereits länger als sieben Monate! – sollte die Stadt mit Hilfe des großen Turmes und der neuen Konsole gestürmt werden. Es wurde ein genauer Plan für diesen Angriff aufgestellt. Die Pfalzgrafen Otto von Wittelsbach und Konrad bei Rhein gingen mit ihrem Kriegsvolk auf den Turm, während andere Einheiten die Konsole besetzten. Die Cremasken beobachteten die Vorbereitungen argwöhnisch und trafen Gegenmaßnahmen. Alles spielte sich auf kürzeste Entfernungen, in Wurfweite und Pfeilschußnähe vor den Augen des Gegners ab. Bei dem Angriff kamen Otto und Konrad mit einigen Männern wohl auf die Stadtmauer, aber die Verteidiger kämpften nicht weniger tapfer und mit allen Mitteln. Sie rissen einige der Angreifer mit langen Haken von der Mauer herunter, und es gelang ihnen mit Steinen aus sieben Wurfmaschinen, den Belagerungsturm so zu beschädigen, daß die Fallbrücke unbrauchbar wurde. Mit Steinen, Schwertern, Lanzen und Stangen konnten sie die todesmutigen Angreifer schließlich von der Mauer vertreiben – der Sturm war abgeschlagen, die Verteidiger hatten sich heldenhaft gehalten.

Die Kaiserlichen ließen aber ihre Feinde nun nicht mehr zur Ruhe kommen. Bei Tag und Nacht deckten sie die Stadt mit einem Hagel von Geschossen ein, und auch der Kaiser selbst betätigte sich als Schütze. Die Widerstandskraft der Cremasken kam nach sieben Monaten härtester Belagerung endlich ins Wanken. Unter Vermittlung des Partriarchen Peregrin von Aquileja und Heinrichs des Löwen ließen sie den Kaiser wissen, daß sie nicht gegen ihn die Waffen ergriffen hätten, sondern nur gegen die Cremonesen, mit denen sie seit rund fünfzig Jahren im Streit lagen. Dem Kaiser wollten sie sich ergeben, aber nicht ihren Erbfeinden.

Der Kaiser stellte nach Beratung mit seinen Bundesgenossen die Bedingung, daß die Cremasken nur so viel aus ihrer Stadt mitnehmen dürften, wie jeder einzelne tragen konnte. Die Stadt selbst sollte vernichtet werden. Die Cremasken sahen keine andere Möglichkeit, als sich diesen Bedingungen zu fügen und ergaben sich am 26. Januar 1160.

Rahewin, der Chronist und Zeitgenosse, der auch vor Crema dabei war, charakterisierte Heinrich den Löwen bei dieser Gelegenheit folgendermaßen: »Er war außerordentlich kräftig und schön, besonders aber besaß er hohe Geistesgaben; er verweichlichte sich nicht durch Luxus und Trägheit, sondern übte sich, wie es bei den Sachsen Sitte ist, im Reiten und Speerwerfen und lief mit seinen Altersgenossen um die Wette. Obwohl er alle an Ruhm übertraf, war er doch bei allen beliebt. Er strebte, wie man sagt, nach Selbstbeherrschung und Ehrenhaftigkeit, vor allem aber nach Strenge; mit dem Tüchtigen wetteiferte er in Tüchtigkeit, mit dem Bescheidenen an Sittsamkeit, mit dem Unschuldigen in Enthaltsamkeit; er wollte lieber gut sein als scheinen. Je weniger er nach Ruhm verlangte, um so mehr erwarb er sich ihn. Bei allen rühmlichen Unternehmungen tat er das meiste, aber redete am wenigsten von sich. Nachdem er vom Kaiser das Herzogtum Bayern erhalten hatte, war er, sobald er Wesen und Sitten der Bevölkerung kennengelernt hatte, durch großen Eifer und große Klugheit rasch zu solcher Berühmtheit gelangt, daß er, nachdem er den Frieden in ganz Bayern befestigt hatte, bei den Guten außerordentlich beliebt war, den Bösen aber heftigsten Schrecken einflößte, so daß man ihn, wenn er abwesend war, fürchtete, als wäre er anwesend, und niemand wagte, die Friedensgesetze, die er erlassen hatte, zu verletzen, ohne die Todesstrafe zu befürchten . . . Herzog Heinrich strebte nach Bescheidenheit und Ehrbarkeit und wetteiferte nicht mit den Reichen um Reichtum noch mit den Parteihäuptern um Parteiklüngel, sondern setzte sich abwesend wie anwesend für die Sache des Friedens ein.«

Interessant ist es, daß Rahewin schließlich die Gleichzeitigkeit von Heinrich dem Löwen und Welf VI. preist, wobei er den ersten mit dem jüngeren Cato, den zweiten mit Cäsar vergleicht. Insgesamt hat Rahewin zweifellos ein idealisiertes Bild des Löwen gezeichnet, wenn er zum Beispiel dessen Bescheidenheit und Enthaltsamkeit rühmt, während er die Härte des Welfen nur sehr nebenher erwähnt. Eigenartig ist diese Charakterisierung vor allem dann, wenn man bedenkt, daß sie der Notar des Bischofs Otto von Freising geschrieben hat, der kurz vorher durch den Welfen den Übergriff gegen seine Isarbrücke hat hinnehmen müssen. Wie sehr Rahewin bemüht war, unter allen Umständen ein schmeichelhaftes Bild Heinrichs zu entwerfen, wird deutlich, wenn er ihn als »außerordentlich kräftig und schön« bezeichnet, dabei aber unerwähnt läßt, daß der Welfe ungewöhnlich klein war – nämlich nur etwa 1,65 Meter groß (s. dazu S. 285). Im Gegensatz zu Rahewin stellte der Chronist Gislebert von Mons (um 1150–1223), der den Welfen allerdings nicht selbst gekannt hat, dessen Härte stark in den Vordergrund, wenn er urteilt: »Heinrich der Löwe war in der Regel nichts als ein äußerst tyrannischer und gefühlloser, schrecklicher Mann.«

Während der Belagerung von Crema war am 1. September 1159 Papst Hadrian gestorben. Sein Tod brachte eine der folgenschwersten Entwicklungen für die nächsten Jahrzehnte, denn die Kardinäle in Rom konnten sich nicht auf einen

Nachfolger einigen und wählten zwei: den bisherigen päpstlichen Kanzler Roland, der sich längst mit seiner antikaiserlichen Gesinnung hervorgetan und die Verbindung des Papstes mit den sizilischen Normannen betrieben hatte, und einen entfernten Verwandten des Staufers. Die beiden Gewählten stritten schon in der Peterskirche vor der Proklamation um den päpstlichen Purpurmantel und belegten sich bald gegenseitig mit dem Bann.
Zum Entsetzen der Christenheit war also wieder ein Schisma ausgebrochen. Der Kaiser als Schutzvogt der Kirche und als mächtigster Herrscher des Abendlandes wollte den Kirchenstreit schlichten. Seine Stellung zwischen den beiden Gewählten war allerdings nicht neutral – nicht wegen der Verwandtschaft des einen, sondern weil er befürchten mußte, daß der bisherige Kanzler Roland, der sich jetzt Papst Alexander III. nannte, sein autonomes Kaisertum nicht anerkennen und ihm die Gefolgschaft der kirchlichen Fürsten abspenstig machen würde. Roland hatte ja auch schon in Besançon 1157 klar zu erkennen gegeben, daß er den Kaiser als einen päpstlichen Lehensmann einstufte.
Nur zehn Tage nach der Unterwerfung Cremas begann in Pavia ein Konzil, das der Kaiser einberufen hatte, um die Kirchenspaltung wieder zu beseitigen. Aber Alexander III. weigerte sich als echter Gregorianer, auf einer vom Kaiser einberufenen Versammlung zu erscheinen. Während der Monate, da Barbarossa vor Crema festgehalten war, hatte Alexander bereits eine so umfassende Agitation entfaltet, daß auch kaum französische und englische Kirchenfürsten nach Pavia kamen. Der deutsche und oberitalienische Episkopat war weitgehend unter sich. Schon machte sich aber die Spaltung der Geister aufs unangenehmste bemerkbar, denn abgesehen davon, daß zum Beispiel der mächtige Erzbischof Eberhard von Salzburg überhaupt nicht erschienen war, nahm auch Herzog Heinrich der Löwe keineswegs eindeutig für

seinen Vetter Stellung. Dem Welfen war es ebenso wie anderen Fürsten und vor allem ausländischen Potentaten wichtig, den Papst bei passenden Gelegenheiten als Gegengewicht zum allzu mächtigen Kaiser auszuspielen. Schon zu Zeiten Papst Hadrians hatte Herzog Heinrich eine recht zwielichtige Stellung bezogen, als er sich in dem Streit zwischen Kaiser und Papst nach dem Reichstag von Besançon in einer Legation nach Rom 1158 das Wohlwollen des Papstes zu sichern versuchte. Und es paßte völlig zu dieser Politik des Welfen, daß er sich im gleichen Jahr zum Werkzeug des Papstes machte und die Grafen von Eppan bestrafte, weil sie zwei Kardinäle überfallen hatten.
Alexander III. hatte im Herbst 1159 ein Schreiben an den Kaiser richten lassen, um diesem die Rechtmäßigkeit seiner Ansprüche auf den Heiligen Stuhl anzuzeigen und um seinen Gegner beiseite zu schieben. Barbarossa geriet in seiner zeitweise sehr gereizten und aggressiven Stimmung vor Crema über die Forderungen Alexanders derart in Zorn, daß er dessen Schreiben zurückweisen und den Boten aufknüpfen lassen wollte. Aber auch bei dieser Gelegenheit äußerten die beiden Welfen Verständnis für die päpstliche Position, betätigten sich als Vermittler zwischen den gegensätzlichen Meinungen und retteten dem Boten Alexanders das Leben. Als es in Pavia zum Schwur kam, stimmte Heinrich der Löwe wohl für den kaiserlichen Papst Viktor IV., aber sicher nur halben Herzens.
Das Konzil zu Pavia brachte eine fragwürdige Anerkennung des kaiserlichen Papstes Viktor IV., aber keine Beendigung des Schismas. Alexander schleuderte wenige Wochen später sogar den kirchlichen Bannstrahl gegen den Kaiser, in der unverhüllten Erwartung, damit dessen Untertanen gegen ihn aufwiegeln zu können: Friedrich regiere das Reich nicht wie ein Kaiser, sondern wie ein Tyrann, begründete Alexander den Bannfluch; der Staufer habe sich des Betruges und

der Gewalttätigkeit schuldig gemacht, er habe selbstherrlich ein Konzil einberufen und damit die Spaltung der Kirche gefördert. Vor allem »weil er den Schismatiker Oktavian – damit war Viktor IV. gemeint – anerkannt hat, trotz Kenntnis des Sachverhaltes«, wurden seine Untertanen von der Treue zu ihm entbunden, »denn niemand ist verpflichtet, einem Exkommunizierten den Treueid zu halten«. Aber Alexander mußte bald erkennen, daß die päpstlichen Bannflüche nicht mehr die gleiche Wirkung hatten wie zur Zeit Gregors VII., als dieser 1076 Kaiser Heinrich IV. gebannt hatte und damit Aufstände im Reich gegen den Kaiser auszulösen vermochte. Im Gegensatz zu damals konnte die kaiserliche Partei nun freilich darauf hinweisen, daß der Bann nicht vom Papst, sondern von einem Usurpator ausgesprochen worden und deshalb ungültig sei.

Nach dem Ende des Konzils von Pavia ritt Heinrich der Löwe in sein sächsisches Herzogtum zurück, ohne sich in Bayern lang aufzuhalten. Sogleich nahm er im Auftrag des Kaisers an Bischof Udalrich von Halberstadt die erste Amtsenthebung in dem Kirchenstreit vor, denn Udalrich – der schon beim ersten Italienzug des Staufers wider den Stachel gelöckt hatte – weigerte sich, den kaiserlichen Papst Viktor anzuerkennen, und schlug sich auf die Seite Alexanders. Heinrich hat den Auftrag nicht ungern ausgeführt, denn der Halberstädter war auch seinen herzoglichen Wünschen schon öfters in die Quere gekommen. Seit die Supplinburger und nach ihnen die Welfen auf dem sächsischen Herzogsstuhl saßen, bestand eine gespannte Lage zwischen den Herzögen und den Halberstädter sowie Magdeburger Kirchenfürsten, weil die Interessengebiete allzusehr aneinandergerückt waren. Nun bot sich dem Herzog Gelegenheit, in Halberstadt mit Bischof Gero einen willfährigen neuen Mann einzusetzen, der ihm die begehrten dortigen Kirchenlehen bald übergab.

Mit Ingrimm hatte der Welfe schon in Italien von dem Wortbruch Niklots und seiner Obodriten vernommen. Nun ließ er sich von König Waldemar in der Artlenburg aus erster Quelle darüber berichten. Die beiden Fürsten vereinbarten sogleich einen Rachefeldzug, den der Herzog auch auf einem Landtag zu Barvörde, nordöstlich von Lüneburg, ankündigte. Niklot hat es wohlweislich vermieden, mit seinen Edlen auf dem Landtag zu erscheinen, und der Herzog erklärte ihn deshalb in die Acht.

Wie schon 1147, so kam Niklot auch diesmal mit seinen Scharen dem Angriff seines Gegners zuvor. Wieder war es der frühere wendische Fürstensitz an der Travemündung, das jetzige Lübeck, das er durch seine Söhne angreifen ließ. Noch hatte der Herzog seine neue Stadt nicht ausreichend befestigen lassen, und darauf spekulierte Niklot nun. Als die Gefahr der Überwältigung durch die Obodriten schon riesengroß war, rettete der beherzte Zugriff eines Priesters mit dem Namen Athelo die Stadt. Schon waren die wendischen Scharen auf der Zugbrücke vor einem Lübecker Tor, als Athelo in höchster Not die Brücke mit der Kette hochzog und die Heranstürmenden in den Graben warf. Der Löwe beorderte nun schnellstens weitere Besatzung in die Stadt.

Auch jetzt steigerte, wie 1147, der Angriff Niklots den Rachedurst der Sachsen im entscheidenden Augenblick, so daß sie sengend, brennend und plündernd in das Land der Obodriten, die alte Mark der Billunger, einfielen. Mit Recht konnte Heinrich der Löwe Niklot und die Seinen als Rebellen betrachten, da der Obodritenfürst ihn 1147 als Oberherrn anerkannt hatte. Das trug nun erheblich zur Vermehrung der Härte bei, mit der die Sachsen gegenüber den Wenden auftraten. Nachsicht gab es nicht und die Gefangenen wurden von den Sachsen fast durchweg gehängt. Markgraf Dietrich von der Lausitz unterstützte den Zug Heinrichs des Löwen mit seinen Streitkräften. Niklot ließ auf seinem Rückzug die eigenen Burgen wie die Mecklenburg südlich des heutigen

Wismar und sogar seine frühere Hauptfestung Dobin am Schweriner See in Brand stecken, um sie nicht in die Hände des Herzogs fallen zu lassen. Erst zwischen den Wäldern und Sümpfen in den östlichen Gebieten seines Landes machte Niklot halt und setzte sich an der Warnow in der Burg Werle fest. Täglich kam es zu Kämpfen, wenn die sich gegenseitig belauernden Kundschafter und Spähtrupps aufeinanderstießen. Niklot selbst beteiligte sich daran ebenso wie seine Söhne Pribislaw und Wertislaw.

Der alte Fürst legte sich eines Tages in der Nähe des herzoglichen Lagers mit einer Schar seiner Getreuen in einen Hinterhalt, um die Eindringlinge zu überfallen. Aber die Sachsen hatten von seinen Absichten Wind bekommen. Sie schickten ihm ein paar Troßknechte als Lockvögel vor die Nase, die scheinbar Futter für die Pferde holen sollten. Niklot stürzte sich sofort auf sie und wollte den ersten gleich mit seiner Lanze durchbohren. Der trug jedoch unter seinem weiten Arbeitskittel einen Harnisch, an dem Niklots Waffe knirschend abprallte. Ein Schrei des Entsetzens entfuhr Niklot – die Falle, die er hatte stellen wollen, war über ihm selbst zugeschlagen. Rings um die Schar der Obodriten erhoben sich die Deutschen, es gab kein Entrinnen mehr. Ein kurzes, aber erbarmungsloses Gemetzel war das Ende. Niklots Leiche wurde der Kopf abgeschlagen und im Triumph im Lager des Herzogs gezeigt.

Die Söhne Niklots verbrannten nun auch die Burg Werle und zogen sich weiter ostwärts zurück. Herzog Heinrich und König Waldemar trafen an der Warnow zusammen, denn die Dänen waren mittlerweile mit ihren Schiffen über die Ostsee in die Warnow-Mündung eingelaufen und hatten Rostock erobert. Es dauerte nicht lange, bis sich auch Pribislaw und Wertislaw dem Herzog ergaben.

Der Löwe machte sich sogleich mit aller Energie daran, das Land der Obodriten stärker als bisher seiner Herrschaft zu unterstellen. Er nahm den Vorteil wahr, daß er hier nicht wie in seinen beiden Herzogtümern auf die verschiedensten traditionsgebundenen Rechts- und Herrschaftsansprüche von Grafen, Pfalzgrafen und Bischöfen Rücksicht zu nehmen brauchte, sondern daß er dieses neu gewonnene Land ohne Einschränkungen als Landesherr regieren konnte. Der Herzog übte die Gerichts- und Heeresgewalt ebenso aus wie er über die Markt- und Münzhoheit sowie über das Besteuerungsrecht verfügte. Die Bischöfe in den nordelbischen Gebieten betrachtete und behandelte Herzog Heinrich als seine Beauftragten, die vollständig von ihm abhängig waren. Er setzte überall auf den bisherigen slawischen Burgen Präfekten als Verwalter ein und behielt auf diese Weise seine unmittelbare Herrschaft über das Land. Die Slawen konnten natürlich jederzeit wieder einen Aufstand anzetteln, weshalb die Präfekten in erster Linie militärische Aufgaben zu erfüllen hatten. Als seinen Statthalter und Grafen ernannte der Herzog den Ministerialen Gunzelin von Hagen, dem er das während des Kriegszuges niedergebrannte und neu zu gründende Schwerin sowie die ebenfalls von Niklot zerstörte Burg Ilow, nordöstlich von Wismar, übergab. Schwerin wurde auf diese Weise zum Mittelpunkt des Landes, und der Herzog hat dem Ort um diese Zeit das Stadtrecht verliehen. Der Welfe nahm sogar Niklots Söhne nach ihrer Unterwerfung in seine Huld auf und übergab ihnen einen Teil ihres väterlichen Erbes mit der zerstörten Burg Werle und den Gebieten der Kessiner und Zirzipanen, also die weiter von den Sachsen entfernten Gebiete.

Vermutlich noch im gleichen Jahr 1160 investierte Heinrich in Schwerin auch den Bischof Berno für Mecklenburg und übergab ihm ebenso wie den Bischöfen von Oldenburg und Ratzeburg dreihundert Hufen Land zur Bewirtschaftung. Den bisherigen Bischofssitz Oldenburg in Wagrien verlegte er in das aufstrebende Lübeck. So machte der Herzog von

Siegel der Stadt Schwerin von 1160 mit Ritterdarstellung

den ihm vom Kaiser und auch von Papst Viktor in Pavia bestätigten Rechten in den nordelbischen Bistümern vollen Gebrauch. Die Bischöfe waren darüber nicht erfreut, denn sie wären lieber vom Kaiser investiert worden und hätten es auch vorgezogen, diesem den Lehnseid zu leisten. Aber sie wollten nicht nochmals alle kirchliche Arbeit in den nordelbischen Gebieten durch Widerstand gegen den Herzog blokkieren. Erzbischof Hartwig ließ der Welfe keine andere Möglichkeit, als seine Maßnahmen nachträglich anzuerkennen. Papst Viktor hatte in Pavia zwar die Metropolitanrechte Hartwigs über Oldenburg, Ratzeburg und Mecklenburg bestätigt, aber die Investitur der Bischöfe und die Regalienverleihung hatte er dem Herzog vorbehalten. So wenig wie Hartwig diese Regelung zugesagt hat, so wenig war er sicher auch davon angetan, daß der Papst in Pavia dem Magdeburger Erzbischof die Metropolitanrechte über das pommersche Bistum eingeräumt hat, da die beiden Erzstifte doch ohnedies seit längerer Zeit rivalisierten.

Die Wenden mußten sowohl den Bischöfen als auch dem Herzog Abgaben leisten. Der Welfe stand längst in dem Ruf, nicht nur ein strenger, sondern auch ein geldgieriger Herrscher zu sein, der immer und überall, wo es nur ging, Abgaben eintreiben ließ, damit er seine Kriegszüge finanzieren konnte – die für den Kaiser und seine eigenen. Und zweifellos erwartete er sich dabei von den eingesetzten Ministerialen mehr als von Lehnsleuten, denen er wohl größere Freiheiten hätte lassen müssen. Die ansässigen Slawen hatten für jedes Stück bebauten Landes in der Größe, wie sie es pro Tag mit zwei Ochsen oder einem Pferd bearbeiten konnten, drei Scheffel Weizen und zwölf Stück gängiger Münze an ihr Bistum abzuliefern.

Aus Flandern, Westfalen und Holstein kamen viele Umsiedler, die in Wagrien und Mecklenburg mehr Land und bessere Erträge erwarteten als in ihrer Heimat. Helmold von Bosau beschreibt diese Gebiete als fruchtbar an Getreide, reich an üppigen Weiden und zum Überfluß mit Fisch, Fleisch und allen Gütern versehen. Die Besiedelung des Landes mit den Deutschen führt Helmold als Grund dafür an, daß sowohl die Erträge als auch die Zehntleistungen zunahmen.

Freilich erwarteten sich die Umsiedler in der Regel Vergünstigungen bei den Abgaben an die kirchlichen und weltlichen Herren. Es kam zu harten Auseinandersetzungen, in deren Verlauf die in Wagrien eingewanderten Holsteiner erklärten, sie würden sich niemals unter das knechtische Joch beugen, welches die Bischöfe fast der ganzen Christenheit aufgezwungen hätten; außerdem kämen die Zehnten doch zumeist nicht der Kirche zugute, sondern wanderten in die Säckel der weltlichen Herren. Dagegen schritt dann Heinrich der Löwe scharf ein und schließlich mußten die Kolonisten nachgeben, obgleich sie vorher noch erklärt hatten, daß sie niemals andere Zehnten geben würden als ihre Väter, und daß sie eher ihre Häuser in Brand stecken und aus dem Lande ziehen würden, als solche Knechtschaft zu ertragen. Gegen die etwaige Flucht der Holsteiner hat sich der Welfe zu schützen versucht, indem er, wie Helmold berichtet, mit König Waldemar schnell vereinbarte, daß keiner von ihnen Überläufer des anderen aufnehmen wolle. Da wollten dann die Siedler einen Vertrag schließen, um sich vor willkürlicher Erhöhung des Zehnten zu schützen. Als aber die Notare die übliche Taxe von einer Mark Gold für eine Urkunde verlangten, verzichteten die Holsteiner wohl oder übel auf einen so teueren Vertrag.

Um die gleiche Zeit festigte auch Albrecht der Bär in seiner Mark Brandenburg zwischen Elbe und Havel seine Herrschaft. Er rief ebenfalls Siedler aus den Gegenden des Niederrheins in seine Gebiete und verdrängte die vorher dort ansässigen Slawen. Die Bistümer Brandenburg und Havelberg blühten unter dem Schutz und der pflegenden Hand des Markgrafen Albrecht auf. Die Einwanderer förderten mit den aus ihrer Heimat mitgebrachten handwerklichen und landwirtschaftlichen Kenntnissen die Entwicklung auch dieser Gebiete beträchtlich, nicht nur östlich der Elbe, sondern auch in der Altmark westlich des Flusses. So wuchs der Zehnten »zu ungeheurem Ertrag«, wie Helmold von Bosau schreibt. Aber auch die Siedler selbst sind nach seinem Bericht über alle Erwartungen wohlhabend geworden.

Im Herbst 1160 erließ Kaiser Friedrich Barbarossa, der sich nach wie vor in Italien aufhielt, an die deutschen Fürsten einen Aufruf, ihm im Frühjahr 1161 neue Streitkräfte für die Wiedergewinnung der Reichsmacht in Italien zur Verfügung zu stellen. Ein von seinen Gegnern hochgespieltes Desaster bei Carcano im August 1160, das Bündnis Papst Alexanders mit den Lombarden und der zunehmende Erfolg der Alexandriner im ganzen Abendland, vielleicht – aber unwahrscheinlich! – auch Alexanders Bannfluch gegen ihn ließen Barbarossa reizbarer werden als es gut war. Er hatte ja schon nach dem mühsam erzwungenen Sieg über Crema die Absicht, gegen Mailand erst im Frühjahr 1161 wieder offensiv zu werden. Jetzt aber schrieb er den deutschen Fürsten reichlich aggressiv, wer seinem Aufruf nicht Folge leiste, den könne er künftig nicht mehr zu seinen und des Reiches Getreuen zählen. Wahrscheinlich wußte Friedrich von den Beratungen der Fürsten im Juli in Erfurt, bei denen wenig Neigung zutage getreten war, erneut nach Italien zu ziehen. Selbst der sonst so reichstreue Magdeburger Erzbischof Wichmann suchte sich der Heeresfolge zu entziehen.

Heinrich der Löwe hatte gleichfalls keine Neigung, jener ebenso ultimativen wie beschwörenden Hilfsanforderung des Staufers Folge zu leisten. Nachdem er seinen Vetter in der Sache nicht zufriedenstellen wollte, versuchte er aber doch, ihm durch vorzeitiges Erscheinen den Wind aus den Segeln zu nehmen. Statt zwei Wochen vor Ostern kam Heinrich schon Ende Januar 1161 an den kaiserlichen Hof nach Como. So hatte er Zeit, den Staufer darauf einzustimmen, daß er auch für die zweite Belagerung Mailands weder mit Sachsen noch mit Bayern rechnen konnte. Der Herzog von Bayern und Sachsen war zwar dem Ruf des Kaisers gefolgt und mußte deshalb auch weiter zu dessen und des Reiches Getreuen gezählt werden, aber seine Streitkräfte, die der Kaiser doch für die vollständige und wirksame Einschließung Mailands benötigt hätte, hat er zu Hause gelassen. Weil es aber der Welfe verstand, seinen staufischen Vetter trotzdem für sich zu gewinnen, bestimmte ihn dieser vor den Mauern Mailands nach dem Herzog Friedrich von Schwaben, Konrads III. Sohn, zu seinem zweiten Nachfolger, falls ihm, dem Kaiser, etwas zustoßen sollte. Ein Welfe von einem Staufer als Nachfolger bestimmt – Heinrich der Stolze hätte es nie für möglich gehalten, als ihm Konrad III. 1138 die sicher zu erwartende Krone wegschnappte!

Es mag wohl sein, daß die vordergründige gute Zusammenarbeit zwischen den beiden Vettern es bald richtig erscheinen ließ, daß sich der Welfe wieder nordwärts über die Alpen begab, während der Staufer die Belagerung Mailands fortsetzte. In seinem bayerischen Herzogtum wollte sich Heinrich eine bessere Kontrolle über den Verkehr auf der Donau sichern. Er benutzte seinen Durchzug, um jetzt kurzerhand die günstig gelegene Burg Donaustauf des Bischofs von Regensburg zu besetzen. Aber der Bischof war verständlicherweise nicht gewillt, die Vertreibung von seinem Besitz widerspruchslos hinzunehmen. Das kam ihm und den Regensburgern allerdings teuer zu stehen, denn der Herzog verwüstete seine Ländereien nicht wenig. Er nahm Regensburg schließlich nur nach Vermittlung des Salzburger Erzbischofs wieder in seine Huld auf. Aber seine neue Kontrollstation in Donaustauf gab der Welfe nicht mehr her. Er überwachte damit den lebhaften Handel mit dem Orient auf der Donau, für den Regensburg eine wichtige Rolle spielte. Die Stadt nahm doch eine merkwürdige Zwitterstellung ein: seit dem 10. Jahrhundert hatte sie die Funktion einer Hauptstadt Bayerns und war auch die Residenzstadt der bayerischen Herzöge, aber die Stadtherrschaft übte seit den Aufständen der bayerischen Herzöge im 10. Jahrhundert der König aus, für den an Ort und Stelle ein Burggraf tätig war.

Spätestens Mitte Oktober 1161 war Heinrich wieder in der Artlenburg an der Elbe. Nachdem es auf der Insel Gotland, dem wichtigen Umschlagplatz der deutschen Kaufleute in der Ostsee, zwischen diesen und den Einheimischen zu Streitigkeiten gekommen war, stiftete der Herzog wieder Frieden. Er bestätigte den Gotländern die schon 1134 von seinem Großvater Lothar III. verbrieften Rechte für ihren Handel im Herzogtum Sachsen und erreichte dadurch die Gleichberechtigung der deutschen Kaufleute auf Gotland. Vor allem für die Lübecker war dies von großer Bedeutung, denn die Insel mit ihrer Hauptstadt Wisby beherrschte den Ostseehandel. In der Folge von Heinrichs Friedensbemühungen konnte in Wisby eine deutsche Stadtgemeinde entstehen.

Barbarossa tat unterdessen alles, um die eingeschlossenen Mailänder zu demoralisieren und ihre Widerstandskraft zu zermürben. Keine Grausamkeit war ihm dafür zu übel: Fünf Gefangenen ließ er beide Augen ausstechen und ein sechster, dem man ein Auge ließ, dafür aber die Nase abschnitt, mußte die fünf in die Stadt führen, um Schrecken und Entsetzen zu verbreiten. Bürgern der Stadt, die im Winter vor die Mauer kamen um Holz für ihre Öfen zu sammeln, wurde eine Hand abgehackt. Zweifellos waren die mittelalterlichen Menschen in allen ihren Lebensanschauungen und Verhaltensweisen wesentlich robuster als wir heutigen, aber Barbarossas Maßnahmen lösten bei den Mailändern und bei allen Zeitgenossen doch fassungsloses Grauen und lähmende Furcht aus. Das war freilich die Absicht des Staufers.
Um den 1. März 1162 war es dann so weit, daß sich die ehedem so stolze lombardische Metropole dem Kaiser bedingungslos ergab. In außerordentlich demütigenden, tagelangen Zeremonien mußten die Mailänder ihre Unterwerfung bekunden. Sie mußten ihre Rebellion und den Bruch ihrer Verpflichtungen hart büßen: Die ganze Stadt wurde dem Erdboden gleichgemacht und die Bewohner wurden auf vier umliegende Kommunen verteilt. Die Mailänder hatten dazu

selbst fünfzig Jahre vorher das schlechte Beispiel gegeben, als sie 1111 die Einwohner von Lodi in sechs Dörfer umsiedelten. Und die lombardischen Bundesgenossen des Kaisers, die lange Zeit unter der Übermacht Mailands gestöhnt hatten, drangen nun zweifellos am stärksten auf Rache an ihren alten Widersachern und Bedrückern. Angeblich boten sie dem Kaiser beträchtliche Geldbeträge, wenn er sie ein für allemal von der mailändischen Tyrannis befreien würde. Friedrich jedoch sah im Überschwang seines Sieges schwindelerregende weitere Möglichkeiten für die Ausbreitung seiner Herrschaft. Er ließ in Anlehnung an die römischen Imperatoren verlauten, daß er nun zu »neuen Unternehmungen und zu einer vollständigen Herstellung des Reiches sein Heer und seine siegreichen Adler wenden« werde. Bald wurde er deutlicher, als er äußerte, er wolle »den Glanz und die Macht des römischen Reiches nicht nur über das Festland, sondern auch auf dem Meer ausbreiten und erhöhen«. Nicht nur Sardinien und Korsika lagen in seinem Blickfeld, sondern auch die Balearen. Vor allem dachte er zunächst an die Unterwerfung des süditalienischen Normannenreiches, womit er gleichzeitig die stärkste Stütze des antikaiserlichen Papstes Alexander III. beseitigen wollte. Aber auch die Ausschaltung seines byzantinischen Rivalen sowie die Befreiung der Christen im Morgenland erschien ihm nun im Bereich des Möglichen, nachdem er den mailändischen Stein aus dem Wege geräumt hatte.
Angesichts solcher weitausgreifender, laut geäußerter Überlegungen hat man Barbarossa immer wieder nachgesagt, daß er die Weltherrschaft angestrebt habe. Unbestreitbar war dem Kaisertum ebenso wie dem Papsttum ein Universalismus immanent. Ein Vers des unter dem Pseudonym *Archipoeta* bekanntgewordenen Dichters, der mit Rainald von Dassel befreundet war, wird besonders häufig als Beweis für die Weltherrschaftspläne des Staufers herangezogen:

Beherrscher der Welt
sei gegrüßt, unser Kaiser!
Dir beugen sich alle,
denn Gott hat bestimmt dich
zum König der Könige.

Allerdings war die »Welt« damals noch recht klein, und die Kenntnisse der damaligen Mitteleuropäer reichten nur mit wenigen Ausnahmen über das heutige Europa und die Küstengebiete des Mittelmeeres hinaus. Es unterlag im 12. Jahrhundert keinem Zweifel, daß die Erde der Mittelpunkt des Weltalls sei, und auch das Ptolemäische System änderte daran nichts. Der *Almagest* des ägyptischen Geographen und Astronomen des zweiten Jahrhunderts wurde eben zu dieser Zeit erst nach tausend Jahren durch die Übersetzung eines Wissenschaftlers aus Salerno im Abendland bekannt. Der Grieche Anaximander, der im sechsten Jahrhundert vor Christus die Erde als Kugel, und Aristarch von Samos, der im dritten Jahrhundert vor Christus die Sonne als Mittelpunkt unseres Planetensystems angesehen hatten, waren längst wieder vergessen. Man betrachtete die Erde als eine Scheibe, deren Mittelpunkt die Stadt Jerusalem bildete, wie schon die Bibel schrieb: »Gott der Herr spricht: Das ist Jerusalem, das ich in den Mittelpunkt der Völker gesetzt habe und in seinen Umkreis die Länder« (Ezechiel V. 5).
Aber auch der zweite Ansatz Barbarossas, das süditalienische Normannenreich zu unterwerfen, verlief trotz umfangreicher Vorbereitungen und Hilfszusagen der pisanischen und genuesischen Flotten ergebnislos. Papst Alexander war inzwischen nach Frankreich ins Exil gegangen, aber er war dem französischen König Ludwig VII. keineswegs willkommen. Zwischen diesem und dem Kaiser kam eine Verabredung zustande, daß sie sich Ende August an der Saône treffen wollten, um das allenthalben lästige und hin-

derliche Schisma aus der Welt zu schaffen. Diese Möglichkeit erschien dem Staufer so wichtig, daß er alle Vorbereitungen und Vereinbarungen zu dem Kriegszug nach Süditalien wieder rückgängig machte und ganz unvermittelt und abrupt nach Nordwesten umkehrte.
Welch hohe Erwartungen der Kaiser in das Treffen an der Saône setzte, wird auch daraus deutlich, daß er alle Fürsten seines Reiches zur Teilnahme aufforderte, damit sie Zeugen der Beendigung des Kirchenstreites würden. Ohnedies hatten die Alexandriner weitere, für ihn schmerzliche Erfolge erzielen können. Nicht nur, daß sich der englische und der französische König für Alexander entschieden hatten, weil sie dem mächtigen Kaiser nicht noch mehr Macht in die Hände spielen wollten – auch quer durch den deutschen Episkopat ging der Riß des Kirchenstreites. Der Salzburger Erzbischof hing mit seiner Kirchenprovinz offen Alexander an, auch der Trierer Metropolit sympathisierte mit dem antikaiserlichen Papst und gleichfalls der gelehrte Propst Gerhoh von Reichersberg am Inn, der, wie alle Anhänger der cluniazensischen Reform, den vom Kaiser abhängigen Papst Viktor nicht anerkennen konnte. Sogar unter den weltlichen Fürsten des Reiches fanden die Alexandriner Anhänger, deren prominentester wohl der Onkel Heinrichs des Löwen und des Kaisers, Welf VI. war.

Über das Tun und Lassen Heinrichs im ersten Halbjahr 1162 gibt es kaum Nachrichten. Er mag sich wohl in Sachsen aufgehalten haben, als ihn die Aufforderung des Kaisers zur Teilnahme an dem Treffen an der Saône im Sommer erreichte. Der Staufer hatte gewünscht, daß die Fürsten mit einem möglichst großen und gut ausgerüsteten Gefolge kommen sollten. So begab sich also sein Vetter wieder auf den Weg nach Süden und nahm zahlreiche seiner Sachsen mit sich. Der Ritt führte ihn über Bayern, wo er in Landsberg am Lech

die neue Festung besichtigte und einen Landtag abhielt. Dann ritt er mit seinen Getreuen weiter nach Burgund.
Aber aus der geplanten Begegnung Kaiser Friedrichs mit dem französischen König Ludwig VII. an der Saône wurde nichts. Papst Alexander, der ebenso wie Papst Viktor an die Saône kommen sollte, weigerte sich, wie schon zwei Jahre vorher bei dem Konzil in Pavia, sich einem von Weltlichen einberufenen Gericht zu stellen oder gar sich einem daraus resultierenden Urteilsspruch zu unterwerfen. Das wäre in seinen Augen eine glatte Umkehrung der von Gott gewollten Ordnung gewesen, von der freilich der ebenfalls sehr religiöse Kaiser eine ganz andere Meinung hatte. Aber auch die beiden weltlichen Potentaten sahen einander auf der Brücke in St. Jean de Losne nicht. Genau dorthin hatte man sich aber, einem aus Sicherheitsgründen früher oft geübten Brauch entsprechend, auf der Grenze zwischen den beiden Reichen, verabredet. So ganz klar ist es nie geworden, ob der Kaiser den Termin zunächst versäumt hat oder ob ein Sinneswandel des Franzosen am Scheitern der Vereinbarung schuld war. Ludwig ging vorsorglich von der Brücke zum Wasser hinunter und wusch sich dort die Hände, um darzutun, daß ihn keine Schuld träfe.
Allein fünfzig Kirchenfürsten und natürlich auch viele weltliche Fürsten waren auf Veranlassung des Kaisers an der Saône erschienen. Jeder hatte so viele Vasallen mitgebracht wie nur möglich, denn an der Zahl seines Gefolges wurde seine Macht gemessen. Und nun sollte der ganze Aufwand umsonst gewesen sein? Friedrich versuchte, mit einem Konzil zu retten, was an Ansehen noch zu retten war. Aber die große Menschenansammlung führte rasch zu einer Verknappung der Lebens- und Futtermittel und zu einer entsprechenden Verteuerung. Man klagte, daß für einen mittelgroßen Laib Brot eine Mark verlangt wurde – und das war wahrlich ein horrender Preis, denn nach einer Umrechnung

über den damaligen und den gegenwärtigen Silberpreis mußte man für einen Laib Brot nach heutigem Wert 75 Mark bezahlen! Deshalb trennte man sich so schnell wie möglich wieder, nachdem klargeworden war, daß der beabsichtigte Zweck dieser mit so großem Aufwand einberufenen Reichsversammlung nicht zu erreichen war.
Auch der etwas später wiederholte Versuch einer Begegnung zwischen Kaiser und König mißlang und es blieb nur Enttäuschung und Verärgerung auf allen Seiten. Der Franzose fühlte sich von dem vorwitzigen Rainald von Dassel besonders brüskiert, da dieser ihm auf der Saônebrücke erklärt hatte, daß die Investitur des römischen Bischofs – und nur als solchen ließ der Staufer den Papst gelten – dem Kaiser als dem Beherrscher Roms zustehe und nicht den *reguli*, den Kleinkönigen, aus anderen Ländern.
So war wieder ein Versuch gescheitert, den Kirchenstreit zu beenden, obwohl Papst Alexander nicht nur einmal an den Salzburger Erzbischof geschrieben hat, daß ihm nichts lieber und bedeutender wäre als mit dem Kaiser zu einer Einigung zu kommen. Aber Friedrich wie Alexander hatten jeder seine eigenen Vorstellungen, wie das Schisma zu beenden wäre, und keiner war zu einem Kompromiß bereit – noch lange nicht!
Das Treffen an der Saône brachte es mit sich, daß Heinrich der Löwe in kurzem Abstand gleich zweimal in sein süddeutsches Herzogtum kam, was in dieser Zeit eine große Seltenheit war. Im frühen Herbst 1162 hielt er im niederbayerischen Karpfham an der Rott einen Landtag, auf dem er einige Angelegenheiten des dortigen Gebietes regelte.
Dann ritt der Herzog nach Konstanz, wo sich auch sein Vetter Friedrich aufhielt. Aus der Ehe Heinrichs mit Clementia von Zähringen ist eine Tochter und ein Sohn entsprossen. Der Sohn ist jedoch bald nach der Geburt gestorben. Da also kein männlicher Nachfolger vorhanden und wohl auch kei-

ner mehr zu erwarten war, ließ der 33jährige Heinrich seine Ehe mit Clementia am 23. November 1162 in Konstanz – wie sein Vetter Friedrich die seine neun Jahre zuvor – trennen. Im Gegensatz zu Friedrich hatte Heinrich mit seiner Gemahlin vierzehn Jahre lang eine recht harmonische Ehe geführt und die tüchtige Zähringerin wiederholt in seiner Vertretung mit dem Regiment in seinem sächsischen Herzogtum beauftragt. Aber der Wunsch, für seinen reichen Besitz einen männlichen Erben zu haben, entfremdete ihn seiner Frau schließlich doch. Angeblich hat aber der Staufer seinen Vetter zu dieser Scheidung animiert, und wenn dies zutrifft, dann beabsichtigte der Kaiser wohl, Zähringer und Welfen insgesamt auseinanderzubringen, weil ihm die Verbindung dieser beiden Dynastien stets gefährlich werden konnte. Papst Viktor, der ohnedies mehr und mehr zu einem Schattendasein verurteilt war, gab sicher den notwendigen Dispens für die Scheidung, die offiziell mit zu naher Verwandtschaft begründet wurde. Das war natürlich blanker Unsinn, ebenso wie neun Jahre zuvor bei Barbarossas Scheidung von Adelheid, denn man wußte in diesen fürstlichen Kreisen doch vorher genau, mit wem man sich jeweils verband. Fünf Pfund Silber, die Heinrich dem Kloster Petershausen bei Konstanz schenkte, sollten alle aufkommenden Zweifel an seiner frommen Gesinnung beiseite räumen.

Wie schlecht damals die Beziehungen zwischen dem Kaiser und den Zähringern waren, zeigt ein Brief Bertholds von Zähringen an den französischen König Ludwig VII. Darin bot Berthold dem Franzosen seine und weiterer deutscher Fürsten Hilfe an, falls Ludwig in eine kriegerische Auseinandersetzung mit dem Kaiser verwickelt werden sollte. Berthold schrieb von den anderen Fürsten, die ihm »im Haß gegen den Kaiser« verbunden seien. Er selbst hatte freilich noch andere Gründe für seine Gegnerschaft gegen den Staufer als nur die Trennung seiner Schwester von dem Welfen, und für

Barbarossa war es sicher zweckmäßig, die Allianz zwischen Welfen und Zähringern zu stören.
Schon auf dem Weg nach Sachsen kamen dem Herzog Boten seines Statthalters, des Grafen Gunzelin von Schwerin entgegen. Sie meldeten ihm, daß Niklots Söhne Pribislaw und Wertislaw seine Großzügigkeit schlecht lohnten und unter den Obodriten einen Aufstand gegen ihre deutschen Herren schürten. So verständlich es war, daß die beiden Obodritenfürsten wieder über das Land ihrer Väter gebieten wollten, so verständlich war es auch, daß Heinrich der Löwe sie von den Grenzen Sachsens fernhalten und das Obodritenland weiter beherrschen wollte. Sogleich rief deshalb der Herzog seine Lehnsmänner und Ritter zu einem Zug nach Osten auf. Aber noch bevor er mit seinen Streitkräften über die Elbe gehen konnte, schickte er vorweg Gunzelin gegen die von den Obodriten wieder aufgebaute Burg Werle.
Die winterlichen Vereisungen erschwerten den Vormarsch von Heinrichs starkem Heer über die mecklenburgische Seenplatte. Aber sie kürzten auch manchen Weg über die gefrorenen Sümpfe und Moore, und als die Hauptmacht vor Werle ankam, hatte Gunzelin die Burg bereits eingeschlossen. Der Herzog ließ sogleich verschiedene Belagerungsgeräte herstellen, wie er sie vor Crema kennengelernt hatte. Mit einem großen Rammbock sollten die starken hölzernen Bewehrungen der Burg zerstört werden, während von einem gleichfalls errichteten hohen Turm die Verteidiger mit Pfeilen und Steinen von ihren Wehrgängen vertrieben wurden. Wertislaw war der Befehlshaber der eingeschlossenen Burg, sein Bruder Pribislaw jedoch hielt sich mit einer Schar Getreuer in der Umgebung versteckt und attackierte die Belagerer in ihrem Rücken. Jeder, der das sorgsam bewachte Lager der Sachsen verließ, war in Gefahr, von Pribislaws Männern niedergemacht zu werden. Etwa hundert Holsteiner, die alle Warnungen mißachteten und auf die Suche nach Futter aus-

schwärmten, kehrten nicht mehr in das Lager zurück. Als Graf Adolf von Holstein der gefährlichen wendischen Fallensteller habhaft werden wollte, verfehlte er sein Ziel, denn er wurde von einem Gleisner in die Irre geführt. Aber die Mauern der Burg begannen unter den Stößen des Rammbokkes zu wanken.

Die den Wenden neuen Belagerungsgeräte mit ihren überraschenden Wirkungen und Möglichkeiten erschütterten die Siegeszuversicht der Eingeschlossenen. Der verwundete Wertislaw bat um Verhandlungen. Er wurde in das Lager des Herzogs geleitet und dort zunächst Graf Adolf von Holstein gegenübergestellt. Der verstörte Obodritenfürst erklärte sich zu einer neuerlichen Unterwerfung bereit, verlangte jedoch Sicherheit für sein Leben und das seiner Getreuen. Der Herzog war dazu bereit, wenn auch Pribislaw seine Waffen strecken würde.

Am nächsten Tag erschienen Wertislaw und seine Hauptleute mit ihren Schwertern an Stricken um den Hals zum Zeichen ihrer Unterwerfung im Lager der Sachsen. Sie warfen sich Herzog Heinrich zu Füßen und dieser befahl über sie die Haft, bis sich auch Pribislaw ergeben würde.

Pribislaw zeigte sich den herzoglichen Unterhändlern gegenüber durchaus zur Unterwerfung bereit, um seinen Bruder und dessen Männer aus der Haft zu befreien. Man ward sich bald über einen Vertrag einig. Da verlangte der Welfe zur Absicherung der Vereinbarungen nochmals Geiseln. Pribislaw fühlte sich durch dieses Verlangen offenbar überfordert und lehnte es mit dem Hinweis auf die Geiseln ab, die bereits in des Herzogs Hand waren. Die Verhandlungen zogen sich nun hin und kamen zu keinem Ergebnis, so daß Pribislaw schließlich zu der Meinung gelangte, es wäre leichter, seinen gefangenen Bruder und dessen Männer auf andere Weise zu befreien.

Die *Knytlingasaga* will wissen, daß der Welfe mit seinen Männern noch etwa 120 Kilometer weiter nach Osten vorgestoßen ist und sich das Gebiet von Wolgast an der Peenemündung unterworfen sowie die Ranen auf Rügen gezwungen hat, seine Lehnshoheit anzuerkennen. Er wollte damit seine Herrschaft über die Wenden festigen. Helmold von Bosau berichtet über diese Ausweitung des Feldzuges Heinrichs des Löwen jedoch nichts. Als der Herzog Mitte März 1163 das Wendenland wieder verließ, nahm er Wertislaw mit nach Braunschweig, wo der Obodritenfürst in den Kerker mußte. Die Gefängnisse der damaligen Zeit waren meist dunkle, kalte Verliese, in denen oft das Wasser stand und in denen der Eingeschlossene mit Kröten, Schlangen und Ungeziefer aller Art seine Tage und Nächte ohne Bett und sonstige Einrichtung zubringen mußte.

Der kleine Heinrich der Löwe (s. dazu S. 285) gab seinem Vetter Friedrich an Ehrgeiz, Selbstbewußtsein und Ruhmbedürfnis nichts nach, und als die beiden im April auf einem Reichstag in Mainz zusammentrafen, stellte Heinrich stolz seinen Sieg vor Werle der Unterwerfung Mailands durch den Staufer zur Seite. Daß er nur den einen der beiden aufständischen Fürsten bezwungen hatte und der andere in Freiheit auf Rache sinnen konnte, störte den Welfen wenig; er wollte nur auch »sein Mailand« haben. Schließlich hatte auch der Kaiser nicht alles erreicht, was er bei der Belagerung der lombardischen Metropole anvisiert hatte.

Der Kaiser verhängte auf dem Reichstag über die Mainzer harte Strafen, weil sie 1160 ihren ungeliebten Erzbischof ermordet hatten. Kurz darauf waren die beiden Vettern auch in Augsburg beisammen. Mitte Juni hielt Heinrich einen Landtag in Regensburg, dann ritt er nach Norden, um den Dom zu Lübeck einzuweihen. Und da ihm Lübeck immer mehr ans Herz wuchs, wollte er bei diesem Fest natürlich dabei sein. Zusammen mit dem Herzog war Bischof Gerold, der in seinem Bistum zahlreiche Kirchen gegründet hat, der Initiator auch dieses Domes, der zweifellos nur ein einfacher Holzbau war. Aber die Freude über das vollendete Werk war auf allen Seiten groß. Sicher wurde in den Dom trotz seiner Schlichtheit einiges von den Künsten der damaligen Zeit investiert, die der Mönch Theophilus Presbyter schon Anfang des 12. Jahrhunderts in seiner *Schedula diversarum artium* beschrieben hat. Dazu gehörten neben der Goldschmiedekunst auch einige Verfahren zur Verschönerung von Mettalloberflächen wie das Emaillieren, das Niello und das Tauschieren, die teilweise bereits eine lange und bewegte Entwicklung – ihre Ursprünge lagen vereinzelt im Orient – hinter sich hatten. Auch die Herstellung von Glas und der Glockenguß, ja sogar den Orgelbau hat der fleißige Mönch beschrieben. Es ist übrigens möglich, daß Theophilus Presbyter mit einem anderen Mönch identisch ist, dessen Name als Rogerus überliefert ist und der im Benediktinerkloster Helmarshausen bei Karlshafen an der Weser als Goldschmied großartige sakrale Metallarbeiten geschaffen hat.

Im Gegensatz zur *Knytlingasaga*, die von der Bezwingung der Ranen während Heinrichs Kriegszug im Frühjahr 1163 berichtet, erzählen die *Pöhlder Annalen*, daß eine Abordnung der Ranen von der Insel Rügen zu den Feierlichkeiten anläßlich der Einweihung des Lübecker Domes erschienen ist. Die Ranen boten dem Welfen ihre Unterwerfung an, denn sie sahen für ihre Freiheit offenbar nur geringe Chancen. Sie mögen erkannt haben, daß sie einer Oberherrschaft des Sachsenherzogs oder des Dänenkönigs nicht entrinnen konnten und bevorzugten den Löwen als Oberherrn. Der Welfe freilich riskierte eine Auseinandersetzung mit seinem dänischen Bündnispartner, den er unter Umständen künftig wieder benötigte und der sich gleichfalls für den Herrn über die Ranen hielt.

Es muß nicht unbedingt ein Widerspruch zwischen der *Knytlingasaga* und den *Pöhlder Annalen* bestehen, denn es ist sehr wohl möglich, daß die Ranen nach ihrer Unterwerfung im Frühjahr anläßlich der Lübecker Domweihe im Sommer 1163 dem Herzog nochmals gehuldigt haben. Die *Pöhlder Annalen* schließen diese Möglichkeit jedenfalls nicht aus.

Der Herzog schaltete sich in Lübeck ebenso wie ein Jahr vorher in Ratzeburg in die Aufteilung der Einkünfte des Bistums ein und machte einige Geschenke, wozu eine Beteiligung an den Lübecker Zolleinnahmen gehörte. Es ist anzunehmen, daß in Lübeck seit 1163 auch eine Domschule bestand, eine Lateinschule des Domkapitels. Aber wenige Wochen nach der Weihe des Domes starb Bischof Gerold. Der Herzog investierte im Februar 1164 nach seiner Rückkehr aus Bayern Gerolds Bruder Konrad, den bisherigen Abt des Zisterzienserklosters Riddagshausen bei Braunschweig, gegen den Willen von Erzbischof Hartwig und der Lübecker Domherren. Der Wunsch des Welfen, sich in seinem sächsischen Herzogtum mit einem willfährigen Kreis von Klerikern zu umgeben, kam hier ebenso zum Ausdruck wie einige Jahre vorher bei der Ernennung des neuen Halberstädter Bischofs. Wer hätte jedoch in Sachsen den Anordnungen des Herzogs zu widersprechen gewagt?

Aber der Schein trog. Heinrich der Löwe hatte im Herbst 1162 erneut Ansprüche auf eine Erbschaft erhoben, womit aber offensichtlich die Grenze der Duldsamkeit bei einer Reihe von anderen Fürsten erreicht wurde. Markgraf Albrecht von Brandenburg, der alte Gegner Heinrichs und der Welfen, Landgraf Ludwig von Thüringen, Pfalzgraf Adalbert von Sachsen aus dem Hause Sommerschenburg, um dessen Erbansprüche es ging, Bischof Udo II. von Naumburg taten sich gegen den Löwen zusammen. Erzbischof Hartwig hielt sich anscheinend an das Friedensgebot, das ihm der Kaiser 1158 zusammen mit Heinrich dem Löwen auferlegt hatte. Aber es gelang den Verschwörern, ihre Koalition um den Böhmenkönig, Herzog Heinrich von Österreich und den

Markgrafen Ottokar von Steiermark zu erweitern. Auch Welf VI., der sich mit seinem Neffen Heinrich nie gut verstanden hatte, konspirierte mit den Verschwörern, die damit eine Macht erreichten, die selbst für den Herzog von Sachsen und Bayern bedrohlich werden konnte. Die Gefahr eines Krieges innerhalb des Reiches wuchs von Monat zu Monat.

Der Kaiser mußte etwas dagegen unternehmen, wenn er sein Reich vor einem folgenschweren Krieg bewahren wollte. Wahrscheinlich hat ihn sein Vetter während ihres Zusammenseins im Frühjahr über die prekäre Lage informiert. Im August 1163 gelang es Friedrich sodann während eines Reichstages in Nürnberg, den Ring um Heinrich den Löwen aufzusprengen. Der böhmische König Wladislaw und Herzog Welf VI. waren vermutlich zuerst bereit, den Wünschen des Kaisers zu entsprechen, und Herzog Heinrich von Österreich sowie der steirische Markgraf folgten, so daß der Fürstenbund seine südlichen Helfer verlor. Die Gefahr, so zeigte sich bald, war gebannt, denn die ursprünglichen Partner in den nördlichen und nordöstlichen Gebieten fühlten sich nicht mehr stark genug, um gegen Heinrich den Löwen allein eine kriegerische Auseinandersetzung zu wagen. Nur der Pfalzgraf von Sachsen wollte seine Erbansprüche gegenüber dem Welfen durchfechten. Da Herzog Heinrich jedoch merkte, daß der Pfalzgraf alleine stand, hatte er bald wieder die Oberhand und erzwang sich 1165 die Überlassung der im Harz gelegenen Lauenburg und eines Halberstädter Lehngutes des Pfalzgrafen. Der Welfe baute seine Stellung in diesen Gebieten sogleich machtvoll aus, um sich vor Angriffen seiner östlichen Gegner zu wappnen.

Zunächst ermöglichte jedoch die Auflösung jener weitverzweigten und gefährlichen Verschwörung dem Kaiser, entsprechend seinen Plänen im Herbst 1163 wieder nach Italien zu ziehen. Er wollte einen dritten Versuch unternehmen, das südliche Normannenreich zu unterwerfen, nicht zuletzt deshalb, weil er sich immer aufs neue von einer Koalition zwischen Kaiser Manuel von Byzanz, dem sizilischen Normannenkönig, Papst Alexander und König Ludwig von Frankreich bedroht fühlte, der im Ernstfall möglicherweise auch der englische und der ungarische König beitreten würden. Als der Dänenkönig Waldemar davon erfuhr, daß sich die Ranen dem Sachsenherzog unterworfen hatten, rüstete er zu einem Kriegszug gegen die Insel. Die Ranen besänftigten den Dänen aber rasch mit der neuerlichen Anerkennung seiner Lehnshoheit. Der Zorn darüber hätte den Welfen beinahe in einen Zweifrontenkrieg gegen die Dänen und die Wenden verwickelt, denn schon bald erhoben sich die Wenden erneut gegen die deutsche Herrschaft.

Es muß ein Unwetter gewesen sein, wie es schlimmstenfalls alle hundert Jahre einmal vorkommt. Helmold von Bosau und die *Kölner Königschronik* berichten, daß am 17. Februar 1164 eine Meeresflut über das Land hereinbrach, wie sie seit Menschengedenken nicht bekannt war. Das ganze Küstengebiet in Friesland und Hadeln sowie das ganze Marschland an Elbe und Weser wurde überschwemmt, und viele tausend Menschen und ungezählte Stück Vieh ertranken. Dazu tobten heftige Stürme, und ein tosendes Gewitter setzte viele Häuser in Brand. Während dieses Unwetters tauchte Pribislaw mit seinen Obodriten vor Mecklenburg auf, da ihn sein in Braunschweig gefangen gehaltener Bruder Wertislaw angeblich aufgefordert hatte, etwas zu seiner Befreiung zu unternehmen. Der Burggraf der Mecklenburg, Heinrich von Schathen, war abwesend und so ritt Pribislaw an den Wall heran und rief der Besatzung zu: »An mir und an meinem Volk wurde arge Gewalttat verübt, ihr Männer. Wir sind von den Euren aus unserer Heimat vertrieben und unseres väterlichen Erbes beraubt worden. Ihr selbst habt dieses Unrecht noch vermehrt, da ihr in unser Land eingefallen seid und Burgen und Dörfer besetzt habt, die unser Erbe sind. Wir lassen euch nun die Wahl zwischen Leben und Tod. Wollt ihr die Burg öffnen und unser Land wieder herausgeben, dann werden wir euch friedlich mit Weib und Kindern und aller Habe ziehen lassen. Wenn ein Slawe etwas entwenden sollte, was euch gehört, so werde ich es doppelt ersetzen. Wollt ihr aber nicht abziehen, sondern diese Burg hartnäckig verteidigen, so schwöre ich euch, daß ich euch alle mit dem Schwert erschlagen werde, wenn uns Gott und der Sieg hold sind!«

Das war ein faires Angebot des Obodriten, der um seine Heimat kämpfte. Helmold berichtet, daß die Besatzung der Burg die Worte Pribislaws mit einem Angriff beantwortet hat. Aber die Slawen waren stärker, und trotz verzweifelter Gegenwehr hauptsächlich der flandrischen Kolonisten konnten die Obodriten die Burg nehmen. Die Slawen übten furchtbare Rache an allen, die in ihr Land eingedrungen waren. Die Siedler wurden in großer Zahl ermordert, ihre Frauen und Kinder kamen zu den Slawen in die Sklaverei und die Mecklenburg wurde niedergebrannt.

Nach diesem überraschenden Erfolg zog Pribislaw mit den Seinen vor die nicht weit entfernte Burg Ilow. Graf Gunzelin von Schwerin war ebenfalls dorthin geeilt, um mit seinen tapfersten Männern die teilweise aus Slawen bestehende Burgbesatzung zu verstärken. Vor den Mauern der Festung angekommen, rief Pribislaw seinen Landsleuten drinnen zu: »Ihr wißt alle, wieviel Unheil und Bedrückung unser Volk durch die gewalttätige Macht des Herzogs erlitten hat. Er hat uns das Erbe unserer Väter genommen und in alle unsere Länder fremde Einwanderer geholt, Flamen und Holländer, Sachsen und Westfalen sowie Leute anderer Herkunft. Dieses Unrecht hat meinen Vater bis in seinen Tod verbittert, und auch mein Bruder wird deshalb in ewiger Haft gehalten. Keiner blieb außer mir, der an das Wohl unseres Volkes denkt und es aus den Trümmern wieder aufrufen will. Geht also in

euch, ihr Männer des verbliebenen Restes der Slawen, faßt wieder Mut und übergebt mir diese Burg und die Leute, die sie zu Unrecht besetzt haben, damit ich sie strafe, wie ich die Besatzung von Mecklenburg gestraft habe!«
Aber die angesprochenen Slawen wagten nicht, gegen Graf Gunzelin und die Seinen aufzustehen. Pribislaw wartete vergeblich auf ihre Rebellion und daß ihm die Tore geöffnet würden, damit er sein Rachewerk fortsetzen könnte. Er merkte, daß er hier kein so leichtes Spiel haben würde wie in Mecklenburg und zog deshalb mit den Seinen am nächsten Tag wieder ab.
Bischof Berno von Schwerin hielt auf den Trümmern der Mecklenburg eine Totenfeier, aber plötzlich tauchten die Obodriten von Ilow auf, und wahrscheinlich rettete nur die Anwesenheit Reichards von Salzwedel und einiger Getreuer dem Bischof das Leben. Die Slawen ritten daraufhin vor die in der Nähe des Müritzsees gelegene Burg Malchow und gegen Quetzin. Beide Male richtete Pribislaw an die Besatzungen einen Aufruf, den Helmold überliefert hat: »Ich weiß, daß ihr tapfere und edle Männer seid, gehorsam dem Befehl des großen Herzogs, eures Herrn. Darum will ich euch raten, was euch nützt. Gebt mir die Festung zurück, die einst meinem Vater gehört hat und die nach der Erbfolge nun mir zusteht. Dann will ich dafür sorgen, daß ihr freies Geleit bis an das Elbufer bekommt. Wenn einem von euch gewaltsam etwas genommen werden sollte, was ihm gehört, so werde ich es doppelt ersetzen lassen. Wenn euch dieses äußerst günstige Angebot nicht genügt, so muß ich abermals mein Glück versuchen und mit euch kämpfen. Bedenkt, was den Bewohnern von Mecklenburg zugestoßen ist; sie haben die Friedensbedingungen verschmäht und mich zu ihrem Verderben herausgefordert.« Sowohl in Malchow als auch in Quetzin sahen die Besatzungen keine Möglichkeit, sich gegen die überlegenen Angreifer mit Erfolg zu verteidigen und

gingen auf das Angebot Pribislaws ein. Die Slawen nahmen die beiden Burgen wieder in Besitz. Die Eroberungen der Deutschen aus dem Jahre 1160 waren damit zum guten Teil wieder verloren.

Im Gegensatz zu der Erhebung von Anfang 1163 war es den Obodriten diesmal gelungen, ihre Vorbereitungen ganz im geheimen durchzuführen, so daß Gunzelin und die Seinen von Pribislaws Angriff völlig überrascht wurden. Als Herzog Heinrich von dem neuen Überfall der Wenden erfuhr, sandte er sogleich eine Anzahl von Rittern nach Schwerin zu Hilfe. Graf Adolf beorderte er mit seinen Holsteinern in die noch intakte Festung Ilow an der Küste, so daß beide Plätze für die Siedler mehr Schutz boten. Aber nach Absendung dieser Vorhut mußte der Herzog erst einmal mit den sächsischen Großen verhandeln, um eine möglichst starke Streitmacht aufstellen zu können. Markgraf Albrecht von Brandenburg, der den Welfen 1162 aus eigenen Interessen beim Zug gegen die Wenden noch unterstützt hatte, stand dem neuen Unternehmen feindlich gegenüber. Er war ja nicht nur eines der Häupter der Verschwörung von 1163, sondern er hatte auch erkannt, daß der Herzog seinen Besitzungen den Zugang zum Meer abschneiden wollte. Auch Erzbischof Wichmann von Magdeburg hat dem Welfen keinen Beistand geleistet. Aber eine Reihe anderer Herren folgte dem Aufruf des Herzogs, und auch König Waldemar sagte seine Unterstützung zu, obgleich in seinen Augen die Rechnung wegen der Wegnahme Rügens durch Heinrich noch offen stand. Der Däne war jedoch sicher der Meinung, daß es unzweckmäßig wäre, dem Löwen den Kampf und Sieg über die Wenden allein zu überlassen. Als er im September 1162 an der Saône dem Kaiser gehuldigt hat, soll ihm dieser ja auch Ländereien der Wenden als Lehen in Aussicht gestellt haben, die sich der Däne allerdings erst selber erobern mußte.

1 *Imerward-Kruzifix, ca. 1150. Braunschweig, Dom.*

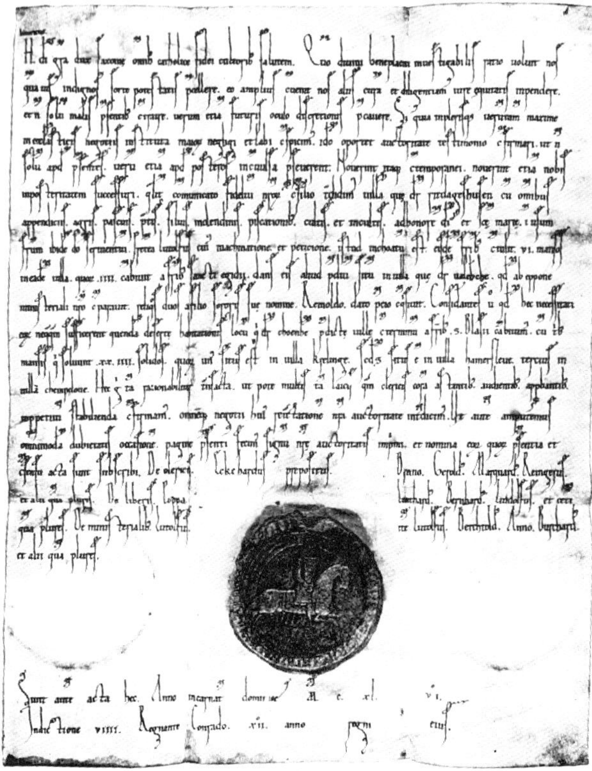

2 *Heinrich der Löwe schenkt dem Kloster Riddagshausen die Villa Riddagshausen und einen vom Stift St. Blasii zu Braunschweig eingetauschten unbesiedelten Wohnplatz. Signatur 24 Urk 3: 1146. Niedersächsisches Staatsarchiv, Wolfenbüttel.*

3 *Siegel zur Urkunde. Signatur 24 Urk 3: 1146. Niedersächsisches Staatsarchiv, Wolfenbüttel.*

4 *Die Münchner Stadtgründungsurkunde aus dem Jahr 1158. Rechts das Zeichen Kaiser Friedrich Barbarossas, links die Datumszeile und die Unterschriftszeile des Kaisers. Kaiserselekt 498. Bayerisches Hauptstaatsarchiv, München.*

5 *Vorderseite des Goldsiegels zu einer Urkunde, mit der König Friedrich I. dem Herzog Heinrich von Sachsen das Recht erteilt, jenseits der Elbe die drei Bistümer Oldenburg, Mecklenburg und Ratzeburg zu errichten. Signatur 1 Urk 1: Juni 1154, Goslar. Niedersächsisches Staatsarchiv, Wolfenbüttel.*

6 Rückseite des Goldsiegels zur Urkunde. Signatur 1 Urk 1: Juni 1154, Goslar. Niedersächsisches Staatsarchiv, Wolfenbüttel.

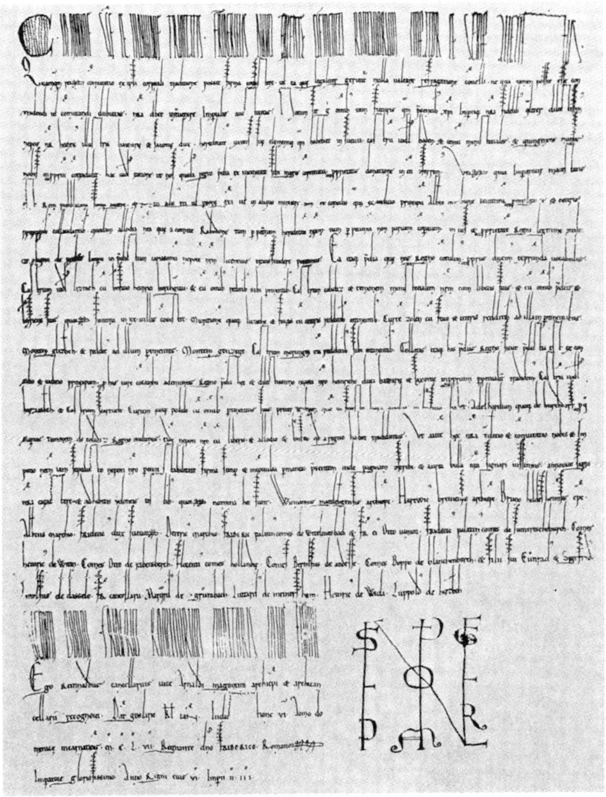

7 Kaiser Friedrich Barbarossa erhält von seinem Vetter Heinrich v. Bayern und Sachsen das Schloß Badenweiler, Signatur 1 Urk 2: 1. Januar 1158, Goslar. Niedersächsisches Staatsarchiv Wolfenbüttel.

8 *Welfenkreuz aus dem Welfenschatz, Vorderseite, Oberteil. Italienisch, Mitte des 11. Jh. Berlin, Kunstgewerbemuseum.*

9 *Blick in den hohen Chor des Braunschweiger Doms mit dem siebenarmigen Leuchter von Ende des 12. Jh.*

10 *Kreuzigungsdarstellung aus dem ältesten erhaltenen Sakramentar des Stifts St. Blasii in Braunschweig, ca. 1150–1175. Signatur VII B Hs 167, fol. 14. Niedersächsisches Staatsarchiv, Wolfenbüttel.*

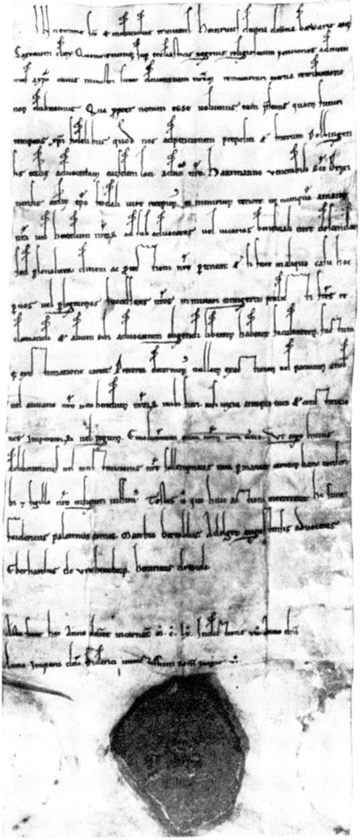

11 *Heinrich nimmt die Vogtei über das Stift Polling zu Lehen und bestimmt, daß nur die bisher üblichen Abgaben erhoben werden sollen (1160) Signatur KU Polling 3. Bayer. Hauptstaatsarchiv, München.*

12 *Giebel der Vorhalle des Domes von Ratzeburg, um 1173.*

13 *Der Löwe vor dem Braunschweiger Dom, Bronze, früher vergoldet, errichtet 1166 von Heinrich d. Löwen.*

14 *Der Braunschweiger Dom, erbaut von Heinrich d. Löwen, geweiht 1227. Nordseite (nach der Renovierung von 1970).*

15 *Adlerkapitell vom Marienaltar im Dom zu Braunschweig, 1188.*

16 *Deckenfresko im südlichen Seitenschiff des Braunschweiger Doms.*

Im Juni 1164 überschritt Heinrich der Löwe mit einem großen Heer die Elbe. Verwüstend und schonungslos gegen alle Wenden Vergeltung übend, zog er gleich durch die Priegnitz, auf die Markgraf Albrecht der Bär längst Ansprüche erhob. Im Norden davon wollte sich der Herzog vor der Festung Malchow mit Graf Adolf und seinen Holsteinern treffen, um Pribislaw endgültig niederzukämpfen. Der Slawenfürst hatte jedoch mit den Seinen die Burg bereits geräumt, als er von dem Vormarsch der Deutschen erfahren hatte. Heinrich ließ nun demonstrativ den aus Braunschweig mitgebrachten gefangenen Wertislaw, den Bruder Pribislaws, in Malchow aufhängen, um so den Slawen zu zeigen, daß er mit allen Mitteln gegen die Friedensbrecher vorgehen werde. Pribislaw war nach Norden in die starke Festung Demmin an der Peene ausgewichen. Er hatte mittlerweile auch die Unterstützung der Pommernherzöge Kasimir und Bogislaw gewonnen, zumal er unter dem Einfluß seiner norwegischen Gemahlin ebenso wie seine pommerschen Bundesgenossen Christ geworden zu sein scheint (der Zeitpunkt von Pribislaws Bekehrung ist allerdings umstritten und wird teilweise auch in das Jahr 1167 gelegt). Mehr als dies hat die Pommern jedoch sicher ihre Lage zwischen den Dänen, den Sachsen und den Polen, von denen sie aus Norden, Westen und Süden bedrängt wurden, dazu bewogen, sich mit Pribislaw zu verbünden.

Für Heinrich war es klar, daß in Mecklenburg nicht eher Frieden würde, ehe er nicht wenigstens auch das vorpommersche Gebiet unterworfen hätte. Er war deshalb entschlossen, die Wenden in Demmin anzugreifen und brachte dazu starke Teile seiner Streitkräfte unter Graf Adolf und Graf Gunzelin nach Norden auf den Weg. Am Kummerower See, zwei Meilen vor Demmin, sollten sie haltmachen, bis er selbst einige Tage später nachkäme.

Pribislaw, der Fuchs, verstand es, die Deutschen gleich in

Verhandlungen zu verwickeln, indem er ihnen seine Bereitschaft zur Unterwerfung vorspiegelte. Was konnte Graf Adolf, der einst mit Pribislaws Vater Niklot befreundet war, lieber sein, als auch mit dem Sohn zu einem vernünftigen Frieden zu kommen? Aber so leicht wollte Pribislaw seine Unabhängigkeit keineswegs aufgeben, und er hatte dieDeutschen ja nicht in das Land gerufen. Er bot an einem Tag dreitausend Mark für den Frieden und am nächsten nur zweitausend. War das ehrlich gemeint? Im Heer der Deutschen gab es Spione und Verräter, und Pribislaw gelang es tatsächlich, seine Gegner mit den Verhandlungen hinters Licht zu führen, obgleich es unter ihnen nicht an mißtrauischen Warnern fehlte.
In der Morgendämmerung des 6. Juli 1164 ließ Pribislaw alle Masken fallen und brach mit starken Streitkräften in das Lager der Deutschen ein. Ein mörderischer Kampf zwischen den wohlvorbereiteten flinken Angreifern und den völlig überrumpelten Verteidigern konnte kaum anders ausgehen als mit einem Sieg der Slawen. Graf Adolf und viele andere Deutsche wurden von der Übermacht niedergemetzelt. Die Rache für den Tod Wertislaws war grausam. Die Wenden fingen bereits an, das Lager zu plündern, da sie niemand mehr davon abhielt. Aber Graf Gunzelin hatte abseits noch einige hundert Ritter sammeln können, mit denen er nun über die siegestrunkenen Wenden herfiel. Jetzt gelang den Deutschen die Überrumpelung der Slawen, die voller Entsetzen ihre Waffen wieder aufrafften und in wilder Flucht davonrannten, als die Deutschen voller Grimm mit ihren Schwertern auf sie einhieben. Pribislaw, Kasimir und Bogislaw sollen an diesem Tag mehr als 2500 Männer verloren haben.
Als Herzog Heinrich an den Kummerower See kam, brach er über den Verlust seines getreuen Grafen Adolf und vieler tapferer Streiter in Tränen aus. Er hatte den Schauenburger

in dem Streit um den Lübecker Platz wohl einmal hart bedrängt, aber trotzdem war der Graf in seiner Treue nicht wankend geworden. Nun aber mußte der Sieg genutzt werden, wenn er nicht wieder verlorengehen sollte – und das wollte der Löwe bestimmt nicht. Mit seinem Heer nahm er die Verfolgung der Feinde auf, die Demmin sogleich niedergebrannt hatten, um die Festung nicht in die Hände der Deutschen fallen zu lassen. Heinrich ließ die Verwundeten und eine wohlgerüstete Bewachung hier und zog mit seinen Streitkräften entlang der Peene ostwärts. Bald erreichte er die Mündung des Flußes, wo er den dänischen König und die Ranen mit ihren Schiffen bei der Insel Usedom antraf. Schon zwei Jahre vorher war ja Waldemar hier aufgekreuzt, denn das Gebiet um Wolgast an der Peenemündung erschien ihm als dänische Kolonie begehrenswert. Daß er dabei den Sachsenherzog als Konkurrenten erhielt, freute ihn aber sicher nicht.

Es ist nicht ganz klar, wie der Fall damals entschieden wurde, denn Heinrich verabschiedete sich ziemlich plötzlich und zog sich über die Elbe zurück. Helmold berichtet, daß die letzten Reste der Slawen infolge der Verwüstungen ihrer Äkker von einer Hungersnot heimgesucht wurden und scharenweise zu den Pommern und Dänen geflohen sind, die sie erbarmungslos als Sklaven an Polen, Sorben und Böhmen verkauft haben. Aber man nimmt wohl zu Recht an, daß diese Passage in der *Slawenchronik* Helmolds stark übertrieben ist. König Waldemar verhandelte anscheinend noch mit den Pommernfürsten und hat vermutlich einen Friedensschluß erreicht. Es ist wahrscheinlich, daß Herzog Bogislaw damals die Lehnshoheit Heinrichs des Löwen über Pommern anerkannte, die dessen Großvater Lothar III. schon dreißig Jahre vorher besessen hatte. Das Land war altes Siedlungsgebiet der Ostgermanen, bis es um 600 in der Völkerwanderungszeit von den Slawen erobert worden ist.

Der Welfe hatte schon vor Demmin die Nachricht erhalten, daß in Braunschweig eine Gesandtschaft des byzantinischen Kaisers Manuel angekommen war. Heinrich hat diese Unterhändler aus Konstantinopel wohl erwartet und die Sache war ihm außerordentlich wichtig, da er den Kampfplatz an der Ostsee offenbar verließ, noch ehe der Frieden in diesen Gebieten vollständig gesichert war. Der Herzog mußte freilich auch der Meinung gewesen sein, daß nicht mehr viel zu tun wäre, denn er nahm auch seine Streitkräfte mit nach Süden, und es ist nichts bekannt, daß er etwa seinem Statthalter Gunzelin Aufträge für das weitere Verhalten gegenüber den Wenden und Pommern hinterlassen hätte. Die Verhandlungen führte dann anscheinend ausschließlich der Däne, der sich in Wolgast festsetzte.
Über den Inhalt der Botschaft Kaiser Manuels an Herzog Heinrich gibt es nur Vermutungen. Da Barbarossa in Italien das normannische Reich unterwerfen wollte, wodurch er natürlich noch stärker in Konkurrenz zu Byzanz getreten wäre, wird sich Manuel nach vorbeugenden Möglichkeiten umgesehen haben. Die früheren Reibereien zwischen Welfen und Staufern waren ihm selbstverständlich gut bekannt, und so konnte er sich unschwer ausrechnen, daß der ebenso stolze und selbstbewußte wie reiche und mächtige Herzog Heinrich trotz aller vordergründigen Freundschaft zum Kaiser ein anderes Verhältnis hatte als irgendein kleiner Vasall. So ist nicht auszuschließen, ja es ist sogar wahrscheinlich, daß Manuel den Versuch gemacht hat, die bei Heinrich latent vorhandenen antikaiserlichen Tendenzen zu fördern und für sich zu nutzen. Es gab ja immerhin das Vorbild Welfs VI., der sich für die Interessen Rogers II. von Sizilien gewinnen lassen und Konrad III. durch ständige Plänkeleien und Gewalttaten vom Zug nach Italien abgehalten hatte. Warum sollte sich ähnliches nicht jetzt auch mit Heinrich arrangieren lassen, dessen Liebe zum Geld doch weitbekannt war?

Aber bei der Ankunft der byzantinischen Gesandtschaft in Braunschweig war die Gefahr für das süditalienische Normannenreich und damit auch für Manuel in Konstantinopel durch ein anderes Ereignis schon weitgehend gebannt. Der kaisertreue Papst Viktor IV. war gestorben und Barbarossa schwankte einen Augenblick, ob sich durch diese günstige Gelegenheit das Schisma beendigen ließe. Sein Kanzler Rainald von Dassel enthob den Kaiser aber schnell aller Überlegungen und ließ umgehend einen Nachfolger Viktors wählen, der den Namen Paschalis III. annahm. Eine listige Saat Manuels ging auch bereits auf: Seine venetianischen Handelspartner, ursprünglich Verbündete Barbarossas, gründeten mit seiner finanziellen Unterstützung und mit ihren Nachbarstädten den Veroneser Bund gegen den Kaiser. Vor Ausschaltung dieses unerwarteten starken Gegners im Rücken konnte Barbarossa nicht nach Süditalien ziehen. Da er aber die notwendigen Hilfstruppen aus den deutschen Landen nicht genügend rasch erhielt und in der Lombardei mit erheblichen gegnerischen Strömungen zu kämpfen hatte, kehrte Barbarossa im Herbst 1164 wieder zurück über die Alpen.
Es bleibt die fatale Tatsache, daß im gleichen Jahr, in dem der Staufer mit Hilfe des byzantinischen Kaisers Manuel zum Rückzug aus Italien genötigt wurde, der Welfe mit dem Byzantiner in freundschaftlichem Verkehr stand. War das nicht bereits ein Verrat an den Interessen des Reiches?
Heinrich der Löwe konnte seinem kaiserlichen Vetter Friedrich stolz und selbstbewußt gegenübertreten, denn ihm war mit dem Sieg über die Slawen ungleich Größeres gelungen als Barbarossa, der unverrichteter Dinge aus Italien hatte heimkehren müssen. Freilich gab es für den Welfen in den folgenden Monaten in seinem sächsischen Herzogtum einige Widerwärtigkeiten zu überwinden. Graf Heinrich von Arnsberg in Westfalen hatte seinen jüngeren Bruder nach jahre-

langem Streit gefangengesetzt und im Kerker elend verhungern lassen, um sich das Erbe des Familiengutes ungeschmälert einverleiben zu können. Der Löwe sowie die Kirchenfürsten von Köln, Minden, Münster und Paderborn belagerten und zerstörten daraufhin die gräfliche Burg, und der Graf mußte ins Exil gehen. Aber des Herzogs Rechnung ging doch nicht auf, denn der Arnsberger vermachte seine Güter der Kölner Kirche, und mit dem Erzbischof von Köln, dem hochfahrenden Rainald von Dassel, wollte der Löwe deshalb doch keinen Streit anfangen. Allerdings verlor er damit seinen Einfluß auf ein wichtiges Gebiet im westfälischen Teil seines Herzogtums, in dem die Kölner Kirche ohnedies schon für ihn so unerträglich stark war. Daß er dagegen im Osten den Grafen von Haldensleben zwingen konnte, einem Kloster entrissene Güter wieder zurückzugeben, war immerhin der Anfang seiner erfolgreichen Expansion in diesem Gebiet.
Hat sich der Welfe mit dem Kaiser im November 1164 in Bamberg oder im Februar 1165 in Goslar oder in Altenburg getroffen? Wir wissen es nicht, und es ist auch nicht so sehr wichtig – aber die beiden Vettern haben in diesen Monaten höchst bedeutsame Gespräche geführt und Vereinbarungen getroffen. Der Kanzler Rainald von Dassel sollte demnächst an den englischen Königshof gehen und mit seinem diplomatischen Geschick den englischen Herrscher Heinrich II. von der Gefolgschaft Papst Alexanders III. abbringen. Dazu sollte Rainald dem englischen König ein Angebot für die Verehelichung einer seiner Töchter mit dem im Juli 1164 geborenen ersten Sohn des Kaisers und einer zweiten Tochter mit Herzog Heinrich dem Löwen unterbreiten. Es ist nicht überliefert, wer der Urheber dieses Planes einer zweifachen ehelichen Verbindung zwischen dem englischen Königshaus und den führenden deutschen Dynastien war – Kaiser, Herzog oder Kanzler. Wie nachteilig und geradezu zerstörend sich indessen die angestrebte Verbindung zwischen dem Ge-

schlecht Plantagenet und dem Welfen auf die Beziehungen zwischen Kaiser und Herzog auswirken würden, das konnte zu diesem Zeitpunkt noch niemand voraussehen.
Barbarossa erschien es zunächst mit Recht außerordentlich erstrebenswert, den englischen König, dessen Unerschrokkenheit, Standhaftigkeit sowie Macht der Rede und Schärfe des Verstandes von Petrus von Blois gerühmt wurde, in eine eindeutige und demonstrative Gegenposition zu Papst Alexander III. zu bringen. Der Plantagenet war wohl der reichste Fürst des Abendlandes, denn er herrschte nicht nur über England, sondern er hatte von seinem Vater in Frankreich noch Anjou, die Touraine sowie Maine geerbt und von seiner Mutter die Normandie – damit aber nicht genug, hat ihm die Heirat mit Eleonore von Aquitanien 1152 auch noch Poitou, die Gascogne und Guyenne gebracht. So war rund die Hälfte Frankreichs unter der Herrschaft des englischen Königs, vor allem der größte Teil der französischen Küsten, und es war für den französischen König nur ein schwacher Trost, daß er selbst über diese Gebiete der Lehnsherr war, weil der Engländer realiter darüber herrschte und die Gewalt hatte. Der Plantagenet wollte doch schon einmal ein westeuropäisches Imperium errichten, und er hat damit sicher die Absicht verbunden, bei dieser Gelegenheit die formale Oberherrschaft des Franzosen zu beseitigen.
Diese Pläne waren jedoch nur aufgeschoben, und der Engländer konnte sie jederzeit wieder aus der Schublade hervorholen. Deshalb hatte Ludwig VII. auch ständig Angst vor einem überraschenden Coup seines englischen Rivalen und Vasallen, der vielleicht auch noch einmal das restliche Frankreich schlucken wollte. Wenn aber der Franzose einmal Anstalten machte, sich mit dem römisch-deutschen Kaiser anzufreunden, dann war das doch dem Engländer auch nicht geheuer, weil er dann fürchtete, daß ihm daraus Nachteile entstehen könnten.

Im April 1165 kam Rainald von Dassel an der Spitze einer prächtigen kaiserlichen Gesandtschaft an den Hof des englischen Königs in Rouen in der Normandie. Heinrich II. Plantagenet bereitete den Deutschen einen glanzvollen Empfang. Er hatte ja einmal 1157 an Friedrich I. ungemein ergeben geschrieben: »Zwischen uns und unseren Völkern soll eine unlösbare Friedensgemeinschaft bestehen, ein ungehemmter Verkehr. Euch aber als dem Höhergestellten soll das Befehlen zustehen, an dem Willen zum Gehorchen wird es uns nicht fehlen.« Aber der Plantagenet war immer schon ein wendiger Mann, der seine Fahne leicht und schnell nach dem gerade günstigen Wind drehte. Man hat ja auch in einer vielleicht etwas kühnen Gedankenkombination jenem servilen Brief in neuer Zeit mehr Taktik als wirkliche Überzeugung auf Seiten seines Absenders unterstellt. Tatsächlich hat Heinrich II. seit der Niederschrift jenes Briefes von 1157 wenig von dieser Unterwürfigkeit und Ergebenheit erkennen lassen. Und als er jetzt hörte, weshalb die Deutschen zu ihm kamen, fühlte er sich außerordentlich geschmeichelt. Es war für den kaiserlichen Kanzler und Kölner Erzbischof nicht schwer, den englischen König für die Verlobung seiner vierjährigen Tochter Eleonore mit dem neun Monate alten Erben des deutschen Königs zu gewinnen. Da Heinrichs Mutter vormals die Gemahlin Kaiser Heinrichs V. gewesen war, war es für den Engländer verlockend, sich seine Tochter gleichfalls als römisch-deutsche Kaiserin vorzustellen. Und daß er seine älteste Tochter Mathilde dem mächtigsten deutschen Herzog Heinrich dem Löwen anzuverloben bereit war, konnte bei dem ausgeprägten Sinn Heinrichs II. für alles Nützliche auch nicht erstaunen.
Nach der mühelosen Erfüllung des ersten Teiles seiner Mission wurde es für Rainald von Dassel auch nicht schwierig, sich seiner weiteren Aufgabe zu entledigen. In England tobte seit einigen Monaten ein Kirchenstreit, weil der Erzbischof

von Canterbury und Primas des englischen Episkopats, Thomas Becket, sich weigerte, die vom König erlassenen Constitutionen von Clarendon zu erfüllen. In diesem Erlaß hatte Heinrich II. 1164 seine Rechte und Forderungen gegenüber der Kirche aufgestellt und seine Auffassung vom Primat der weltlichen Gewalt über die Kirche klargestellt. Es war unschwer vorauszusehen, daß der König dadurch mit den entgegengesetzten gregorianischen Machtansprüchen der Kirche in Konflikt geraten würde. Um den Bedrohungen und Zwängen des Herrschers zu entgehen, hatte Thomas Becket im November 1164 England verlassen und war nach Frankreich geflüchtet, wo auch Papst Alexander III. bereits seit 1162 im Exil lebte. Von hier aus agitierte der streitbare Erzbischof mit viel Elan gegen seinen König, der deshalb auf alle Alexandriner äußerst schlecht zu sprechen war. Rainald wurde zwar als Gebannter Alexanders von vielen hohen Klerikern in England gemieden, aber was machte das dem schlauen, weltgewandten Erzbischof schon aus? Viel wichtiger war ihm das Versprechen des englischen Königs, den kaisertreuen Paschalis III. als den einzig rechtmäßigen Papst anzuerkennen und die englischen Bischöfe den Obedienzeid auf Paschalis leisten zu lassen. Damit wurde ein wichtiges Stück aus der Gefolgschaft Alexanders herausgebrochen.
Zwei Gesandte des englischen Königs begleiteten Rainald sogleich zu einem Reichstag nach Würzburg, der an Pfingsten 1165 begann. Es war gut geplant, das Einschwenken des englischen Königs auf die anti-alexandrinische Linie als Überraschung auf dieser Reichsversammlung bekanntzugeben und die Anwesenden dadurch zu weiteren Konsequenzen fortzureißen. Mit großer Beredsamkeit machte Rainald dem Kaiser und den Fürsten klar, daß sich die Gewichte, die bisher die Waage zugunsten Alexanders haben ausschlagen lassen, nun erheblich verlagert hätten, da mit der Zusage des englischen Königs mehr als fünfzig Kirchenfürsten für Pa-

schalis gewonnen worden seien. Zum Beweis konnte Rainald sogleich die beiden englischen Gesandten vorstellen, die bevollmächtigt waren, die Versprechungen ihres Herrschers zu beeiden. Rainald, dem man es vielfach sehr nachtrug, daß er vor einem Jahr durch die von ihm inszenierte Wahl von Paschalis die Fortsetzung des Kirchenstreites heraufbeschworen hatte, tat nun alles, um für »seinen« Papst mehr Boden zu gewinnen. Mit eindrucksvollen Worten suchte er die Anwesenden, voran den Kaiser, zu überzeugen, daß sie es jetzt und hier in der Hand hätten, die Beendigung des Schismas einzuleiten. Auf der neu errungenen Grundlage der breiten Parteinahme für Paschalis in den Ländern des englischen Königs sollten die Anwesenden nun den Mut haben, sich ebenfalls geschlossen für Paschalis zu erklären, weil es mit einer solchen großen Anzahl von Anhängern dann gelingen werde, den Kirchenstreit zu überwinden. Alle Anwesenden sollten sich dazu gegenseitig mit einem Eid verpflichten, Paschalis als den einzig rechtmäßigen Papst anzuerkennen und niemals Alexander oder einem Nachfolger von ihm Gefolgschaft zu leisten.
Wenn man sagt, Rainald von Dassel habe einen übermächtigen und fragwürdigen Einfluß auf Kaiser Friedrich I. gehabt, dann liefert diese Stunde auf dem Würzburger Reichstag im Mai 1165 dafür einen schlagenden Beweis. Der Staufer erlag den wortgewaltigen Voraussagen des Kölner Erzbischofs und entschloß sich trotz zahlreicher Widerstände unter den Fürsten zu dem von Rainald gewünschten Eid. Wie überzeugt Friedrich von der Wichtigkeit und Bedeutung dieses Paktes war, zeigt am besten die Tatsache, daß der Kaiser den Schwur persönlich geleistet hat und damit allen Fürsten voranging. Der Mainzer Erzbischof allerdings verschwand schnellstens ohne Abschied aus Würzburg, als er merkte, daß er schwören sollte, und der Herzog von Schwaben, der Sohn Konrads III., tat es dem Mainzer gleich. Der Erzbischof

ritt geradewegs zu Papst Alexander nach Frankreich und verlor damit sein Erzbistum.

Heinrich der Löwe leistete den Eid in Würzburg als erster der weltlichen Fürsten. Im Gegensatz zu seiner früheren Abneigung, seinem Vetter in kirchenpolitischen Fragen zu folgen, ereiferte er sich jetzt sogar als Schrittmacher für die übrigen Fürsten auf einem gefährlichen abschüssigen Weg. Hat ihn die Nachricht dazu veranlaßt, die ihm Rainald von der erfolgreichen Brautwerbung um die englische Königstochter mitgebracht hat? Durch die Geburt des ersten Sohnes seines Vetters im Juli 1164 hatte sich seine Position in der Hierarchie eindeutig verschlechtert. Der Kaiser hatte ihm ohnedies nur einen Rang hinter dem jungen Herzog von Schwaben eingeräumt, der jetzt seinem Onkel die Gefolgschaft in der Partei von Papst Paschalis verweigerte. Jedenfalls war es für den Löwen nicht nur ein wärmendes Gefühl, mit der englischen Königstochter verlobt zu sein, sondern er rechnete sich als Realpolitiker ganz eindeutige Verbesserungen seiner Stellung aus. Schließlich war sein künftiger Schwiegervater nicht irgendein regulus – ein Kleinkönig –, wie man am deutschen Königshof und wie vor allem Rainald von Dassel gerne über andere Könige spottete. War es also diese Aussicht auf die vorteilhafte eheliche Verbindung, die den Welfen veranlaßte, sich dem kaiserlichen Papst zu verpflichten? Natürlich, er brauchte jetzt den anti-kaiserlichen Papst nicht mehr als eventuelle Stütze für seine Ambitionen zur Distanzierung vom kaiserlichen Machtzentrum – dazu hatte er künftig wohl den Plantagenet in England. Oder sah sich der Welfe durch Nachrichten über anhaltende und neue verschwörerische Umtriebe in seinem Herzogtum Sachsen dazu veranlaßt, sich dem Kaiser mehr unterzuordnen, als es ihm sonst lieb gewesen wäre?

Während es in Sachsen unter der Decke wieder brodelte und gärte, baute der Löwe seine Stellung in dem älteren welfi-

schen Herzogtum Bayern weiter aus. Nachdem er sich schon an der Isar, am Lech und an der Donau festgesetzt hatte, bemächtigte er sich nach dem erbenlosen Tod des Grafen von Burghausen auch dieser Burg und Grafschaft an der Salzach. Als Vogt des Klosters Wilten bei Innsbruck hatte der Herzog auch die Straße zum Brenner und nach Italien unter seiner Kontrolle. Mit beachtlicher Wachsamkeit nahm Heinrich jede Gelegenheit wahr, sich teils durch Berufung auf herzogliche Rechte, teils durch mehr oder weniger Gewalt in den Besitz von Brücken, Zollstätten, Märkten und Handelsstraßen zu setzen, um sein südliches Herzogtum nicht nur nominal zu beherrschen, sondern um alle Vorgänge dort ganz konkret kontrollieren zu können. Obwohl er sich nur selten in Bayern aufhielt, wollte er die Verhältnisse dort keineswegs aus den Augen verlieren, und er brachte es mit staatsmännischem Geschick fertig, sich nicht nur den dortigen Handel zunutze zu machen, sondern die bayerischen Fürsten und Herren auch unter sein politisches Joch zu beugen. Den Bürgern der Städte gegenüber scheint Heinrich jedoch auch in Bayern bemerkenswerte Toleranz geübt zu haben – jedenfalls ist aus München nichts bekannt, daß er als Stadtherr von den Bürgern jemals einen Grund- oder Hauszins verlangt hätte, wie er ja wohl auch schon in Lübeck darauf verzichtet hatte. Aber der Welfe hat alsbald nach seiner gewaltsamen Besitznahme Münchens eine Burg und einen Mauerring errichten lassen, um die junge Markt- und Kaufmannssiedlung vor Angriffen zu schützen.
Im Oktober 1165 kam der Löwe wieder mit dem Kaiser zusammen. In Köln ließ sich Erzbischof Rainald endlich zum Priester weihen, nachdem er dieser Zeremonie seit seiner Wahl vor sechs Jahren immer ausgewichen war. Obwohl er einer der schärfsten und nachdrücklichsten Gegner Alexanders war und von diesem deshalb auch exkommuniziert worden ist, wollte er doch das Pallium nicht von Viktor oder

Paschalis nehmen. Das hatte in Würzburg zu so lebhaften Protesten der anderen Kirchenfürsten geführt, daß Rainald nun doch nicht mehr anders konnte, als sich diesem Akt zu unterwerfen. Der Kaiser inszenierte für seinen getreuen Paladin in Köln ein großes Fest, an dem auch Herzog Heinrich der Löwe teilnahm.

War es Eifersucht des Welfen, die ihn veranlaßte, zu diesen Feierlichkeiten zu kommen? Freundschaft zu Rainald war es jedenfalls nicht, denn die beiden gleichermaßen agilen Männer sahen einander nicht besonders gern. Mit Argwohn beobachtete jeder, ob der andere nicht seine Zuständigkeiten überschritte, da sie doch formal zu einem wesentlichen Teil über gleiche Gebiete herrschten. Ohnedies waren sie sich nicht grün, denn jeder war auf seine gute Stellung zum Kaiser bedacht, so daß sie sich also ständig mehrfach gegenseitig ins Gehege zu geraten drohten. Aber der Kanzler Rainald hatte doch mehr die Interessen des Reiches im Auge als der Herzog von Sachsen und Bayern, der naturgemäß stärker auf den Ausbau und die Mehrung seiner eigenen Herrschaft bedacht war.

Dazu hatte der Welfe wohl auch einigen Anlaß. Sein Herzogtum Sachsen erstreckte sich zwar nominell im Westen gegenüber Köln bis zum Rheinufer, und er soll einmal gesagt haben, sein Herrschaftsgebiet reiche in Westfalen bis Deutz und noch einen Speerwurf weit in den Rhein hinein. Aber das war mehr sein Wunsch, als es der Wirklichkeit entsprochen hätte. Da sich die Kölner Kirchenprovinz mit den Bistümern Münster, Osnabrück und Minden östlich des Rheins in Friesland, Westfalen und Engern teilweise bis weit über die Weser ausdehnte, mußte die erwähnte Äußerung des Welfen, wenn sie dem Kölner Erzbischof zu Ohren gekommen ist, dessen Zorn herausfordern. In der Tat war sie wie nicht wenige Äußerungen Heinrichs höchst anmaßend und politisch unklug. Abgesehen davon, daß sein wirklicher Ein-

flußbereich ständigen Schwankungen unterworfen war – je nachdem, wie sich die einzelnen Grafen zu ihm stellten und wie er sich mit ihnen vertrug, war die Grenze seines effektiven Machtbereiches nach Westen etwa am Teutoburger Wald zu ziehen, also rund 150 Kilometer östlich des Rheins. In den Diözesen Münster und Osnabrück, die beide zur Kölner Kirchenprovinz gehörten, hatte der Welfe praktisch nichts zu vermelden, und die dortigen Grafen erschienen kaum je in seinem Gefolge. Die Ravensberger, Arnsberger, Altenaer, Schwalenberger und wie sie sonst noch hießen, wollten Heinrich nur ungern als ihren Oberherrn anerkennen. Nur in der Diözese Minden, die gleichfalls zur Kölner Kirchenprovinz gehörte, hatte der Löwe mehr Verfügungsmöglichkeiten, nachdem dieses Bistum schon unter den Billungern zum engeren Machtbereich der Herzöge gehört hatte. Die Einflußgebiete des Welfen und des Kölner Erzbischofs lassen sich also eigentlich nicht durch eine Grenzlinie auf einer Landkarte trennen, sondern sie überschnitten und rieben sich in einer breiten Zone, in der ein ständiger Wechsel und fortwährende Spannung herrschten.
Während der Kölner Tage hat der Kaiser vermutlich über seine Absicht gesprochen, den von ihm zeitlebens als Vorbild hochverehrten Karl den Großen heiligsprechen zu lassen, da Barbarossa in einem um die Jahreswende ausgestellten Manifest betont, daß er dazu den Rat aller weltlichen und geistlichen Fürsten eingeholt habe. Die Anwesenheit des Welfen bei der Zeremonie der Heiligsprechung Ende 1165 in Aachen ist jedoch nicht nachzuweisen.
Aber wenige Wochen später ergriff Heinrich auf einem Reichstag in Nürnberg wieder Partei für die alexandrinische Sache. Der Kaiser war mit der Salzburger Kirche in Streit geraten, weil die Domherren dem neuen Erzbischof Konrad zur Auflage gemacht hatten, daß er sich in dem Kirchenstreit ebenso wie sein Vorgänger auf die Seite von Papst Alexander

stellen müsse. Nachdem er zwei Vorladungen des Kaisers mißachtet hatte, erschien der Salzburger Erzbischof nun zu dem Reichstag in Nürnberg. Der Kaiser verlangte von ihm, entweder Paschalis anzuerkennen oder das Erzbistum wieder aufzugeben. Da aber trat Heinrich der Löwe als Fürsprecher des Erzbischofs auf und erwiderte mit Nachdruck, daß Konrad den Erzbischofsstuhl rechtmäßig besitze, da er kanonisch gewählt worden sei und auch dreimal um die Verleihung der Regalien ersucht habe, die ihm jedoch vom Kaiser bisher zu Unrecht verweigert würden. Die Anerkennung von Paschalis lehnte Konrad erneut ab. Barbarossa wäre nun genötigt gewesen, gegen den Salzburger eine klare Entscheidung zu fällen, denn in Würzburg hatte er sich selbst verpflichtet, gegen alle Anhänger Alexanders unnachsichtig vorzugehen. Aber er vertagte die Angelegenheit noch einmal für sechs Wochen.

Unterdessen ritt Herzog Heinrich mit dem Kaiser nach Ulm, wo Friedrich über einen Streit Welfs VI. und seines Sohnes mit dem Pfalzgrafen von Tübingen zugunsten der welfischen Partei entschied. Dann kehrten Kaiser und Herzog wieder nach Bayern zurück. Die Salzburger Sache mußte geklärt werden, wenn der Kaiser nicht seine eigenen Anordnungen von Würzburg in Mißkredit bringen wollte. Spätestens hier zeigte sich, in welche Sackgasse sich der Staufer in Würzburg manövriert hatte. Er konnte nun nicht mehr frei darüber entscheiden, ob er gegen den Salzburger Metropoliten etwas unternehmen wollte oder nicht, sondern er war ganz lapidar dazu gezwungen. Auf einem Gerichtstag in Laufen an der Salzach unternahm Heinrich der Löwe nochmals einen Vermittlungsversuch. Nachdem sich auch der Bruder des Erzbischofs, der österreichische Herzog Heinrich II. Jasomirgott, noch eingeschaltet, aber ebenfalls nichts erreicht hatte, mußte Kaiser Friedrich über den Salzburger Kirchenfürsten und die mit ihm sympathisierenden Kleriker nolens volens

die Reichsacht erklären. Alle Reichslehen des Erzstiftes Salzburg wurden eingezogen und sämtliche anderen Besitztümer konfisziert. Alle Getreuen des Reiches wurden zum Krieg gegen die Salzburger aufgefordert.
Der Kaiser nahm seinem Vetter Heinrich dem Löwen das wiederholte Eintreten für die alexandrinische Sache anscheinend nicht sonderlich übel. Aber gleichgültig ließ es ihn sicher doch nicht, denn als er Ende Mai 1166 in Frankfurt am Main einen Hoftag hielt, lobte er Rainald von Dassel als ein leuchtendes Vorbild, da dieser gewaltige Anstrengungen für das Reich unternommen und diesem hervorragende Dienste geleistet habe. Sicher dachte der Staufer dabei nicht zuletzt an die Festigkeit und Treue Rainalds in dem unerfreulichen Kirchenstreit, in dem ihm die Welfen und andere Fürsten immer wieder mehr oder weniger in den Rücken fielen. Herzog Heinrich hat die Belobigungen Rainalds jedoch zweifellos nicht gerne gehört, ebensowenig wie eine Reihe der anderen Fürsten, die auf dem Hoftag anwesend waren. Der schnellzüngige, sarkastische Rainald war nämlich nicht sehr beliebt.
Während der zurückliegenden Monate hat die Vermählung Herzog Friedrichs IV. von Schwaben mit Gertrud stattgefunden, der Tochter Heinrichs des Löwen aus dessen Ehe mit Clementia von Zähringen. Der Welfe hat an diesem Fest sicher teilgenommen. Der Schwabenherzog war ja der Sohn König Konrads III., der 1152 bei dem Thronwechsel zugunsten Friedrich Barbarossas zurückgestellt worden war. Man schreibt dieser Verbindung zwischen dem Staufer und der Welfin mit Zähringer Abstammung eine beruhigende Wirkung auf die Animositäten zwischen den führenden deutschen Fürstenhäusern zu. Freilich sollte die Ehe nicht von langer Dauer sein. Der Schwabenherzog war nach seinem nunmehrigen Schwiegervater Heinrich dem Löwen zweifellos der reichste deutsche Fürst, da er doch den Hauptteil der

staufischen Hausgüter geerbt hatte. Bis zur Geburt der Söhne des Kaisers galt er auch als dessen möglicher Nachfolger.

Heinrich dem Löwen brachte sein Reichtum vieleNeider, und mit seinem hochmütigen Auftreten provozierte der Welfe darüber hinaus seine Zeitgenossen nicht gerade selten. Aber er schien es oft geradezu darauf anzulegen, andere Menschen vor den Kopf zu stoßen, und schon allein damit schuf er sich viele Gegner. Als er jetzt nach Sachsen zurückkam, schlug ihm eine ganze Woge der Feindschaft entgegen. Heinrich gab deshalb eiligst Anweisung, die Befestigungen der Städte zu verstärken und zu erweitern, damit sie etwaigen Angriffen sicherer standhalten könnten. Vor allem seine Residenzstadt Braunschweig ließ er aufrüsten, aber auch Stade und nicht zuletzt das bis dahin nur schwach befestigte Schwerin ließ er mit Wall und Graben umgeben. Haldensleben hatte der Herzog nach dem erbenlosen Tod des letzten Lehensgrafen unlängst an sich gezogen und sogleich stark befestigen lassen. Dieses als uneinnehmbar geltende Bollwerk war hauptsächlich für den Markgrafen Albrecht und für Erzbischof Wichmann eine scharfe Herausforderung, zumal der Löwe auch weiter südlich bei Quedlinburg mit der Festung Gatersleben und der Lauenburg seine östlichen Nachbarn bedrohte. Alle diese Besitzungen, die der Welfe in jüngster Zeit mit List und Zwang erworben hatte, ragten tief in die Gebiete seiner Gegner hinein, und vor allem Albrecht der Bär sah sich in Gefahr, von seinem welfischen Erzfeind erdrückt zu werden. Mit Haldensleben wollte Heinrich eine Konkurrenz zu dem mächtigen und handelspolitisch bedeutenden Magdeburg hochziehen, denn es störte ihn naturgemäß ungemein, daß er über die Magdeburger keine Rechte und Herrschaft ausüben konnte.

Die unheilschwangere Situation in Sachsen trieb auch den Kaiser wieder dorthin, da er im Herbst zu einem neuen Italienzug aufbrechen wollte und deshalb am Frieden in den deutschen Landen noch mehr als sonst interessiert war. Um den 20. August 1166 traf sich der Kaiser in seiner Pfalz Boyneburg an der Werra mit zahlreichen sächsischen Fürsten, mit denen er die Möglichkeiten einer Waffenruhe wenigstens für die Dauer seines Italienzuges besprechen wollte. Es kennzeichnet die unerquickliche Situation zwischen den Fürsten und dem Herzog, daß der Welfe zu dieser Versammlung nicht erschien. An die Werra kamen Erzbischof Wichmann von Magdeburg, die Bischöfe von Hildesheim und Naumburg, Landgraf Ludwig von Thüringen, die Markgrafen Albrecht von Brandenburg und Otto von Meißen sowie eine Reihe weiterer Grafen und einige Herren aus außersächsischen Gebieten.

Gerade um diese Zeit war bekannt geworden, daß der Herzog vor seiner Burg in Braunschweig einen ehernen Löwen hatte aufstellen lassen und alle Welt sah in der drohenden Gebärde des Tieres ein Sinnbild der Aggressivität seines Initiators. Der Welfe führte freilich schon seit 1144 einen Löwen in seinem Siegel und hat nicht von ungefähr 1158 seine Konkurrenzgründung zu Lübeck »Löwenstadt« genannt. Der Löwe galt schon seit alters als König der Tierwelt und wurde auch so im *Physiologus*, einem während des ganzen Mittelalters in vielen Abschriften und Übersetzungen verbreiteten Lehrbuch beschrieben, das Heinrich sicher schon in seiner Jugendzeit kennengelernt hatte. Es ist nicht unwahrscheinlich, daß die ersten Anstöße zu diesem Beinamen von Heinrich selbst ausgegangen sind, denn er hat es sicher gerne für sich in Anspruch genommen, auch während der Ruhe seine Umgebung nicht aus den Augen zu lassen, wie es im *Physiologus* vom Löwen heißt. Möglicherweise war Heinrich auch die Aufforderung des französischen Theologen und Philosophen Gilbert de la Porrée (+1154) in dessen *Fürstenbelehrung* bekannt, wonach ein Fürst sich »vornehm wie ein Löwe verhalten« sollte. Der Löwe war im Mittelalter nicht nur das Symbol von Macht und Stärke, sondern auch das Sinnbild des Gerichtes. Aber all dies mochten nur zusätzliche Anstöße für den Herzog sein, denn auch sein Vater Heinrich der Stolze hatte bereits den Beinamen *leo* erhalten und der Löwe war das überlieferte Familienkennzeichen der Welfen. In der 1. Hälfte des 12. Jahrhunderts haben sich die großen Adelsfamilien Wappen zugelegt und dazu Tiergestalten als Symbole gewählt. Für die Welfen, deren Anfänge in der im 12. Jahrhundert entstandenen *Historia Welforum* aufgezeichnet sind und aus der der älteste Stammbaum in diesem Buch wiedergegeben ist, hatte sich der Löwe als Wappentier rundweg von selbst angeboten, da man im mittelalterlichen Latein den Welpen, das Junge eines wilden Tieres, auch als *leo* oder *catulus* bezeichnete (K. Jordan).

Der Kaiser hatte in der Boyneburg alle Mühe, die Erregung der Fürsten über das Braunschweiger Monument und über die Arroganz des Herzogs zu beschwichtigen. Er brauchte für seinen Kriegszug nach Italien auch die sächsischen Fürsten, aber er war sich darüber im klaren, daß er nicht mit ihnen rechnen könnte, wenn dort Hader und Zwist ins Haus standen.

Hatte es Heinrich bereits aufgegeben, mit den sächsischen Fürsten noch zu einem Frieden zu kommen, oder zog er es vor, die ständig gärende Verschwörung demnächst mit einem Gewaltstreich zu beenden? Es erschien ihm jedenfalls zweckmäßig, sich mit dem Dänenkönig und mit den wendischen Fürsten zu verständigen, um sich vorsorglich Rückenfreiheit für einen Kampf mit den Sachsenfürsten zu verschaffen. Der Herzog traf sich deshalb zunächst mit König Waldemar. Aber die beiderseitigen Ansprüche auf Rügen und das Wolgaster Land an der Peenemündung machten eine Einigung ziemlich aussichtslos. Die Dänen hatten während der letzten Jahre mehrere Kriegszüge durchgeführt, um sich der

Insel und des Wolgaster Landes zu versichern, und Waldemar hat den Pommernherzog Bogislaw, den Lehensmann des Löwen aus dem Jahre 1164, bekriegt. Der Versuch des Herzogs, trotzdem mit dem Dänenkönig jetzt eine Übereinkunft zu erzielen, scheiterte deshalb vollständig und endete in einem Bruch der Beziehungen.

Der Welfe stachelte daraufhin die wendischen Scharen zu neuen Überfällen gegen dänische Schiffe und Inseln an. Aber Waldemar gelang es, die Verhältnisse umzudrehen und die wendischen Fürsten zu einem Aufstand gegen den Herzog aufzuhetzen. Diese Unruhen in seinen Grenzgebieten trafen den Welfen im Spätsommer 1166 sehr empfindlich, da er jeden Tag mit dem Ausbruch einer Revolte unter den sächsischen Fürsten rechnen mußte. Er strebte daher schnellstens ein neues Treffen mit dem Dänenkönig an, bei dem er schließlich stärker auf dessen Forderungen einging. Die beiden Fürsten vereinbarten das gemeinsame Vorgehen gegen die Wenden und wollten dann auch Geiseln und Tribut teilen.

Noch im Herbst 1166 konnte Heinrich auf einem kurzen Kriegszug gegen Demmin den Aufstand der Wenden niederschlagen. Zur gleichen Zeit brach der Kaiser zu seinem vierten Italienzug auf – enttäuscht, daß ihm sein Vetter Heinrich wieder keinen Beistand leistete. Barbarossa mußte erstmals mit einer größeren Anzahl von Söldnern nach Italien ziehen, was ihn teuer zu stehen kam.

Aber zu dem zwischen Waldemar und Heinrich vereinbarten großen Zug gegen die Wenden sollte es so schnell nicht kommen. Der Welfe sollte sogar bald genötigt werden, seine Politik gegenüber den Wenden grundlegend zu ändern, denn kaum hatte der Kaiser die Alpen überschritten, als im November 1166 ein Streit zwischen Heinrich dem Löwen und seinem alten Widersacher Albrecht dem Bären das Signal zum Losschlagen der sächsischen Fürsten gegen den

Herzog gab. In Kürze erschienen Streitkräfte des Brandenburgers, des Erzbischofs von Magdeburg und des Landgrafen von Thüringen vor der verhaßten Festung Haldensleben und begannen mit der Belagerung. Graf Christian von Oldenburg zerstörte gleichzeitig eine herzogliche Burg und zog mit seinen friesischen Scharen nach Bremen, wo ihn die Bürger freudig begrüßten, denn sie waren nur widerwillig unter der welfischen Fuchtel.

Während Heinrich in größter Eile einen Gegenschlag gegen seine sächsischen Feinde einleitete, sicherte er sich durch einen politischen Schachzug gegen die Wenden ab. Er rief aus den dortigen Gebieten die reichlich unbeliebten Präfekten zurück und belehnte den Fürsten Pribislaw mit dem Land seines Vaters Niklot. Nur das Gebiet um Schwerin nahm der Herzog aus und belehnte damit sowie mit der Stadt seinen getreuen Grafen Gunzelin. Heinrich opferte somit seine Pläne für die unmittelbare Beherrschung des Landes, aber er konnte nur auf diese Weise einen Zweifrontenkampf vermeiden. In Wagrien gab der Herzog dem unmündigen Grafen Adolf III. von Holstein einen kriegserfahrenen Vormund zur Seite, um auch hier gegen Unruhen gefeit zu sein.

So nach Osten abgeschirmt, konnte sich Heinrich gegen seine Angreifer im Westen wenden. Zuerst ritt er mit seinen Streitern in die Gebiete des Erzbischofs von Magdeburg, wo er schlimme Verwüstungen in den Dörfern und auf den Feldern bis vor die Mauern Magdeburgs anrichtete. Da sich der Kirchenfürst jedoch auf diese Weise nicht von der Belagerung der Festung Haldensleben ablenken ließ, wandte sich Heinrich nun zum Entsatz der Eingeschlossenen. Da gelang es aber einigen geistlichen Herren, dem Kampf Einhalt zu gebieten und eine Vereinbarung zustande zu bringen, wonach der Herzog die Festung nach Ostern 1167 während eines Fürstentages dem Erzbischof übergeben sollte.

Für den Augenblick jedenfalls hatte sich Heinrich damit Luft

geschaffen, und er nützte die Chance, um sogleich gegen Bremen zu reiten. Zunächst standen sich die Gegner vier Tage lang nur auf Distanz gegenüber, denn jeder wollte erst einmal seine Siegeschancen erkunden. Als aber Heinrich Verstärkungen herbeigeholt hatte, verließ der Oldenburger Bremen und zog sich in seine heimische Festung zurück, die inmitten der friesischen Sümpfe nur schwer anzugreifen war. Der Herzog jedoch ließ das abtrünnige Bremen plündern und erklärte über die Einwohner die Acht. Viele der treulosen Bürger flüchteten vor der Rache Heinrichs in großen Scharen nach Friesland. Auf Vermittlung Erzbischof Hartwigs, der sich in den ganzen Auseinandersetzungen trotz seines alten Grolls gegen den Herzog still verhielt, nahm der Welfe die Bremer wieder in seine Gnade auf, nachdem sie ihm 1000 Mark Silber bezahlt hatten.
Nun sollte der Herzog Haldensleben dem Magdeburger Erzbischof übergeben. Aber Heinrich bereute diese Zusage längst, schließlich fühlte er sich jetzt wieder stark genug, um allen Attacken widerstehen zu können. Seine Gegner reagierten darauf Mitte 1167 mit neuen Angriffsplänen, und zu Magdeburg tauschte eine große Koalition Eide für die gegenseitige Unterstützung aus. Heinrich drohte in noch größere Bedrängnis als das erstemal zu kommen, denn weitere Fürsten, wie zum Beispiel der Markgraf von Meißen, schlossen sich den Verschwörern nun an. Vor allem kamen auch Abgesandte des Kölner Erzbistums zu den Beratungen und erklärten ihre Solidarität und Bereitschaft, tatkräftig zum Sturz des Welfen beizutragen. Die seit langem unter der Oberfläche schwelende Rivalität zwischen Heinrich dem Löwen und Rainald von Dassel kam nun offen zum Ausbruch, denn natürlich handelten die Kölner Abgesandten im Einvernehmen mit ihrem in Italien weilenden Erzbischof.
Die Streitkräfte der vereinigten Fürsten zogen alsbald gegen das herzogliche Goslar, verwüsteten, was ihnen an Besitz-

tümern des verhaßten Welfen in den Weg kam, und zerstörten schließlich auch eine herzogliche Pfalz in der Nähe der Stadt. Die Goslarer, die immer schon viel lieber königlich, also eine freie Reichsstadt gewesen wären, als dem Herzog zu unterstehen, erhoben sich nun ebenso wie einige Monate vorher die Bremer, um die Herrschaft des Welfen abzuschütteln. Aber es nützte den Goslarern ebensowenig wie den Bremern, denn auch hier war der Löwe rasch zur Stelle und zeigte den Abtrünnigen, daß er nach wie vor der Herr war. Er schnitt der Stadt die Zufuhr ab, so daß der Hunger die Bürger schnell wieder zur Unterwerfung zwang. Und auch im Bistum Hildesheim gewann der Herzog über eine Revolte rasch die Oberhand, nachdem er dort mit schonungslosen Verwüstungen eingezogen war. Auf die Hildesheimer war Heinrich ohnedies nicht gut zu sprechen, weil ihm der dortige Klerus im Gegensatz zu dem willfährigen Halberstädter Bischof keine Möglichkeit zur erwünschten Ausdehnung seiner Herrschaft gab.

»Durch ganz Sachsen brauste der wilde Sturm des Aufstandes, weil alle Fürsten gegen den Herzog kämpften; Krieger wurden gefangen und verstümmelt, Burgen und Häuser zerstört und Städte eingeäschert«, schreibt Helmold von Bosau. In dem Karussell der gegenseitigen Verwüstungen, Plünderungen und Annexionen gelang es dem Magdeburger Erzbischof, die für uneinnehmbar gehaltene herzogliche Festung Haldensleben und die Burg Neindorf an der Selke zu zerstören. Der durch Heinrich Anfang 1164 in Lübeck gegen den Willen des Erzbischofs Hartwig und der Lübecker Domherren eingesetzte Bischof Konrad schlug sich nun ebenfalls auf die Seite der Gegner des Herzogs. Er konnte sogar auch seinen Erzbischof dazu bringen, die bisher geübte Zurückhaltung aufzugeben. Aber Hartwigs Einfall in die Besitzungen des Löwen hatte sogleich die Zerstörung der erzbischöflichen Festung Freiburg im Kehdinger Land an der Elbemündung nordöstlich von Stade zur Folge. Ein Versuch des Herzogs, auch gegen die erzbischöfliche Harburg vorzugehen, blieb zwar in den Sümpfen stecken, aber Hartwig zog es doch vor, sich baldigst unter den Schutz seines erfolgreicheren Amtsbruders Wichmann nach Magdeburg zu begeben, da er selbst offenbar kein Glück gegen den Herzog hatte.

Heinrich zog alle Einnahmen des Erzbischofs zu seinen Gunsten ein und nahm auch die Verwaltung der Bremer Münze, die er etwa ein Jahrzehnt dem Erzbischof überlassen hatte, wieder in seine Hand. Vorher war er mit den Einkünften des Lübecker Bischofs bereits in gleicher Weise verfahren und hatte diesem außerdem den Zugang nach Lübeck versperrt, nachdem ihm der Bischof den Huldigungseid verweigert hatte. Wenn die sächsischen Fürsten geglaubt hatten, dank ihrer Überzahl in Abwesenheit des Kaisers mit dem Löwen leichtes Spiel zu haben, so sahen sie sich in ihren Hoffnungen doch bald getäuscht, denn der Welfe wußte sich hartnäkkig zu wehren und schlug unerbittlich zurück.

Von dem allgemeinen Aufruhr in Sachsen hatte auch der Kaiser in Italien erfahren und sogleich Christian von Buch, der seit 1165 Erzbischof von Mainz war, zusammen mit Berthold von Zähringen entsandt. Den beiden kaiserlichen Beauftragten gelang es, das sächsische Tohuwabohu im Herbst 1167 zum Stillstand zu bringen und eine allgemeine Waffenruhe durchzusetzen.

Spätestens mit diesen beiden kaiserlichen Abgesandten kamen allerdings auch die Nachrichten über das Desaster des Staufers in Rom über die Alpen. Die Kaiserlichen hatten zunächst in Italien wichtige Erfolge erzielen können, sie hatten das mit Byzanz verbündete Ancona bezwungen, die beiden Erzbischöfe von Köln und Mainz hatten einen glänzenden Sieg über die Römer bei Tusculum errungen und schließlich war es gelungen, die römische Leostadt mit der Peterskirche zu erobern, wo Papst Paschalis III. feierlich inthronisiert und

Friedrichs Gemahlin Beatrix gekrönt wurde. Papst Alexander hatte die Heilige Stadt fluchtartig, als Pilger verkleidet, verlassen müssen.
Barbarossa schien auf dem Höhepunkt seiner Macht zu stehen. Da machte in der Augusthitze 1167 ein über Rom hereinströmender Wolkenbruch die Stadt zu einer einzigen Kloake, in der sich eine Malaria mit rasender Schnelligkeit ausbreitete. Einige tausend Deutsche wurden in wenigen Tagen dahingerafft, unter ihnen nicht wenige kirchliche und weltliche Fürsten, vor allem auch der Kölner Erzbischof Rainald von Dassel und der Schwiegersohn Heinrichs des Löwen, Herzog Friedrich IV. von Schwaben.
Als der Kaiser mit den siechen Resten seines Heeres wieder nach Norditalien zog, erwartete ihn dort die geschlossene Macht des im Frühjahr 1167 gegründeten lombardischen Städtebundes. Ihr hatte der Staufer kaum noch etwas Nennenswertes entgegenzusetzen. In seinem durch nichts zu brechenden Tatendrang versuchte Barbarossa zwar, in einzelnen Kämpfen der Lage noch Herr zu werden, aber er konnte letztlich nur noch mit dem moralischen Mittel der Reichsacht gegen die verbündeten Städte vorgehen. Die Acht mußte jedoch wirkungslos bleiben, weil der Kaiser keine ausreichende Macht hatte, sie zu vollstrecken. Im März 1168 verließ er Italien mit einer kleinen Schar von Getreuen, zuletzt als Knecht verkleidet, weil er sich unmittelbar bedroht glaubte. Da ihm der Weg direkt nach Norden versperrt war, zog er durch Piemont über den Mont Cenis nach Burgund.
Herzog Heinrich stand seinem staufischen Vetter an Zähigkeit und Unerschrockenheit nicht nach. Während er mit den Goslarern und mit den Hildesheimern, mit den Erzbischöfen von Bremen und Magdeburg und all den anderen im Kampf stand, hatte er im Spätsommer 1167 bereits eine Gesandtschaft an den englischen Königshof auf den Weg gebracht,

um die ihm seit reichlich zwei Jahren anverlobte Tochter Heinrichs II. abzuholen. Inmitten der für ihn wahrlich nicht rosigen Lage dachte der Welfe also ans Heiraten. Mag sein, daß ihm gerade in dieser Situation die Aufbesserung seines Ansehens durch die Heirat mit der englischen Königstochter wünschenswert erschien, mag auch sein, daß er seine Kriegskasse mit Hilfe der Mitgift seiner Braut auffüllen wollte, vielleicht dachte er aber auch gerade während dieser Kämpfe an die Erhaltung des welfischen Stammes, da er doch immer noch keinen Sohn hatte und der einzige Sproß seines Onkels Welf VI. an der scheußlichen Malaria in Italien gestorben war. Als seine Gesandtschaft zusammen mit der etwa zwölfjährigen Mathilde und einer großartigen Ausstattung sowie reichlich Gold und Silber Ende Januar in Sachsen ankamen, wurde der Ehebund sogleich am 1. Februar 1168 in Minden an der Weser eingesegnet. Der Herzog schenkte der Mindener Kirche aus diesem Anlaß ein Gut sowie eine Armreliquie des Heiligen Gorgonius. Das eigentliche Hochzeitsfest und das Beilager, mit dem die Ehe erst vollzogen wurde, feierte man in Braunschweig mit großem Gepränge.
Mit dem vermehrten Glanz durch die englische Königstochter stellte sich bei den sächsischen Fürsten die Mißgunst gegenüber Heinrich dem Löwen verstärkt ein. Der vom Kaiser verordnete Waffenstillstand war deshalb nicht von langer Dauer. Schon im Frühjahr brachen die Kämpfe erneut aus. Aber nun passierte etwas früher Unvorstellbares, Undenkbares: Der aus Italien zurückgekehrte Kaiser berief die sächsischen Fürsten für den 5. Mai 1168 zu einem Hoftag nach Würzburg, aber die Geladenen kamen nicht. Auch einer zweiten Ladung auf den 19. Mai leisteten sie keine Folge, sondern setzten ihre Verwüstungen in den Gebieten Heinrichs des Löwen nach Kräften fort. Das war ein überdeutliches Zeichen dafür, daß die Autorität des Monarchen arg geschwunden war. Erst nach einem dritten Anlauf konnte am

29. Juni 1168 zu Würzburg ein Reichstag eröffnet werden, zu dem die Erzbischöfe von Bremen-Hamburg, Magdeburg und Mainz sowie die Bischöfe von Bamberg, Halberstadt, Hildesheim, Lüttich, Meißen, Minden, Naumburg, Regensburg, Verden und Würzburg erschienen. Und an weltlichen Fürsten kamen neben Heinrich dem Löwen der Herzog Udalrich von Böhmen, die Pfalzgrafen Konrad bei Rhein und Otto von Wittelsbach, der Landgraf von Thüringen, die Markgrafen von Brandenburg, Meißen, der von der Lausitz und der von Vohburg sowie eine Reihe von Grafen.

Wie viele Freunde hatte Herzog Heinrich in dieser fürstlichen Versammlung? Wer war denn bereit, zu seinen Gunsten zu sprechen? Der Mainzer Erzbischof verhielt sich wohl traditionsgemäß neutral, aber der Kaiser war sicher der einzige, der zum Welfen hielt, so viele Beschuldigungen die Fürsten in zahlreichen Anklagereden auch gegen Heinrich vorbrachten. Aber für Friedrich waren das alles nur Verteidigungsreden, denn er beschuldigte die Fürsten, durch ihren Krieg gegen den Herzog die Streitkräfte für den Italienzug geschwächt und seine Kampfunfähigkeit gegen die Lombarden verursacht zu haben. Das war ein schwerer Vorwurf, gegen den sich die Fürsten kaum wehren konnten. Barbarossa sah in ihnen Unruhestifter und Friedensbrecher, und auf Friedensbruch standen harte Strafen. Aber dem Staufer erschien es nicht zweckmäßig, gegen die Fürsten mit Sühnemaßnahmen vorzugehen, denn er hätte damit zweifellos Öl ins Feuer gegossen und ganz Sachsen in ein Flammenmeer verwandelt. Weitaus wichtiger war es ihm, die Fürsten mit dem Herzog auszusöhnen, denn dies schien ihm mehr Friedensaussichten zu bieten. Er hatte solche Versuche zwar schon mehrmals unternommen und sie hatten nie einen anhaltenden Erfolg gehabt, weil Heinrich wenig Talent oder Neigung zu einem friedlichen Arrangement mit seinen Nachbarn und Vasallen hatte. Aber Friedrich sah seine Aufgabe als König und Kaiser ebenso seiner Natur wie seiner Pflichtauffassung entsprechend in erster Linie darin, Frieden in seinem Reich zu schaffen.

Tatsächlich gelobten alle Gegner Herzog Heinrichs, bis zum nächsten Reichstag den Frieden zu bewahren. Der Löwe konnte froh sein, daß er dank des Geschickes seines Vetters so gut weggekommen war. Die Fürsten freilich waren von der Unparteilichkeit des Kaisers bei ihren Auseinandersetzungen mit dem Herzog längst nicht mehr überzeugt. Friedrich ließ sich jetzt allerdings seinen Einsatz für Heinrich honorieren und verlangte die Rückgabe von Goslar in die Reichsunmittelbarkeit. Heinrich konnte sich dagegen offenbar nicht verschließen, so schmerzlich für ihn auch der Verlust der Einnahmen aus dem Silberbergwerk war. Der kaiserliche Zugriff brachte ihm indessen nicht nur eine Schmälerung seines Geldbeutels, sondern er riß auch ein tiefes Loch in seine Ländereien, die er sich gerade im und um den Harz, nicht zuletzt mit strategischen Erwägungen, sorgfältig zusammengeholt hatte.

Auf der anderen Seite war es dem Staufer sicher wichtig, sich im Norden seines Reiches wieder etwas stärker festzusetzen. Wenn er auch 1152 die Pfalz zu Goslar nicht aus der Hand gegeben hatte, so war ihm dies nun wohl doch zu wenig. Die wiedergewonnenen Einnahmen und die strategische Bedeutung der Stadt Goslar hielten sich für den Kaiser ihrer Bedeutung nach die Waage.

Unter diesen Umständen war vom Welfen nicht zu erwarten, daß er seine Rechte auch noch vom Dänenkönig schmälern lassen würde. Waldemar mag allerdings die Bedrängnisse und die schwache Position des Herzogs einkalkuliert haben, als er im Frühjahr 1168 einen neuen Kriegszug zur Eroberung der zwischen ihm und dem Welfen umstrittenen Insel Rügen plante. Die Ranen hatten seinen Kampf gegen die Norweger 1167 dazu benützt, um sich von der dänischen Oberherrschaft loszusagen. In ihrem Streben um die Bewahrung ihrer Unabhängigkeit lavierten sie ständig zwischen ihren dänischen und deutschen Bedrückern. Die Dänen versuchten ja schon seit 1136, sich in ihrem Drang nach Süden auf der begehrten Insel festzusetzen. Jetzt war es wieder Bischof Absalon von Roeskilde, der zur neuerlichen Unterwerfung der Ranen trieb. Nach dem zwei Jahre vorher abgeschlossenen Vertrag ersuchte Waldemar den Welfen um Unterstützung. Da Heinrich selbst infolge der innersächsischen Zwistigkeiten nicht abkommen konnte, befahl er den Obodriten unter Pribislaw und den Pommern unter Kasimir und Bogislaw, mit den Dänen zu ziehen.

Mit viel Glück konnten die vereinten Streitkräfte die Ranen bald besiegen, nicht zuletzt, weil sich die Inselbewohner blindlings auf die Hilfe ihrer Götter verließen, von denen sie sich ein Eingreifen zu ihren Gunsten erwarteten. Waldemar und Absalon wollten aber diesmal einen vernichtenden Schlag gegen die Religion der Ranen führen, in der sie zu Recht die Quelle des anhaltenden Widerstandes der Inselbewohner sahen. Waldemar ließ einer mehrere Meter hohen hölzernen Skulptur mit vier Gesichtern des von allen Slawen verehrten Gottes Swantewit einen Strick um den Hals binden und zum Entsetzen der Gläubigen durch den Staub und Schmutz des Lagers schleifen. Mit Schrecken und Furcht beobachteten die Ranen, wie die Dänen ihre alten Götterbilder zerhackten und in die Kochfeuer warfen. Der Glaubenskrieg feierte wüste Orgien, und die Christen rächten den Tod manches der Ihren, den die Ranen früher ihren Göttern geopfert hatten. Viele der Unterworfenen wurden von den anwesenden Priestern und Bischöfen – auch Berno von Mecklenburg gehörte dazu – christlich getauft, es sollen nach der *Knytlingasaga* an einem Tag 1300 gewesen sein. Man fragte sie nicht lange, ob sie wollten oder nicht und ob sie vom christlichen Glauben überzeugt wären.

Mit reicher Beute sowie vielen Geiseln zog Waldemar wieder ab und brachte die wertvollen Tempelschätze in seine Heimat. Seit diesem Zug im Jahre 1168 hatten die Dänen die Insel und das Festland bis etwa zum Ryck fest in ihrer Hand. Als jedoch Herzog Heinrich und die Obodriten sowie Pommern ihren Anteil an der Beute haben wollten, stellte sich Waldemar schwerhörig. Er hatte wohl von Anfang an darauf gehofft, daß ihm der Sachsenherzog die Eroberungen dieses Zuges nicht streitig machen könnte, weil Heinrich vollauf mit den sächsischen Fürsten zu tun hatte. Aber der Welfe hieß nun die Wenden, ihre Kriegslust an den Dänen zu erproben. Das ließen die sich nicht zweimal sagen, und den Dänen kam die Verweigerung des ihren Helfern zustehenden Beuteanteiles teuer zu stehen. Die Wenden stürzten sich mit allem Ungestüm auf die dänischen Schiffe und Inseln, und nach Helmold sollen an einem einzigen Tag auf dem Markt in Mecklenburg nicht weniger als 700 gefangene Dänen als Sklaven angeboten worden sein. Der Löwe aber mußte bald darauf von dem zeitgenössischen dänischen Geschichtsschreiber Saxo Grammaticus den Schimpf der Falschheit und Lügenhaftigkeit einstecken.

In all den Jahren geisterten immer wieder Pläne für einen neuen Kreuzzug durch die Länder. Zwischen den Königen von Frankreich und England war es darüber im Sommer 1167 sogar zu einer kriegerischen Auseinandersetzung gekommen, die zwar bald in eine Waffenruhe überging, aber zu einem Friedensschluß war es bis zum Herbst 1168 noch nicht gekommen. Papst Alexander hatte seine Hände gleichfalls im Spiel, da der englische Erzbischof Thomas Becket nach wie vor der Zankapfel zwischen den beiden Königen war: Schützling des französischen und Verfemter des englischen. In diese Verwicklungen versuchte bald auch der Kaiser einzugreifen, um sie nach Möglichkeit in seinem Sinne zu beeinflussen. Es liegt auf der Hand, daß dazu auch die endliche Ausschaltung Alexanders III. aus dem Kräftespiel gehörte. Herzog Heinrich stellte sich für eine kaiserliche Gesandtschaft zur Verfügung, die die beiden westlichen Könige aufsuchen sollte. Auch Erzbischof Christian von Mainz und der Nachfolger Erzbischof Rainalds von Köln, Philipp von Heinsberg, sollten an der Reise teilnehmen. Da sich der Welfe also für längere Zeit aus Sachsen entfernte, mußte ihm die Lage dort ausreichend stabil erscheinen. Und der Kaiser war wohl froh, daß sich sein Vetter für das Unternehmen zur Verfügung stellte, denn als Schwiegersohn des englischen Königs fand Heinrich sicher unschwer dessen Zustimmung, so daß damit günstige Voraussetzungen für das Gelingen des Planes gegeben waren. Barbarossa hatte ja längst erkennen müssen, daß der Plantagenet infolge seines Opportunismus ebensowenig wie der französische König ein verläßlicher und einfach zu handhabender Partner war. Schon bald nach den Würzburger Eiden hatte sich Heinrich II. erneut Papst Alexander genähert, und es galt jetzt, ihn davon wieder abzubringen.

Hatte Barbarossa den gegen ihn gerichteten Groll seines Vetters, der spätestens seit der erzwungenen Rückgabe Goslars in dem Welfen gärte, völlig verkannt, als er ihn nach England entsandte? Die Fürsten ritten im Oktober 1168 von Köln über Cambrai nach Rouen zunächst zum englischen König. Ihr Auftrag wurde möglichst geheimgehalten, aber zweifellos sollten sie sich nicht nur um einen Friedensschluß zwischen den beiden Königen bemühen, sondern auch Möglichkeiten zur Beilegung der Kirchenspaltung sondieren.

Während der Schwiegervater Heinrichs des Löwen wohl mehr Aufgeschlossenheit für die weltlichen Vorschläge der deutschen Gesandtschaft zeigen mochte, sympathisierte der zu dieser Zeit gegen Papst Alexander aufgebrachte Ludwig VII. eher mit einer Lösung der kirchlichen Frage im Sinne des

Kaisers. Vermutlich wurde auch über die Möglichkeiten eines Kreuzzuges gesprochen, und ebenso soll ein Verlöbnis zwischen einem Sohn des Kaisers und einer Tochter des französischen Königs diskutiert worden sein. Aber obwohl sich die Verhandlungen längere Zeit hinzogen, brachten sie kein greifbares Ergebnis, so daß die Gesandtschaft unverrichteter Dinge wieder zurückkehrte. Möglicherweise nahm die sich mehr und mehr entwickelnde Übereinstimmung zwischen Welfen und Plantagenet bei diesem Aufenthalt Heinrichs des Löwen am englischen Hof bereits ihren Ausgang, denn jeder der beiden Heinriche hatte die Begrenzung der staufischen Macht im Auge. Beiden erschien zunächst Papst Alexander als ein willkommenes Gegengewicht zum Kaiser.

Um das Schisma waren jedoch jüngst erhebliche Ungewißheiten entstanden. Im zehnten Jahr des Kirchenstreites ist Papst Alexanders zweiter Gegenpapst Paschalis gestorben. Hatte die Fortsetzung der Kirchenspaltung schon nach Viktors Tod 1164 den Unwillen vieler Kirchenfürsten erregt, so fehlte nun immer mehr Zeitgenossen jedes Verständnis für diesen Zwist. Alexander hatte als der allseits bekannte und vertraute Teil in diesen Auseinandersetzungen seinem neuen Gegner Calixt III. viel voraus. Obwohl der Kaiser auch mit dieser Papstwahl überrumpelt worden war, drohte ihm die Äbtissin und Mystikerin Hildegard von Bingen ebenso wie bereits nach der Wahl von Paschalis III. wegen der Fortsetzung des Schismas die Rache Gottes an.

Während der Reise Heinrichs des Löwen nach Nordfrankreich war sein alter Widersacher, der Bremer Erzbischof Hartwig gestorben. Sofort bildete sich eine Fraktion unter den Bremer Domherren, die die Abwesenheit des Herzogs dazu benutzte, um Sigfried, einen Sohn des Markgrafen Albrecht, als Nachfolger auf den Erzbischofsstuhl zu wählen. Es hätte ihnen offenbar gefallen, nach Hartwig, der vom

Herzog völlig lahmgelegt worden war, einen Metropoliten zu bekommen, hinter dem die Macht und die Welfenfeindschaft des Markgrafen von Brandenburg gestanden wäre. Die darauf gegründeten Hoffnungen einer Reihe von Domherren waren jedoch allzu kurzsichtig. Nicht nur sahen andere Domherren damit große Gefahren heraufziehen, vielmehr sandte der Herzog auch sogleich seinen getreuen Grafen Gunzelin nach Bremen, damit er dort die Dinge in seinem Sinne regle. Es ist klar, daß aus den Ambitionen des markgräflichen Sohnes nichts wurde, denn so einfältig, wie ein Teil der Bremer Domherren meinte, war der Löwe keineswegs.

Weil aber diese Domherren es vorzogen, sich von Graf Gunzelin möglichst nicht erwischen zu lassen, sondern schnell zu entfliehen, entstanden neue Unruhen in Sachsen. Der Kaiser hielt deshalb im Februar 1169 einen Hoftag in der Pfalz Wallhausen an der Helme. Viele sächsische Fürsten nahmen daran teil, aber es ist unklar, ob auch der Herzog dort erschienen ist, nachdem er vorher mit seinem Vetter beisammen war. Der Kaiser hat sich wieder nachdrücklich bemüht, den allseitigen Groll um den Herzog zu beschwichtigen. Seine unverrückbar starren Ansichten und Meinungen von den Lehnsverhältnissen ließen den Staufer immer nur in den aufbegehrenden Vasallen des Herzogs die Schuldigen sehen. Der Herzog war für den Kaiser stets im Recht, wenn er von seinen Lehnsmännern Unterordnung und Gehorsam forderte.

Allerdings hatte der Sachsenherzog bei der eigenartigen Struktur seines Herzogtums längst nicht über alle Fürsten Verfügungsrechte. Schon die Markgrafen von Brandenburg, Meißen und der Lausitz unterstanden ihm nicht, ebensowenig aber auch der Landgraf von Thüringen, der sächsische Pfalzgraf und der Graf von Aschersleben. Und auch bei den Kirchenfürsten stieß der Herzog immer wieder an die Grenzen seiner Macht, denn der Magdeburger Erzbischof mit seinen Suffraganen in Naumburg, Merseburg, Meißen, Brandenburg und Havelberg sowie die Bischöfe von Hildesheim, Osnabrück und Münster konnten ihre Selbständigkeit dem Welfen gegenüber stets bewahren. Nur in den Bistümern Minden, Verden, Paderborn sowie Halberstadt und vor allem im Erzbistum Bremen-Hamburg mit den Bistümern Lübeck, Ratzeburg und Schwerin in den nordelbischen Gebieten konnte der Herzog umfassendere Rechte ausüben.

Um nun die Gegner Heinrichs des Löwen von weiteren Unruhen abzuschrecken, ließ der Kaiser einige von ihnen nach dem Hoftag in Wallhausen nicht nach Hause zurückkehren, sondern nahm sie mit sich fort. Er löste damit in der Tat große Bestürzung aus und riskierte weitere Unruhen, sogar gegen sich selbst. Aber Friedrich hatte das Wagnis doch richtig eingeschätzt, und seine Maßnahme ist ein sicheres Zeichen seiner wiedergewonnenen Autorität nach dem Desaster in Italien und den vergeblichen Aufrufen zum Reichstag in Würzburg acht Monate vorher.

Nur dieser kaiserlichen Autorität ist es zuzuschreiben, daß sowohl Heinrich der Löwe als auch seine Gegner, der Erzbischof von Magdeburg sowie die Markgrafen von Brandenburg, Meißen und der Lausitz wie auch der Landgraf von Thüringen und andere Herren im Juni zum Reichstag nach Bamberg kamen. Man kann sich vorstellen, mit welch mühsam verhaltenem Grimm sich diese Widersacher dort begegneten und gegenübersaßen, da sie sich doch sonst bei einem Treffen auf freiem Felde unweigerlich auf Leben und Tod bekämpft hätten. Herzog Heinrich erhielt vom Kaiser die Zustimmung, daß in Bremen keiner der von den Domherren ausersehenen Anwärter als Erzbischof eingesetzt würde, sondern sein früherer Kapellan Balduin, der dem Welfen völlig ergeben war. Für die Bremer Domherren, die sich mit dem Sohn Albrechts des Bären das gerade Gegenteil gewünscht

hatten, war es eine bittere Enttäuschung, daß sie nun einen ausgeprägten welfischen Parteigänger ins Nest gesetzt bekamen.
Während des ungewöhnlich lang dauernden Reichstages ließ der Kaiser den Fürsten seinen zweiten, eben vierjährigen Sohn Heinrich als seinen Nachfolger präsentieren. Die Malaria-Katastrophe in Rom im Sommer 1167 hat dem Staufer wohl klargemacht, wie wichtig die Regelung seiner Nachfolge war. Aber einige Fürsten, voran Heinrich der Löwe, sollen sich gegen die Wünsche Barbarossas ausgesprochen haben. Es ist möglich, daß dann mit Hilfe der oben erwähnten Zustimmung des Kaisers zur Nachfolge auf dem Bremer Erzbischofsstuhl im Tausch das Nachgeben des Welfen in der Frage der Thronfolge erreicht wurde. Die Fürsten akzeptierten endlich in einer Wahl in Bamberg den vorgeschlagenen Heinrich einstimmig und zwei Monate später, am 15. August 1169, wurde er in Aachen zum König gekrönt. Da von Barbarossa nie eine Erklärung bekannt geworden ist, warum er nicht seinen erstgeborenen Sohn Friedrich zu seinem Nachfolger vorgeschlagen hat, wurde um diese eigenartige Erbfolge viel gerätselt. Man vermutete, daß der erstgeborene Friedrich ein Gebrechen hatte, das ihn für den Vater als Monarchen nicht geeignet erscheinen ließ. Aber auch eine politische Begründung ist glaubwürdig: da der älteste Sohn in der Nachfolge des 1167 der römischen Seuche erlegenen Herzogs von Schwaben dessen Erbe angetreten hat, könnte es dem Kaiser nicht zweckmäßig erschienen sein, ihn auch als Thronanwärter vorzuschlagen, da von manchen Fürsten gegenüber einer solchen Machtballung sicherlich Opposition zu erwarten gewesen wäre.
Der Staufer hatte mit der Wahl und Krönung seines Sohnes Heinrich VI. jedenfalls die Erbfolge in der staufischen Linie gesichert. Heinrich der Löwe, der sich angesichts seiner königlichen Machtfülle, seiner königlichen Gemahlin, seines

kaiserlichen Großvaters und seines Ehrgeizes sicher nicht selten mit Barbarossa verglichen hat, mußte erkennen, daß er kaum noch irgendwelche Aussichten hatte, im Todesfall seines Vetters die deutsche Königskrone zu erhalten. Ein etwas späterer englischer Schriftsteller wollte denn auch wissen, daß der Welfe voller Ingrimm über die entgangene Chance dem jungen König Heinrich VI. die Huldigung verweigert habe. Aber so weit ging die Enttäuschung des Welfen sicher nicht. Es mußte ihm bewußt sein, daß sein staufischer Vetter doch immer wieder der einzige war, der gegen alle Anfeindungen der Fürsten zu ihm hielt, und daß er sonst wohl längst der Überzahl seiner Widersacher erlegen wäre.

Freilich verursachte Barbarossa in Heinrichs südlichem Herzogtum Bayern gerade wieder Unruhen, da er ebenso wie einige Jahre vorher in der Kirchenprovinz Salzburg nun auch gegen den neuen Erzbischof wegen der alexandrinischen Tendenzen in den Kampf zog. Die dortigen Domherren hatten nach dem Tod ihres alten Erzbischofs einen erst zwanzigjährigen Sohn des Böhmenkönigs gewählt. Sie hofften, daß der Kaiser dem Sproß des ihm befreundeten Königs die alexandrinischen Tendenzen eher nachsehen würde als seinem Vorgänger. Aber damit hatten sich die Domherren getäuscht.

Der Löwe zog seinen Vorteil aus diesen Schwierigkeiten des Salzburger Erzbistums und nahm die Grafschaft Reichenhall in Besitz, nachdem der letzte Hallgraf – vielleicht angesichts der wirren Jahre – resigniert hatte. Offenbar erhielt der Herzog damit auch die schon seit vorrömischer Zeit bestehende Saline, denn einige Jahre später schenkte er auf seiner Pilgerreise 1172 einen Anteil davon dem Augustiner-Chorherrnstift St. Zeno in Reichenhall. Endlich hatte Heinrich also die Quelle des süddeutschen Salzreichtums in seinen Händen, nachdem er die Transportwege des Salzes schon lange sorgfältig kontrollierte und besteuerte.

Auch der englische König Heinrich II. wurde immer wieder von dem alexandrinischen Erzbischof Thomas Becket aus dem Exil attackiert. Um sich diesen Widersacher vom Halse zu schaffen, hat der Plantagenet 1169 nicht nur dem Papst eine erhebliche Summe geboten, wenn er Thomas Becket versetzen würde, sondern er hat dazu auch eine Reihe italienischer Städte um Unterstützung ersucht und dort gleichfalls nicht mit finanziellen Angeboten gegeizt. Den Mailändern hat er sogar Hilfe beim Wiederaufbau ihrer Stadtmauer in Aussicht gestellt. Damit kam er natürlich dem Staufer ins Gehege, aber es kann durchaus sein, daß es dem Engländer nicht nur um die Beseitigung Thomas Beckets zu tun war, sondern daß er glaubte, in Italien die Stelle des durch die Katastrophe von 1167 erheblich geschwächten Kaisers einnehmen zu können. Der Plantagenet wollte ja seinen Machtbereich immer erweitern, und bald – 1171 – sollte ihm die Eroberung Irlands gelingen. In Italien gingen aber weder der Papst noch die Lombarden auf seine Angebote ein, denn niemand wollte sich von ihm abhängig machen.
In Sachsen machte der stets zu Aufruhr und Eigenmächtigkeiten neigende Graf Widukind von Schwalenberg wieder von sich reden. Mit ihm hatte der Herzog schon früher Schwierigkeiten gehabt, denn Widukind hatte 1152 mit Mißvergnügen beobachtet, wie ihm die herzogliche Gewalt durch Heinrichs Übernahme des Winzenburger Erbes nahegerückt war. 1156 hatte der Herzog den Grafen wegen eines Mordes ins Exil geschickt. So war Widukind stets unter den Gegnern des Welfen zu finden. Jetzt saß er in seiner Daseburg auf dem Desenberg beim heutigen Warburg in Westfalen und höhnte den Herzog, der ihm in der hoch gelegenen Burg kaum beikommen konnte. Einige vom Rammelsberg herbeigeholte Bergleute trieben aber einen Stollen in den Desenberg und konnten der Burg damit das Wasser abgraben. Widukind fiel dem Herzog kurz darauf ein zweitesmal in die

Hände. Aber der Graf verstand es bald, erneut das Vertrauen des Herzogs und damit die Freiheit zurückzugewinnen. Die zunehmende Festigung des Friedens in Sachsen ermöglichte es dem Welfen, sich wieder stärker den Gebieten nördlich der Elbe zuzuwenden. Im Januar 1170 erwirkte er auf einem Hoftag in Frankfurt am Main vom Kaiser ein Privileg für den Schweriner Bischof Berno und dessen Mecklenburger Bistum, das anscheinend auch die Insel Rügen und das vorpommersche Gebiet umfaßt hat. Heinrich wollte damit natürlich nicht in erster Linie dem Kirchenfürsten gefällig sein. Da er mit dem Dänenkönig wegen der Ostseegebiete ständig im Wettbewerb stand, war es dem Herzog darum zu tun, seine Rechte dort unmißverständlich herauszustellen. Das konnte er ohne viel Aufhebens erreichen, indem er dem ihm unterstellten Bischof von Schwerin eine Urkunde vom Kaiser beschaffte, die die Grenzen des Bistums in seinem Sinne festlegte. Der Herzog, der mit dem Dänenkönig noch immer wegen der Beute von Rügen im Streit lag und der das Vordringen Waldemars auf die Insel und das südlich davon liegende Festland mit Mißvergnügen sah, konnte mit dieser kaiserlichen Urkunde jedenfalls seine eigenen Ansprüche gegenüber dem Dänen leichter durchdrücken. Was der Kaiser dem Bischof von Schwerin zugeeignet hat, gehörte dem Herzog von Sachsen als dem Lehnsherrn des Bischofs erst recht. Es stellte sich zwar bald heraus, daß Papst Alexander die Insel Rügen auf Ersuchen des dänischen Königs dem Bischof Absalon von Roeskilde zugesprochen hat, aber schließlich war Waldemar Vasall des Kaisers und mußte dessen Urkunden respektieren. Es ist jedoch auffallend, wie vorsichtig Herzog Heinrich gegenüber dem Dänenkönig taktierte und sogar die Hilfe des Kaisers in Anspruch nahm, während er doch sonst bei der Wahrnehmung seiner Rechte – vor allem in den nordelbischen Gebieten – durchaus selbstherrlich und keineswegs zurückhaltend war.

Aber der Welfe hat wohl sehr genau gewußt, daß hier die Pergamente keine Kraft hatten, sondern daß alles von der real ausgeübten militärischen Stärke abhing. Und diese war durch die ständigen Reibereien mit den Sachsenfürsten auf seiner Seite bereits erheblich angeschlagen, während die Macht Waldemars durchaus zunahm. Die Dänen zogen im Herbst 1170 auch wieder aus, um ihre Herrschaft über die Swinemündung bis Wollin auszudehnen.

Der Sachsenherzog setzte zu dieser Zeit seine 1167 begonnene, auf Frieden und Freundschaft gerichtete Politik in den Gebieten nördlich der Elbe fort. Hatte er vor drei Jahren dem Obodritenfürsten Pribislaw das Land seines Vaters als Lehen verliehen (freilich nicht gerade aus freien Stücken), so gab er jetzt seine Tochter Mathilde, ein Mädchen unbekannter Herkunft, angeblich von einer Konkubine, dem Sohn Pribislaws zur Frau. Der Welfe war sehr darauf bedacht, den Obodritenfürsten mit friedlichen, freundschaftlichen Mitteln an sich zu binden. Seit Pribislaws Belehnung im Jahre 1167 hatten sich die Verhältnisse offenbar erfreulich entwickelt, und der Schweriner Bischof Berno konnte seither auch seine Missionsarbeit in größerem Umfang entfalten. Der Herzog veranlaßte den Kaiser jetzt, den wendischen Fürsten im Bistum Schwerin die gleichen Ehrenrechte zu verleihen, wie sie die deutschen Fürsten hatten. Natürlich befreite diese Auszeichnung die Wenden in keiner Weise von ihren Verpflichtungen gegenüber dem Mann, der diese Gunst vermittelt hatte. Aber den Bistümern Ratzeburg und Lübeck erließ Heinrich den Herzogszins und die Bede, eine Abgabe für Grund und Boden, die im 12. Jahrhundert aufgekommen ist. Diese großzügige Geste wurde dem Welfen sicher besonders hoch angerechnet, da er sonst sehr sparsam und sogar als geizig verschrien war.

Nachdem sich der Herzog auf diese Weise mit freundlichen Gesten in den nordelbischen Gebieten abgesichert hatte, fiel er im Februar 1170 völlig überraschend in die Güter des Magdeburger Erzstiftes ein. Trotz der Friedensbemühungen des Kaisers war die Stimmung in Sachsen, wie sich nun zeigte, äußerst gereizt und explosiv. Der Herzog ließ durch seine Streitkräfte große Verwüstungen anrichten – zum Entsetzen des Erzbischofs und zum Unbehagen des Kaisers. Aber Heinrich führte auch einen Schlag gegen die Harburg am linken Ufer der unteren Elbe, in der wohl noch Gegner seines Trabanten auf dem Bremer Erzbischofsstuhl saßen. Wenn er vor drei Jahren die umliegenden Sümpfe nicht hatte überwinden können, so gelang ihm dies jetzt sehr wohl und er zerstörte die Burg durch Feuer völlig.

Obgleich der Kaiser zu dieser Zeit wegen der Beendigung des Kirchenstreites in schwierigen und vielschichtigen Verhandlungen mit Papst Alexander stand, berief er umgehend einen Reichstag ein, um die weitere Ausbreitung der Kämpfe in Sachsen zu verhindern. Man traf sich im Juni am Johannistag in Erfurt, und neben Herzog Heinrich kamen fast alle seine sächsischen Gegner wieder zusammen, natürlich vor allem der unmittelbar betroffene Magdeburger Erzbischof Wichmann. Dem Staufer gelang es tatsächlich, erneut einen Frieden zwischen den zerstrittenen Parteien zustande zu bringen, der dann überraschenderweise sogar rund zehn Jahre Bestand hatte. Vor allem ist es erstaunlich, daß der Kaiser den brandenburgischen Markgrafen Albrecht beruhigen konnte, denn dieser alte Welfenfeind mußte sich durch die Zurückweisung seines Sohnes vom Bremer Erzbischofsstuhl durch Heinrich aufs gröbste provoziert fühlen. Aber Albrecht war mit seinen rund siebzig Jahren allmählich wohl doch zu alt, um erneut gegen den Herzog loszuschlagen, obgleich er das in letzter Zeit zusammen mit seinen Bundesgenossen noch öfters getan hatte.

Tatsächlich starb Albrecht der Bär bereits wenige Monate später, am 18. November 1170, in der unter seiner Ägide an-

gelegten Marktsiedlung Stendal. »Der Löwe ist nicht überwunden worden, aber auch der Bär hat sich nicht überwältigen lassen«, sagte man über die zwei Gegner, die sich nur mit kurzen Unterbrechungen jahrzehntelang hartnäckig bekämpft hatten. Der Askanier hatte mit wenig Erfolg seine Mark nach Westen gegen den Löwen zu sichern und zu erweitern versucht. Aber es wurde ihm eine glückliche Hand beim Kolonisieren seiner neuen Gebiete nachgerühmt und er hat sich die Mitarbeit der Ansiedler durch verständnisvolle Hilfe ungleich besser zu sichern verstanden als Heinrich der Löwe. Albrecht ist der Begründer der Mark Brandenburg, wohin er Rheinländer, Holländer und Flamen zur Ansiedlung gerufen hat. Es ist nicht auszuschließen, daß der Stadtname Berlin als »Bärlein« auf Albrecht den Bär zurückgeht. Wenige Monate vor seinem Tod hatte Markgraf Albrecht im August 1170 noch der Einweihung des von ihm besonders geförderten Domes zu Havelberg durch Erzbischof Wichmann von Magdeburg und andere Kirchenfürsten beiwohnen können. Obgleich zwischen Albrecht und Wichmann eine nicht zu übersehende Rivalität bei der Kolonisierung der wendischen Gebiete herrschte, waren die beiden angesichts der gemeinsamen Gegnerschaft zu dem Welfen doch befreundet geblieben. Albrecht und Wichmann waren auch wichtige Helfer des Kaisers und unerschütterlich in ihrer Reichstreue.
Für Herzog Heinrich brachte der Tod Albrechts des Bären nach dem Ableben des Bremer Erzbischofs Hartwig natürlich eine weitere erhebliche Erleichterung, denn der Brandenburger ist nicht selten die treibende Kraft gegen ihn gewesen. Zweifellos war Albrecht auch mit schuld daran, daß der Welfe seit dem Frühjahr 1166 nicht mehr in sein südliches Herzogtum gekommen ist. Von Albrechts Söhnen und insbesondere von dessen Nachfolger Otto erwartete der Herzog anscheinend keinen Angriff, denn er nahm nun die Gele-

genheit wahr und ritt sogleich im Winter wieder einmal nach Bayern.

Um diese Zeit ist vermutlich das *Rolandslied* des Regensburger Pfaffen Konrad, eines Kaplans des Löwen, nach französischem Vorbild entstanden. Konrad war wahrscheinlich schon an der zwei Jahrzehnte vorher geschriebenen *Kaiserchronik* beteiligt. Das altfranzösische *Chanson de Roland* ist möglicherweise eigens für Heinrich den Löwen aus Frankreich beschafft worden; die Kenntnis der französischen Sprache kann man vermuten, nachdem bereits am Hof seines Vaters der französische Kunstgesang gepflegt worden war. Das ist übrigens ein Grund, weshalb man die Entstehungszeit des mittelhochdeutschen *Rolandsliedes* verschiedentlich in die Jahre Heinrichs des Stolzen legt, der durch eine Bildungsreise nach Paris engere Beziehungen zu Frankreich hatte. Andererseits wird im Epilog der Regensburger Dichtung nicht nur der Herzog als Anreger und Auftraggeber genannt, sondern es wird auch der Anteil der Herzogin an der Entstehung des Gedichtes besonders betont. Dies läßt auf die englische Mathilde, die Gemahlin Heinrichs des Löwen schließen, womit das *Rolandslied* dann doch erst nach deren Verheiratung im Jahre 1168 entstanden wäre. In dem Epos findet der Verrat an Roland, einem Paladin Karls des Großen, durch seinen Schwiegervater Genelon, grausame Rache, nachdem Binabel, ein Verwandter Genelons, vergeblich versucht hatte, dessen Unschuld in einem Zweikampf zu beweisen:

> Binabel und Tirrich
> mit Schwertern versuchten sich;
> sie zerhieben einander die Schilde,
> der Kaiser flehte um göttliche Milde
> für Tirrich, den schwachen Mann.
> Gott, der alles kann,
> der schickte dem schwächlichen Tirrich
> die Kräfte des Löwen von sich.

Das Schwert der hoch schwang
fest schritt er gen Binabel an
und schlug ihm den Helm entzwei
. . . .
den Hals hieb er Binabel durch,
von dem Boden hob er das Haupt
und steckt's voll Stolz auf den Speer.
. . . .
Genelunen sie banden
mit Füßen und mit Handen
wilden Rossen an den Schweif.
Durch Dornen und durch Hecken
an seinem Bauch und Rücken
sie brachen ihn zu Stücken.
So ward sein Trug gerächt.

Auch bei einer um diese Zeit im norddeutschen Raum entstandenen *Tristan*-Dichtung nach einer französischen Vorlage konnte das Herzogspaar Anregung und Auftrag gegeben haben. Als Verfasser gilt der Ritter Eilhart von Oberg bei Braunschweig, ein Ministeriale Heinrichs des Löwen:

Als die Königin zu dem Strande kam
und all den Jammer vernahm
da erschrak sie darüber sehr
»Oh wehe mir und immer mehr«
sprach sie »Tristan der ist tot«
sie wurde weder bleich noch rot
. . . .
auf der Bahre er ausgestreckt lag
daneben sein Weib stand voll Klag'
die Königin zu ihr alsobald sprach
»Fraue, gebt etwas nur nach
laßt mich und glaubet es mir

ich war ihm näher als ihr
und er war mir lieber als euch«
Die Bahre enthüllt' sie vom Zeug
und rückte Tristan zur Seite
legte sich ihm zu Geleite
und nichts sprach sie mehr
starb, das Herz so viel schwer.

Eilharts Verse wurden allerdings bald von der gewandteren Dichtung des Gottfried von Straßburg verdrängt. Beide Epen zeigen jedoch, wie interessiert der Welfe an der Dichtkunst seiner Zeit gewesen sein muß, und es ist durchaus möglich, daß ohne ihn weder das *Rolandslied* noch das *Tristan*-Epos bereits im 12. Jahrhundert in den deutschen Sprachkreis vorgedrungen wäre.

Ende Januar 1171 hielt Heinrich der Löwe in Moosburg an der Isar einen großen Landtag. Bald darauf war er wohl im Kloster Schäftlarn südlich seines dreizehn Jahre vorher errichteten Isar-Überganges bei München. In Schäftlarn wollte Heinrich in die bereits seit vierhundert Jahren bestehende Bruderschaft aufgenommen werden. Es war damals eine Gepflogenheit deutscher Herrscher, einer Betgemeinschaft beizutreten, der bald auch Friedrich Barbarossa huldigte.
Ende März 1171 hat der Herzog Bayern wieder verlassen und sich nach Schwaben begeben, wo er dem etwa fünfunddreißig Jahre vorher gegründeten Kloster Salem einen Besitz bestätigte. Das Salemer Kloster gehörte zu den etwa fünfzig, die der Ende des 11. Jahrhunderts gegründete Orden der Zisterzienser bis zum Tode von Bernhard von Clairvaux im Jahre 1153 auf deutschem Boden ins Leben gerufen hat. Neben den »grauen Mönchen«, wie man die Zisterzienser auch genannt hat, war zu jener Zeit der 1120 gegründete Orden der Prämonstratenser besonders aktiv, der zum Beispiel das

Kloster Schäftlarn an der Isar 1140 von den Benediktinern übernommen hat.
Ein Ergebnis des wiederholten Beisammenseins von Heinrich dem Löwen mit Kaiser Friedrich Barbarossa war es vielleicht, daß der Welfe nun 1171 das Grafenamt von Garda ausübte. Barbarossa hatte ja bei seinen Alpenüberquerungen auf der Straße von Trient keine guten Erfahrungen gemacht, vor allem in der Veroneser Klause nicht. Deshalb war er darauf bedacht, sich parallel dazu den Weg am Gardasee zu sichern. Otto von Wittelsbach, den er ursprünglich mit Garda belehnt hatte, war es nicht gelungen, das Gebiet dauernd zu befrieden. Er hatte es deshalb wieder an den Kaiser zurückgegeben, der dann 1167 den Trentiner Bischof damit belehnt hat, nicht ohne eine Reihe von Auflagen, die den Weg für die Truppenbewegungen über die Alpen nach Italien offenhalten sollten. Aber der Kirchenfürst hat das Lehen trotz ausdrücklichen Verbotes an einen veronesischen Granden weitergegeben, womit die Straße wieder weitgehend den Veronesern und damit dem aggressiven, kaiserfeindlichen Städtebund ausgeliefert war. Für Barbarossa war sie damit so gut wie wertlos. Deshalb betraute er schließlich mit dieser Grafschaft seinen Vetter, dessen bayerisches Herzogtum ja nicht weit entfernt lag. Trotzdem ist Barbarossa 1174 dann nicht auf diesem Weg, sondern über Burgund nach Italien gezogen. Es sind auch nur wenige Aktivitäten Heinrichs des Löwen bekannt, die sein Grafenamt über Garda bezeugen, und etwa 1178 oder 1179 hat es geendet. Nachdem der Löwe schon Bayern nur als Nebenland für seine Politik betrachtete, war nicht zu erwarten, daß die Grafschaft Garda sein Interesse für den Süden mehr wecken könnte. Mit der vermuteten Festlegung einer südlichen und einer nördlichen Einflußsphäre für den Staufer und den Welfen war dieses Grafenamt für Heinrich ohnedies nicht zu vereinbaren.
Andererseits mußten einige Transaktionen des Kaisers die

Aufmerksamkeit des Löwen hervorrufen: 1170 hat der Staufer die Besitztümer der Pfullendorfer nördlich des Bodensees übernommen, zu denen auch die Vogteien von Säckingen, St. Gallen und Chur gehörten. Damit war das welfische Stammland um Ravensburg und die Reichenau, deren Vogtei Heinrich besaß, von staufischen Besitzungen eingekreist. Einige Jahre später hat Friedrich dann auch noch das Erbe der Lenzburger Grafen westlich von Zürich erworben. Es gehörte zur Politik Barbarossas, sich tunlichst die wichtigsten Alpenpäße und deren Vorland als Aufmarschgebiet zu sichern, um bei der Überschreitung der Alpen möglichst keinen Behinderungen ausgeliefert zu sein.

Als Herzog Heinrich spätestens im Sommer 1171 nach Sachsen zurückkehrte, bahnte sich endlich die Beilegung seines Streites mit dem Dänenkönig um die Beute des Rügen-Feldzuges von 1168 an. Bisher gab es immer wieder Plänkeleien, und die Schiffe weder der einen noch der anderen Seite waren auf der Ostsee vor Überfällen sicher. Im ersten Halbjahr 1171 haben die Dänen Heinrichs Abwesenheit in Bayern ausgenützt, haben das Gebiet von Wagrien verwüstet und auch in Zirzipanien konnten sie vom rügenschen Hinterland aus eindringen. Über mehrere solcher Züge, an denen vor allem Bischof Absalon von Roeskilde, der Begründer Kopenhagens, beteiligt war, berichtet der dänische Chronist Saxo Grammaticus, der von Absalon mit der Niederschrift seiner Chronik beauftragt worden war.

Im Juni trafen sich nun Herzog Heinrich und König Waldemar auf Wunsch des Dänen wieder an der Eider, dem Grenzfluß zwischen ihren Ländern, wo sie früher schon mehrmals Gespräche geführt hatten. Waldemar war der ständigen Attacken der Wenden nun überdrüssig und erklärte sich bereit, entsprechend den 1166 getroffenen Abmachungen Beute, Tribut und Geiseln der Ranen mit dem Herzog zu teilen. Heinrich gebot den Wenden daraufhin sogleich, ihre An-

griffe gegen die Dänen einzustellen. Das frühere Bündnis zwischen den beiden Fürsten wurde erneuert und es wurde sogar die Tochter Gertrud des Herzogs, die durch den Tod Friedrichs von Schwaben in Rom verwitwet war, mit dem dänischen Kronprinzen Knud verlobt. Da Knud erst acht Jahre alt war, fand die Vermählung später statt, aber Gertrud zog bald an den dänischen Königshof.
Durch dieses Übereinkommen mit seinem nördlichen Nachbarn hat Heinrich einen weiteren Schritt getan, um seinem sächsischen Herzogtum den Frieden zu sichern. Es kostete zwar noch einige Mühe, die Wenden, die das freibeuterische Leben schätzten, ebenfalls an die Ruhe zu gewöhnen, aber hier konnte sich Heinrich völlig auf das Wirken von Gunzelin verlassen. Am 9. September 1171 wohnte der Herzog in Schwerin der Einweihung des Domes bei. Diese Bischofskirche war wohl ebenso wie die Lübecker aus Holz gebaut. Mehrere wendische und pommersche Fürsten, Bischöfe und andere Herren waren anwesend. Herzog Heinrich stattete das Bistum mit Gütern und Einkünften aus. Der Dom war ein weiteres Zeichen für die Ausdehnung des Abendlandes nach Osten – es war ein Zeichen für viele kleinere, stillere, aber gleichfalls wichtige Vorstöße westlicher, deutscher Sitten und Gebräuche. In den Jahren 1171 und 1172 wurden auch die beiden frühesten Klöster des Landes gegründet, Doberan, westlich von Rostock, und Dargun in Zirzipanien, westlich von Demmin. Beide waren Zisterzienserklöster. Der slawische Tempel aus dem 9./10. Jahrhundert, dessen Reste man in diesem Gebiet bei Güstrow 1977 entdeckt hat, mag dagegen zu jener Zeit infolge der Christianisierungswellen bereits zerstört gewesen sein.
Helmold, der Pfarrer von Bosau, schließt seine *Slawenchronik* mit einem Überblick über diese Zeit ab: »Das ganze Land, das sich von der Eider zwischen der Elbe und der Ostsee bis nach Schwerin erstreckt, einst ein mit Schrecknissen erfülltes, fast

wüstes Gebiet, ist nun eine zusammenhängende sächsische Kolonie geworden, in der Städte und Burgen gebaut werden und wo immer mehr Kirchen und Priester einziehen. Auch Pribislaw hat allen Widerstand aufgegeben und eingesehen, daß es schwer ist, wider den Stachel zu löcken; er sitzt friedlich in dem ihm überlassenen Teil des Obodritenlandes, baut die Burgen zu Mecklenburg, Ilow und Rostock und siedelt in diesen Bezirken Slawen an.«

Mit dem letzten Satz macht Helmold starke Abstriche an dem vorher und früher Berichteten, wo er doch von »letzten Resten der Slawen« geschrieben hatte, die von Pommern und Dänen als Sklaven verkauft wurden. Jetzt berichtet er dagegen von slawischen Neuansiedlern in den Gebieten von Mecklenburg und Rostock, und angesichts der deutlichen Bemühungen des Herzogs um die Freundschaft der Wendenfürsten wird die Formulierung von der »zusammenhängenden sächsischen Kolonie« nicht so wörtlich zu nehmen sein.

1172–1175

Heinrichs Pilgerreise in das Heilige Land und weitere Jahre

Unter solchen Voraussetzungen, da neben den Wenden und Dänen auch die sächsischen Fürsten zu einem dauerhaften Frieden bereit zu sein schienen, plante Heinrich der Löwe eine Pilgerreise in das Heilige Land. Obwohl im 12. Jahrhundert die Katharer, Waldenser, Apostoliker und andere Gruppen, die von der katholischen Kirche als Ketzer verurteilt wurden, beträchtlichen Zulauf hatten, war die weit überwiegende Mehrzahl der damaligen Menschen der christlichen Kirche treu ergeben. Sie fühlten sich ihrem Gott unterworfen, und die Furcht vor der Hölle wie andererseits die Hoffnung auf das ewige Leben im Himmel erfüllte die Menschen vollends. Das Mittelalter begriff sich als eine »Endzeit«, als einen Abschluß des Weltlaufes, der jederzeit das Ende bringen konnte. Deshalb sah man auch in jedem außerordentlichen Naturereignis – Sonnen- und Mondfinsternissen, Meteoriten, Erdbeben, Überschwemmungen, Hungersnöten, Epidemien – ein Zeichen für den von Gott oder dem Antichrist in die Wege geleiteten baldigen Weltuntergang.

Aus dieser Stimmung heraus, auch sonst mit viel zeitgemäßem Mystizismus verquickt, strebten viele Gläubige nach einer Pilgerfahrt in das Heilige Land. In ritterlichen Kreisen entsprachen diese Reisen sogar einer allgemeinen Sitte, mit der man seine christliche Gesinnung beweisen wollte. Dem Welfen war es wohl nachträglich nur recht, daß er nicht 1147 mit dem großen Haufen des mißlungenen zweiten Kreuzzuges ins Morgenland aufgebrochen war. Jetzt hatte er eine weitaus bessere Gelegenheit, als Einzelreisender vor aller

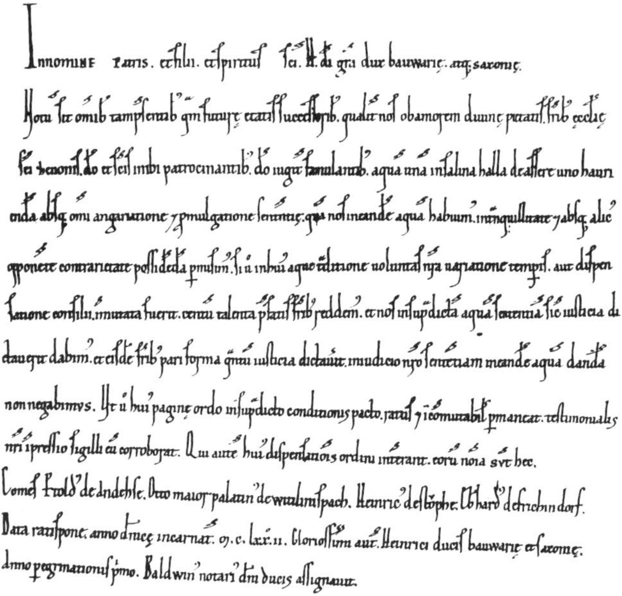

Urkunde Heinrichs des Löwen: Heinrich schenkt dem Stift St. Zeno einen Anteil an der Saline in Reichenhall. Regensburg, Februar 1172 (KU ST. Zeno 13)

Welt seine Würde und seinen Reichtum zu präsentieren. Und schließlich konnte Erzbischof Wichmann von Magdeburg, den er vor zwei Jahren noch völlig unmotiviert angegriffen hatte, seine zur Versöhnung ausgestreckte Hand kaum zurückweisen, wenn es galt, den Herzog für eine fromme Pilgerfahrt freizustellen. Der Kirchenfürst war sogar bereit, den Herzog während dessen Abwesenheit zu vertreten, und er gab damit die beste Versicherung für die Einhaltung des Friedens ab.

Mit rund 500 Rittern brach Heinrich der Löwe mitten im Winter, im Januar 1172 in Braunschweig auf, begleitet von Bischof Konrad von Lübeck, mit dem er sich wieder ausgesöhnt hatte, Äbten aus Braunschweig und Lüneburg, dem Obodritenfürsten Pribislaw, Graf Gunzelin von Schwerin und vielen andern. Es war ein prunkvoller Zug, der sich nach Süden auf den Weg machte und der die beinahe königliche Herrlichkeit des Welfen widerspiegelte. Nur seine 16jährige Gemahlin ließ Heinrich in Erwartung eines Kindes in Braunschweig zurück.

Der Löwe nahm die Gelegenheit wahr, wieder in sein Herzogtum Bayern zu kommen, zumal es ohnedies das günstigste war, zunächst der Donau entlang zu ziehen. In Regensburg, wo Heinrich dem Stift St. Zeno einen Anteil an der Saline Reichenhall schenkte, schlossen sich noch mehrere bayerische Edle seinem Zug an, darunter der Pfalzgraf Friedrich von Wittelsbach. In Klosterneuburg, kurz vor Wien, erwartete der österreichische Herzog Heinrich II. Jasomirgott den Zug. Der Babenberger konnte sich ja infolge der kurzen Ehe mit der Mutter Heinrichs des Löwen als dessen Stiefvater bezeichnen. Die beiden waren nach der Beendigung des Streites um Bayern und nach der Auflösung der Verschwörung aus dem Jahre 1163 in ein ganz gutes Verhältnis zueinander gekommen. Der Babenberger bereitete dem Welfen jedenfalls einen glänzenden Empfang, und der Löwe benutzte wohl die Gelegenheit, das nahegelegene Grab seiner Mutter zu besuchen.

In Wien stieß auch der neue Bischof Konrad von Worms zu der Reisegesellschaft. Er hatte keineswegs vor, bis in das Heilige Land mitzuziehen, sondern sollte in Konstantinopel einen Auftrag des Kaisers erfüllen. Es ist allerdings nie ans Tageslicht gekommen, worin dieser Auftrag bestanden hat. Einerseits wurde gesagt, daß er dem Herzog in Konstantinopel eine gute Aufnahme sichern sollte. War das aber notwendig angesichts der Kontakte, die zwischen Kaiser Manuel und dem Herzog doch mindestens seit der ominösen byzantinischen Gesandtschaft des Jahres 1164 bestanden? Freilich ist von einer Fortsetzung dieser Beziehungen kein Nachweis bekannt, aber auch nichts vom Gegenteil. Andererseits wollte man wissen, daß der Wormser Bischof frühere Eheverhandlungen zwischen den beiden kaiserlichen Dynastien wieder aufgreifen sollte. Was sich wirklich hinter der Reise des Kirchenfürsten verborgen hat – man weiß es nicht.

Der Österreicher hat seinem Stiefsohn wohl angeraten, die Weiterreise auf der Donau zu machen. Er beschaffte ihm dafür Schiffe und rüstete sie reichlich mit Lebensmitteln, Wein und allem Notwendigen für eine längere Fahrt aus. Heinrich und die ihm nahestehenden Herren begaben sich auf die Boote, während ihre Pferde am Ufer des Flusses nachgeführt wurden. Auch der Herzog von Österreich machte die Schiffsreise mit und geleitete die fröhliche Pilgergesellschaft bis zur ungarischen Grenze in der Nähe der Leitha-Mündung. Hier erwartete sie bereits ein Beauftragter des ungarischen Königs, der sie dann weiter nach Gran, der damaligen Hauptstadt des Landes geleitete. Aber bei ihrer dortigen Ankunft am 4. März trafen sie auf die beginnenden Trauerfeierlichkeiten, denn König Stephan III. war plötzlich völlig unerwartet gestorben.

Konnte man die Reise unter diesen Umständen fortsetzen? Nach Beratungen mit den Fürsten des Landes und Versicherungen, daß man die Weiterreise nicht übelnehme, begaben sich die Wallfahrer wieder auf ihre Schiffe. Sie staunten immer wieder über die Weite des Landes, über den durch wasserreiche Nebenflüsse immer breiter werdenden Strom und über manche ungewohnte Neuigkeit, die sie bis dahin nur vom Hörensagen kannten. Plötzlich gerieten die Pilger eines Tages in unvermutete Stromschnellen. Während einige Schiffe die gefährliche Stelle glücklich passieren konnten, geriet dasjenige des Herzogs zu sehr in die Strudel und kenterte. Heinrich konnte sich jedoch so lange über Wasser halten, bis er von der Besatzung einer Burg am Ufer gerettet

wurde. Auch Graf Gunzelin und andere Herren, die auf dem Unglücksschiff waren, kamen mit dem Leben davon.
Bald passierte man Belgrad. Unterhalb der Mündung der Morawa in die Donau verließ man bereits auf griechischem Gebiet die Schiffe, wohl um den Durchbruch des Flusses durch die Karpaten mit den gefährlichen Strudeln am sogenannten Eisernen Tor zu vermeiden. Die Lasten wurden auf Wagen geladen. Aber es stellte sich bald heraus, daß man damit auf den schlechten Wegen nicht vorwärtskam. Zunächst mußte der breite, sumpfige Bulgarenwald im ständigen Auf und Ab über Anhöhen und durch Niederungen passiert werden. Viele der Fahrzeuge brachen auseinander und für die Pferde war es eine üble Schinderei. Es gab einen Aufenthalt nach dem anderen und man kam nur langsam vorwärts. Endlich entschloß sich der Herzog, die Lasten soweit wie möglich den Pferden aufzupacken und den Rest mit den Wagen stehenzulassen. Aber die Feindseligkeit der serbischen Bewohner brachte neue Schwierigkeiten. Heinrichs Bitte um Geleit schlugen sie ab. Nicht lange vorher hatten sich die Serben gegen den Kaiser von Byzanz erhoben, waren aber unterworfen und gedemütigt worden. Wenn jetzt der Kaiser den Pilgern einen Gesandten entgegenschickte, so fühlten sich die freiheitsliebenden Bewohner dadurch mehr provoziert, als der kaiserliche Legat Schutz bieten konnte. Tatsächlich griffen die Serben das Lager der Deutschen nachts an, aber sie konnten glücklicherweise abgeschlagen werden und ließen die Pilger dann unbehelligt weiterziehen. Angesichts all der Mühen und Beschwernisse ist es erstaunlich, daß die Schar den Weg von Gran über Belgrad, Nisch, Philippopel – das heutige Plovdiv – und Adrianopel – das heutige Edirne – bis Konstantinopel in knapp sechs Wochen zurücklegen konnte und am 14. April vor der Kaiserstadt ankam, wo man zunächst ein Lager aufschlug.
Herzog Heinrich sandte dem Kaiser kostbare Gastgeschen-

ke, prachtvoll gesattelte und gezäumte Pferde, wertvolle Rüstungen, Waffen und feine Kleider seiner sächsischen Heimat, um Gunst und Gastfreundschaft Manuels zu gewinnen. Am Ostersonntag 1172 zog Heinrich der Löwe in Konstantinopel ein und wurde vom Komnenen in einem schönen Park inmitten seiner geistlichen und weltlichen Großen festlich empfangen. Der Kaiser bot allen Prunk zu Ehren des Herzogs auf, und die Deutschen staunten über diese orientalische Prachtentfaltung sowohl bei den purpurnen baumwollenen Zelten mit goldenen Verzierungen als noch mehr bei der folgenden österlichen Prozession. Der ganze Weg führte über ausgelegte Purpurdecken und war mit seidenen, golddurchwirkten Tüchern beschattet. An den Seiten säumten Kränze und goldene Ampeln den Weg. Der Kaiser folgte mit seinen Gästen der vorangehenden Geistlichkeit, zuerst zum Zelt des Monarchen, das die Beschauer mit vielen Edelsteinen blendete, dann zur Kirche.

Auch der Gottesdienst brachte für die Deutschen viel Fremdartiges. Vor rund 120 Jahren hatte sich die Ostkirche von der römischen Kirche getrennt, aber vorher schon hatte sich im Morgenland mancher besondere Brauch entwickelt, was dann schließlich im Jahre 1054 auch zum formalen Bruch geführt hat. Zwischen den deutschen und den byzantinischen Geistlichen entwickelten sich nach dem Gottesdienst bald heftige Streitgespräche, die Kaiser Manuel mit viel Aufmerksamkeit verfolgte. Sein Wunschtraum war es ja immer, die beiden Kirchen wieder zusammenzuführen und sie dem römischen Papst zu unterstellen. Er selbst wollte dann der weltliche Herrscher dieser vereinigten Christenheit sein. Deshalb sah er in Friedrich Barbarossa stets einen Rivalen, den er mit diplomatischen Mitteln ebenso zu beseitigen trachtete wie mit kriegerischen. Dazu unterstützte er mit seinen reichen finanziellen Möglichkeiten die oberitalienischen Städte, dazu schickte er auch immer wieder Streitkräfte nach

Italien, und dazu versuchte er stets erneut den Papst wie auch die Könige von Sizilien und von Frankreich für seine Pläne zu gewinnen. Zweifellos hat Manuel darüber auch mit dem Welfen gesprochen, mindestens um herauszubekommen, wie sich Heinrich dazu stellt. Es ist wohl anzunehmen, daß diese Ambitionen Manuels auch schon bei seiner Botschaft von 1164 eine Rolle gespielt hatten.

Einzelheiten der Gespräche zwischen Kaiser Manuel und Herzog Heinrich sind nicht bekannt. So sehr es wahrscheinlich ist, daß der Komnene den Welfen gegen Barbarossa aufzuwiegeln versucht hat, so große Berechtigung hat doch auch die Vermutung (W. Ohnsorge), daß Heinrich dem Kaiser einen Streifen Land in Italien angeboten hat, um ihn auf die Seite seines Vetters zu ziehen. Das wäre freilich sehr eigenmächtig und völlig gegen die Absichten Barbarossas gerichtet gewesen, der dem Byzantiner auf keinen Fall erlauben wollte, sich jemals auf der italienischen Halbinsel festzusetzen. So sehr auch Barbarossa daran interessiert war, Manuel von der Unterstützung der oberitalienischen Städte und der Koalition mit dem Siziler abzubringen, aber die Hingabe eines italienischen Brückenkopfes war ihm dafür ein zu hoher Preis. Bald nach der Rückkehr Heinrichs in seine Heimat war dann in Barbarossas Umgebung auch davon die Rede, daß der Welfe in Konstantinopel einen Verrat begangen habe. Das würde die Hypothese von dem angebotenen Land in Italien durchaus bestätigen, denn das wäre in der Tat ein Verrat an den Grundsätzen des Staufers gewesen, obgleich Heinrich damit die gute Absicht verbunden haben kann, seinem Vetter zu helfen. Nur unter dieser Voraussetzung wird ihm Heinrich doch auch von etwaigen Gesprächen mit Manuel mit diesem Inhalt berichtet haben. Hätte er seinen Vetter damit hintergehen wollen, dann hätte er ihm sicher nicht offen davon erzählt.

Friedrich hatte andere Vorstellungen, wie er den Byzantiner

auf seine Seite ziehen wollte. Inzwischen hatte ihm seine Gemahlin Beatrix mehrere Söhne und Töchter geschenkt und er dachte daran, daß eine Prinzessin aus Byzanz die Gemahlin eines seiner Söhne werden könnte. Er selbst hatte ja auch einmal die Absicht gehabt, sich nach der Scheidung von seiner ersten Frau mit einer Angehörigen des Hauses der Komnenen zu vermählen, bevor er dann Beatrix aus Burgund geheiratet hat. Und die erste Gemahlin Manuels war eine deutsche Gräfin gewesen, so wie Heinrich Jasomirgott von Österreich umgekehrt eine byzantinische Prinzessin geheiratet hat, nachdem die Mutter Heinrichs des Löwen verstorben war. Es bestanden also bereits mancherlei eheliche Beziehungen zwischen den deutschen Dynastien und Byzanz, aber noch nicht mit den Staufern. Es ist deshalb durchaus wahrscheinlich, daß der Wormser Bischof in dieser Richtung wirken sollte, und auch Herzog Heinrich konnte sich in diese Verhandlungen eingeschaltet haben. Ein konkretes Ergebnis erbrachten sie freilich nicht, möglicherweise, weil die beiderseits daran geküpften politischen Bedingungen nicht in Einklang zu bringen waren.

Als man schließlich voneinander Abschied nahm, beschenkte die byzantinische Kaiserin die Deutschen reich mit Samt- und Pelzkleidung, und Manuel stellte seinen Gästen ein großes, seetüchtiges Schiff zur Verfügung. Er stattete es mit Lebensmitteln und allem Notwendigen reichlich aus, so daß die Pilger ihre Weiterreise über das Meer antreten konnten. Ihre Pferde ließen sie in Konstantinopel zurück. Ein Sturm schien freilich der Seefahrt ein rasches Ende zu bereiten, aber die Wallfahrer kamen wieder einmal gut davon und erreichten nach einigen Tagen glücklich Accon, das heutige Acre, in Palästina. Von dort setzten sie ihre Reise wieder auf dem Landweg fort, nachdem es anscheinend wenigstens einem Teil von ihnen gelungen war, ein Reittier – Pferd oder Esel – zu ergattern. Sie zogen landein und aufwärts gegen Je-

rusalem, von wo ihnen bereits Männer der Templer- und Johanniter-Orden entgegenkamen. Unter Lobgesängen und Hymnen wurden die Pilger in die Stadt geleitet.
Herzog Heinrich blieb mit den Seinen zunächst drei Tage in Jerusalem. Er stiftete dem Heiligen Grab einen großen Geldbetrag und der Auferstehungskirche drei prunkvolle Ewige Lampen, zu deren Unterhalt er die Einkünfte von zwei Häusern bestimmte, die er in Jerusalem kaufte. Die Kapelle zum Heiligen Kreuz ließ Heinrich mit kunstvollen Mosaiken schmücken und die Türen mit purem Silber beschlagen. Den beiden Orden der Templer und Johanniter machte er gleichfalls große Geschenke und übergab ihnen auch zahlreiche Waffen. Vor allem ließen es sich Heinrich und seine Männer angelegen sein, die Heiligen Stätten zu besuchen. Es wird berichtet, daß der Herzog auch nach Bethlehem gezogen ist und auf den Ölberg, an den Jordan und an die Stelle in der Wüste, wo Christus der Überlieferung nach vom Teufel in Versuchung geführt worden ist. Nach seiner Rückkehr blieb Heinrich nochmals zwei Tage in Jerusalem. Nazareth hat er wohl auf seinem Rückweg nach Accon besucht. Hier trennte er sich von einem Teil seines Gefolges, der die Rückkehr nach Konstantinopel mit Manuels Schiff antreten sollte, während er selbst diesmal den Landweg bevorzugte, vielleicht, um sich nicht nochmals der Gefahr eines Schiffbruches auszusetzen. Von den Schiffsreisenden starben unterwegs der Bischof von Lübeck und der Abt von Lüneburg.
Der Herzog wollte wohl noch mehr von Palästina und Kleinasien kennenlernen. Er ritt unter dem Geleit der Tempelherren nordwärts und kam etwa Anfang Juli nach Antiochia, der Hauptstadt des während des ersten Kreuzzuges gegründeten christlichen Fürstentums Antiochien. Vor dem Fürsten von Zilizien wurde der Welfe jedoch mehrfach gewarnt, und er bestieg deshalb mit seinen Getreuen in der Orontesmündung einige Schiffe, die die Schar wohlbehalten nach Tarsus

brachten. Hierher sandte der Sultan von Ikonium den Deutschen 500 bewaffnete Reiter entgegen, die sie sicher über den Taurus nach Heraklea, dem heutigen Eregli, und weiter nach Akseray brachten. Hier empfing Sultan Kilidsch Arslan II. den Herzog zu dessen Überraschung als einen Verwandten mit einer herzlichen Umarmung und Freudenküssen. Aber von Blutsverwandtschaft konnte keine Rede sein, der Sultan war jedoch stolz, eine Christin unter seinen Vorfahren zu haben, so daß es sich also nur um eine Geistesverwandtschaft handelte. Herzog Heinrich konnte dieses liebenswürdige Hingezogensein des Sultans nur recht sein, denn es sicherte ihm eine glanzvolle Aufnahme in dem fremden Land, in dem fünfundzwanzig Jahre vorher der zweite Kreuzzug so jämmerlich gescheitert war.

Der Sultan schenkte dem Herzog einen herrlichen Mantel und ein Unterkleid aus reiner Seide, damals eine große Seltenheit im Abendland, denn die Kunst der Seidenherstellung kam erst im Laufe des 12. Jahrhunderts über Sizilien nach Europa. Wichtig für das Weiterkommen der Pilger war es jedoch, daß die Deutschen wieder zu tüchtigen Pferden kamen, denn es stand ihnen ein Weg von vielen hundert Kilometern durch Wüsten und Steppen bevor. Der Sultan stellte den Deutschen 1800 Pferde vor, von denen sich jeder eines nach seinem Gutdünken auswählen konnte. Dem Herzog selbst schenkte der Sultan mehrere besonders edle und starke Pferde mit schönem Zaumzeug und elfenbeinverzierten Sätteln. Als Rarität erhielt der Herzog zwei gezähmte Leoparden, die auf Pferden sitzen und so den weiten Weg bewältigen konnten. Der Sultan schickte zu ihrer Betreuung auch einige Sklaven mit.

So großzügig sich der Sultan auch zeigte und so stolz er auf die »Verwandtschaft« mit Herzog Heinrich war, so konnte er doch nicht überredet werden, sich taufen zu lassen. Ja, Kilidsch Arslan hielt sogar christliche Gefangene in seinem

Land. Für sie konnte der Herzog immerhin die Freilassung erreichen.

Der Abschied war herzlich, und der Sultan gab den Deutschen noch sechs Filzzelte und die dazu gehörenden Lastkamele mit auf die Reise, damit sich die edlen Herren nachts vor Kälte und Tieren schützen konnten. Der Weg führte sie zunächst noch im Gebiet des Sultans nach Ikonium durch eine berüchtigte Wüste bis zu einem Wald, der die Grenze zum byzantinischen Reich bildete. Drei Tage brauchten die Pilger für die Durchquerung dieses Waldes, wenn sie ihn in ihren Erzählungen zu Hause nicht größer gemacht haben, als er wirklich war. Auf der anderen Seite erreichten sie bald die erste griechische Stadt, Germanicopolis, deren Lage heute nicht mehr auszumachen ist. Der Name soll angeblich auf Gottfried von Bouillon, den Herzog von Niederlothringen, zurückgehen, der die Stadt während des ersten Kreuzzuges erobert hat. Herzog Heinrich zog mit den Seinen weiter nach dem berühmten Nicäa unweit des nordwestlichen großen Knies des Sangarius. Hier hatten zwei ökumenische Konzilien stattgefunden, solange die römische und die Ostkirche noch vereinigt waren, und während des ersten Kreuzzuges ist auch diese Stadt von den Christen erobert worden. Heinrich und seine Männer waren froh, daß sie die unwirtlichen Gegenden hinter sich hatten und strebten dem Hellespont zu. Es ist aber auch möglich, daß sie die europäische Küste über den Bosporus erreicht haben.

Den byzantinischen Kaiser trafen die Pilger nicht in Konstantinopel, sondern weiter landeinwärts in einem heute unbekannten Ort. Sie erhielten ihre im April zurückgelassenen Pferde wieder, und Manuel ließ für Herzog Heinrich vierzehn Maultiere mit Gold, Silber und seidenen Kleidern bepacken. Der sonst als so gewinnsüchtig verschrieene Welfe wollte die Geschenke jedoch nicht annehmen und soll gemeint haben, daß ihm die kaiserliche Huld mehr wert sei als alle Gaben.

Das beeindruckte den Komnenen natürlich ungeheuer, und er schenkte dem Herzog schließlich einen kostbaren Reliquienschatz und mehrere seltene Edelsteine.
Die weitere Heimreise konnten die Pilger ohne Zwischenfälle auf dem gleichen Weg zurücklegen, den sie im Frühjahr auf der Hinreise genommen hatten. Herzog Heinrich lernte dabei den neuen ungarischen König Bela III. kennen, der am Hof von Konstantinopel erzogen worden und deshalb zunächst stark von Kaiser Manuel abhängig war. Bela gab den Deutschen bis zur Grenze seines Landes Geleit. Der Herzog ritt sogleich nach Augsburg, wo der Kaiser zusammen mit vielen Fürsten Weihnachten feierte und seinen Vetter freudig begrüßte. Natürlich ließ er sich ausführlich über die Ereignisse der Reise berichten, zumal er ja einen Teil der Orte von seiner Teilnahme am zweiten Kreuzzug her kannte.
Barbarossa hatte während Heinrichs Abwesenheit im Frühjahr 1172 in der Gegend um Altenburg erneut eine große Streitmacht gegen den Polenherzog gesammelt. Miseko hatte seinen Neffen Boleslaw von Breslau aus seinem Herzogtum vertrieben. Noch ehe der Kaiser zum Angriff aufbrach, eilte ihm Miseko entgegen, unterwarf sich und bezahlte 8000 Mark Buße. Boleslaw konnte daraufhin wieder in sein Fürstentum zurückkehren.
Der Staufer blieb noch einige Zeit in Sachsen, wo ihm die dortige Aristokratie, ausgenommen die Söhne des verstorbenen Markgrafen von Brandenburg, in großer Anzahl huldigte. Der Kaiser wollte den Brandenburgern einen Teil ihres väterlichen Erbes wegnehmen und damit erwarb er sich natürlich keineswegs deren Sympathie. Es ist nicht auszuschließen, daß Barbarossa auf solche Weise in das Einflußgebiet des Welfen einzudringen versuchte. Unter diesem Aspekt gewinnt der Aufenthalt des Kaisers in Sachsen während der Abwesenheit des Herzogs sehr zwielichtige Züge. Dieser Verdacht findet noch mehr Nahrung, denn die Frage

liegt durchaus nahe, ob Friedrich die Abwesenheit Herzog Heinrichs ausnutzen wollte, um die sächsischen Fürsten stärker an sich zu binden. Nach Lage der Dinge ist auch die Vermutung nicht von der Hand zu weisen, daß der Kaiser einer etwaigen neuerlichen Erhebung der Sachsenfürsten vorbeugen wollte. Es gibt indessen einen – allerdings vereinzelten – Bericht, nach dem Friedrich die Befehlshaber in Sachsen, denen der Löwe seine Festungen anvertraut hatte, durch Drohungen und Versprechungen dahin gebracht hat, ihm zu schwören, sie würden ihm die Burgen ausliefern, falls Heinrich von seiner Pilgerfahrt nicht mehr zurückkehren sollte. Die Verläßlichkeit dieser Nachricht ist höchst zweifelhaft, aber selbst wenn sie Tatsache ist, müßte das Vorgehen des Kaisers nicht gegen den Welfen gerichtet gewesen, sondern könnte ganz einfach der Sorge um den Frieden entsprungen sein, der zweifellos aufs äußerste gefährdet gewesen wäre, wenn dem Welfen etwas zugestoßen wäre.

Aber Heinrich war wohlbehalten zurückgekehrt und eilte nach seinem Aufenthalt in Augsburg sogleich nach Braunschweig. Während seiner Abwesenheit war der erwartete Nachwuchs angekommen – allerdings war es zu seinem Leidwesen wieder eine Tochter – und er hatte sich von seiner zweiten Frau doch so sehr einen Sohn erwartet.

Diese Enttäuschung und die Eindrücke der Pilgerfahrt waren wohl die Ursache, weshalb sich Heinrich in nächster Zeit vor allem kirchlichen Angelegenheiten widmete. Möglicherweise hat ihn auch die große Grippe-Epidemie – die erste historisch bezeugte – zu seinen frommen Taten angespornt, die in diesem Jahr über Europa hinwegging. Die *Magdeburger Jahrbücher* berichten über 1173 u. a.: »Aus der Erde stieg ein dichter Nebel auf, von welchem die Menschen ein gefährlicher Husten befiel; die Krankheit nahm schlimm zu und viele, besonders die Schwangeren, starben daran.« Es ist wohl anzunehmen, daß sich dies auf die Grippe-Epidemie bezo-

gen hat, deren Ursachen man sich natürlich nicht vorstellen konnte.
Der Hildesheimer Kirche schenkte Heinrich ein aus Palästina mitgebrachtes Stück vom Kreuz Christi. Vor allem aber nahm er sich in Braunschweig des Neubaues des Domes von St. Blasien an. Es sollte die erste einheitlich gewölbte Kirche Niedersachsens werden. In den deutschen Landen stand das 12. Jahrhundert noch völlig im Zeichen der Romanik, während in Frankreich bereits die Gotik ihren Einzug hielt. Freilich wurden die dortigen frühgotischen Kirchen zum Beispiel in Poitiers, Paris, Sens, Senlis und Laon zumeist auch erst im 13. Jahrhundert fertig.
Der Braunschweiger Kirche machte Heinrich der Löwe mehrere Reliquien aus dem Heiligen Land zum Geschenk, darunter einige Arme von Aposteln, die damals sehr geschätzt wurden. Dank des von seinem Vater geerbten Kunstverständnisses ließ Heinrich die Reliquien mit Gold, Silber und Edelsteinen verzieren und aus den schönsten der mitgebrachten Tücher ließ er prachtvolle sakrale Gewänder anfertigen. Bald ist auch noch ein Marienaltar, ein Bronzeleuchter, ein Kuppelreliquiar und ein Tragaltar für den Dom entstanden. Bei diesen Arbeiten ist zwar ein Auftrag oder Einfluß des Herzogs nicht direkt nachweisbar, aber sein Mäzenatentum ist doch auch hier sehr wahrscheinlich.
Im Gegensatz dazu gehen einige hervorragende Werke der Buchmalerei, die Heinrich der Löwe dem Braunschweiger Dom zu St. Blasien gestiftet hat, mit Sicherheit auf ihn als Auftraggeber zurück. Es handelt sich um einen Psalter und um ein Evangeliar, das in unserer Gegenwart zusätzliche Berühmtheit gewonnen hat, da es im Dezember 1983 in London für rund 33 Millionen Deutsche Mark für die Bundesrepublik Deutschland ersteigert worden ist. Der Psalter wie das Evangeliar sind in dem bereits erwähnten Benediktinerkloster Helmarshausen an der Weser entstanden.

In dem Evangeliar ist auch das sog. Krönungsbild enthalten, das den Herzog und seine Gemahlin zeigt, wie ihnen von Gott Kronen aufgesetzt werden (Tafel 18). Heinrich hat als Zeugen dieser Zeremonie neben seinen Eltern auch seine Großeltern mütterlicherseits, also Kaiser Lothar III. und dessen Gemahlin, darstellen lassen sowie den Vater seiner Gemahlin, den englischen König Heinrich II. und dessen Mutter, die Witwe Kaiser Heinrichs V. Diese Auswahl der Vorfahren und die Gleichheit aller abgebildeten Kronen legt den Schluß nahe, daß Heinrich hier seine ersehnte Königskrönung durch Gott darstellen lassen wollte. Er hat seinen bildlich dokumentierten Wunsch noch in einem dem Evangeliar beigegebenen Widmungsgedicht unterstrichen, in dem seine kaiserliche Abstammung – nicht nur von Lothar III., sondern sogar von Karl dem Großen – hervorgehoben wurde:

> Sie ist königlicher Herkunft, er kaiserlicher Sproß;
> nur diesem Sproß Karls des Großen überließ England
> Mathilde, die Nachkommen bringen soll . . .

Psychologisch ist es gut vorstellbar, daß Heinrich seinen Thronverzicht von 1152 längst bereut hat, nicht nur unter dem Einfluß seiner königlichen Gemahlin und seines Schwiegervaters, sondern auch, weil Barbarossa doch 1158 den Böhmenherzog zum König erhoben hatte, dem der Welfe an Reichtum und Macht nicht nur ebenbürtig war, sondern den er weit übertraf. Heinrich der Löwe hatte in mehrfacher Hinsicht Anlaß, mit seiner Stellung als Herzog und Vasall seines weniger wohlhabenden und weniger mächtigen staufischen Vetters unzufrieden zu sein.

Braunschweig wurde als Residenzstadt von dem Welfen stark gefördert. Es hatte ja bereits von den Brunonen her eine ansehnliche Bedeutung, nicht nur wegen der alten Burg, sondern auch als Marktplatz und Münzstätte. Der Hellweg,

die uralte Straße von Köln nach Magdeburg, überquerte ursprünglich südlich von Braunschweig die Oker. Aber Brunonen und Welfen verstanden es, die Handelsleute mehr und mehr nach Braunschweig zu ziehen, so daß die Stadt zu einem Mittelpunkt des Fernhandels wurde. An der Stelle der brunonischen Festung baute Heinrich der Löwe seine Burg Dankwarderode, deren Palas etwa 1175 fertig wurde.
Man hat es häufig für unmöglich gehalten, daß der eherne Löwe vor dem Palast des Welfen – übrigens das früheste frei stehende Monument in Deutschland – nach einem natürlichen Vorbild geschaffen wurde. Aber ebenso schwierig ist es zu glauben, daß die Figur des Königs der Tiere nur nach einer Beschreibung geschaffen worden sein soll. Immerhin wurden aber einzelne Löwen auch schon wesentlich früher im Abendland gehalten, so etwa von Karl dem Großen, der in Aachen auch einen Elefanten hatte. Die englischen Könige besaßen im 12. Jahrhundert mehrere Löwen und Friedrich Barbarossa hatte 1154 von den Genuesen ebenfalls einen geschenkt bekommen. So ist es also durchaus möglich, daß das Braunschweiger Löwenmal nach Kenntnis eines natürlichen Vorbildes geschaffen worden ist und nicht nur nach einer Beschreibung etwa in dem bereits erwähnten *Physiologus* oder nach den Vorbildern italienischer Löwenmäler.
Herzog Heinrich sorgte für das Wachstum seiner Residenzstadt und ließ Anfang der siebziger Jahre auf dem rechten Ufer der Oker von herbeigerufenen Flamen ein Sumpfgebiet entwässern, um dort die Hagenstadt zu gründen. Nach der Trockenlegung gehörten die Flamen zu den ersten Bewohnern und gaben der Tuchherstellung in Braunschweig deutlichen Auftrieb. Auch die sogenannte Neustadt wurde in der zweiten Hälfte des 12. Jahrhunderts unter Heinrich dem Löwen gegründet.
Nicht wenige Impulse zum Ausbau Braunschweigs bezog der Herzog sicher aus seinem Ärger, daß sich der Hildeshei-

mer Bischof seinem Regiment so hartnäckig entziehen konnte. Diesem Übel wollte Heinrich energisch begegnen, und das ist wohl auch der Grund, weshalb er einen Allodialbesitz an der Leine mehr und mehr ausbaute. Ebenso wie in Braunschweig, wollte der Herzog damit den unbeugsamen Hildesheimern wichtige Verkehrswege wegnehmen und dank seiner tatkräftigen Förderung entwickelte sich rasch die Marktsiedlung Hannover. Heinrich zog damit den Verkehr auf der Straße von Mainz nach Bardowick weiter an sich, aber auch die Leine-Aller-Weser-Schiffahrt der Hildesheimer konnte er nachhaltiger stören. Den Warenverkehr wickelte man im 12. Jahrhundert ohnehin nach Möglichkeit auf den Flüssen ab, weil die Straßen häufig entweder im Staub oder im Morast versanken.

Anfang Mai 1173 kam der Welfe zu einem Reichstag nach Goslar. Sicher besuchte er diese Stadt nicht leichten Herzens, denn es schmerzte ihn wohl nach wie vor, daß er sie wieder in die Reichsunmittelbarkeit hatte entlassen müssen. Die Goslarer hatten daran ihre Freude. Der Kaiser legte in der Goslarer Pfalz nun anscheinend seine Zwistigkeiten mit den Söhnen Albrechts des Bären bei. Er plante einen neuen Kriegszug nach Italien und stellte deshalb diesen Plan zurück. Vielleicht hat ihm aber auch Heinrich der Löwe zu verstehen gegeben, daß er das staufische Vordringen in den Norden nicht gerne sähe.

Ärgerlich war es für den Kaiser, als dann im Juni auf einer Fürstenversammlung in Frankfurt am Main der junge, einige Monate vorher erhobene Landgraf Ludwig von Thüringen einen Streit mit den Brandenburgern anfing. Heinrich war wohl mit seinem Vetter von Goslar an den Main geritten, jedenfalls finden wir ihn jetzt wieder hier am kaiserlichen Hof. Er hat sich aber von jener Affäre zunächst zurückgehalten, als sich der Thüringer und die Brandenburger tatsächlich in die Haare gerieten. Der Kaiser eilte im Dezember noch nach

Thüringen, um den Streit zu schlichten. Dem Welfen war es dagegen wohl nicht unrecht, wenn sich die Streithähne gegenseitig rupften, denn um so weniger Zeit hatten sie, sich einer neuen Rebellion gegen ihn anzuschließen.

Wie unsicher sich Heinrich um diese Zeit fühlte, zeigt sich auch darin, daß er im Frühjahr 1173 einen neuen Zug des Dänenkönigs nach Pommern nicht verhindern konnte, obgleich der Däne doch gegen Heinrichs Lehnsmänner Kasimir und Bogislaw marschierte. Waldemar gelang es sogar, bis nach Stettin vorzudringen und diese größte pommersche Stadt seiner Lehnsherrschaft zu unterwerfen.

Am 24. Juni 1173 war der Herzog zu Lübeck nach vorheriger Investitur Zeuge der Weihe des neuen Bischofs Heinrich, des bisherigen Abtes von Braunschweig. Die Lübecker Domherren hatten den Welfen gebeten, ihnen diesen Kirchenfürsten zu geben, und diesmal waren sich Herzog und Domherren in der Wahl des neuen Bischofs einig. Allerdings war es dem Herzog nicht leichtgefallen, sich von dem Abt zu trennen, der in Braunschweig zu seinen Vertrauten gehört hatte. Eigenartigerweise wurde die Weihe jedoch nicht von Erzbischof Balduin von Bremen-Hamburg vollzogen, sondern von den Bischöfen von Havelberg, Ratzeburg und Schwerin. Dabei galt doch Balduin als der Protegé des Herzogs. Wollte dieser den Erzbischof nun beiseiteschieben?

Wohl noch im zweiten Halbjahr 1173, vielleicht aber auch erst 1174, legte der Herzog zusammen mit Bischof Heinrich den Grundstein für einen neuen Dom zu Lübeck. In Ratzeburg war möglicherweise schon einige Jahre vorher mit dem Dombau begonnen worden. Beide Bischofskirchen wurden mehr oder weniger nach den gleichen Grundregeln wie St. Blasien zu Braunschweig gebaut, vor allen Dingen bei der angewandten Gewölbetechnik, die in Norddeutschland noch verhältnismäßig neu war. Für alle drei Dome war jedenfalls die finanzielle Unterstützung des Welfen erforderlich, da die Bistümer allein nicht die erforderlichen Mittel aufbringen konnten. Aus Lübeck ist bekannt, daß der Herzog jährlich hundert Mark zum Bau des Domes beigetragen hat. Noch während der Bauzeit, wenige Jahre nach der Grundsteinlegung, hat der Herzog in Lübeck auch eine Kapelle zu Ehren des Evangelisten Johannes errichten lassen und sie mit reichen Stiftungen versehen. Der genaue Zeitpunkt ist nicht bekannt. Aber immer wieder tritt die Kirchentreue und die christliche Einstellung Heinrichs des Löwen in den Vordergrund, was freilich seiner Härte und Unnachsichtigkeit im Kampf mit seinen Feinden kaum jemals Einhalt gebieten konnte.

Ebenso unbestimmt wie der Zeitpunkt der Grundsteinlegung des neuen Lübecker Domes ist auch das Datum der Geburt von Heinrichs erstem Sohn. Die Annahme, daß Heinrich, der spätere Pfalzgraf bei Rhein, 1173 oder 1174 geboren wurde, ist nach der Rückkehr seines Vaters vom Pilgerzug Anfang 1173 sicher richtig. Es mutet immer wieder merkwürdig an, daß solch bedeutende Ereignisse wie die Geburt eines Thronfolgers oder des voraussichtlichen Nachfolgers auf dem Herzogstuhl nicht genauer registriert wurden. Die Geburt des Erstlings wurde von Heinrich dem Löwen sicher mit der größten Freude aufgenommen und entsprechend gefeiert, da er doch selbst inzwischen bereits etwa 44 Jahre alt war und eben um des dringend gewünschten Sohnes willen sich von seiner ersten Frau getrennt hatte. Die Geburt des Erben hat also bei dem Löwen zweifellos eine tiefe Befriedigung ausgelöst und seinem Leben einen neuen Sinn gegeben. Um so erstaunlicher ist es, daß über den Zeitpunkt nirgends genaue Angaben festgehalten wurden.

Im Januar 1174 traf der Herzog mit dem Kaiser in Nordhausen in Thüringen zusammen. Dort wurde ein Tausch zwischen dem Welfen und dem nahegelegenen Kloster Volkenrode beurkundet. Heinrich der Löwe hatte freilich noch keine eigene Kanzlei, wie etwa der Kaiser. Meistens haben die Empfänger von Privilegien des Herzogs die Urkunden selbst hergestellt oder herstellen lassen, sofern überhaupt eine schriftliche Bestätigung erfolgt ist und man sich nicht auf die rechtskräftige Handlung beschränkt hat. Heinrich der Löwe hat den Übergang zum Urkundenwesen der sächsischen Herzöge eingeleitet, und er hat gelegentlich Hofnotare und Kapläne für die Ausfertigung von Urkunden beschäftigt. Da es vielfach als Nachteil empfunden wurde, für solche und andere Verwaltungsaufgaben auf die von der Kirche ausgebildeten Männer angewiesen zu sein, haben bedeutendere Städte des Abendlandes im 12. Jahrhundert begonnen, eigene Schulen zu gründen.

Im Februar ritt Heinrich zu einem kaiserlichen Hoftag, den auch Erzbischof Wichmann und andere Fürsten besuchten, nach Merseburg. Der Staufer war bereits gänzlich mit den Vorbereitungen seines neuen Italienzuges befaßt und bemühte sich eifrig um die Teilnahme möglichst vieler Fürsten mit ihren Rittern. Es ist aber nicht bekannt, wieweit er damit in Merseburg Erfolg hatte. Kaiser und Herzog begaben sich von Merseburg nach Quedlinburg und trafen sich Ende Juni in Regensburg wieder, wo der Staufer einen Reichstag hielt, der in erster Linie der Befriedung im Erzbistum Salzburg dienen sollte. Dazu kamen alle bayerischen Kirchenfürsten und viele weltliche Herren in die Donaustadt. Trotz der 1169 erfolgten Demission des Erzbischofs Adalbert gab dieser immer noch Anweisungen in seiner Kirchenprovinz und brachte damit die Kleriker durcheinander, die nicht wußten, ob sie ihm noch gehorchen oder seine Dekrete unbeachtet lassen sollten. Der Kaiser hatte schon mehrfach auf eine Beendigung des zwiespältigen Zustandes gedrungen, aber die Domherren fanden immer wieder Ausflüchte und Gründe, um die Wahl eines neuen Erzbischofes hinauszuschieben. Jetzt aber wollte Barbarossa den Fall endgültig aus der Welt schaffen, da er im September, wenn er nach Italien aufbrach, hinter seinem Rücken keine Brandherde wissen wollte. Mit Ausnahme des Herzogs von Österreich, seines Onkels, fand Erzbischof Adalbert jetzt auch keine Fürsprecher mehr , so daß er mit den Stimmen aller anwesenden Kirchenfürsten endgültig abgesetzt wurde. Man wählte auch sogleich den bisherigen Propst Heinrich von Berchtesgaden zum neuen Erzbischof von Salzburg und die Inthronisation wurde sofort vollzogen. Heinrich der Löwe war der erste, der dem neuen Kirchenfürsten für seine Salzburger Lehen huldigte und sie bestätigt erhielt.

Es ist nicht überliefert, wie sich der Welfe mit seinen alexandrinischen Neigungen zu dieser Lösung stellte und ob er sich dazu überhaupt geäußert hat. Begeistert war er sicher nicht davon, und wenn er schon hier seine Meinung nicht geltend machen konnte, so tat er es jedenfalls bei dem neuen Italienzug des Kaisers. Heinrich ritt auch diesmal nicht mit und stellte auch keine Männer zur Verfügung. Die Zwistigkeiten zwischen dem Landgrafen von Thüringen und den Brandenburgern waren ihm sicher ein ganz willkommener Vorwand für sein Zurückbleiben. Er hatte wohl keine Lust, sich noch tiefer in die Auseinandersetzungen des Kaisers mit dem Papst hineinziehen zu lassen oder sich gar an einem Kampf gegen Alexander III. zu beteiligen. Diese Möglichkeiten waren bei den Italienzügen Barbarossas, wie die Vergangenheit gezeigt hatte, nie auszuschließen.

Das Desinteresse Heinrichs an Italien war in jüngster Zeit noch besonders bestärkt worden. Sein Onkel Welf VI. hat wohl im Jahre 1174 die Verfügungsrechte über seine italienischen Lehen an den Kaiser verkauft. Für Heinrich war das zweifellos eine große Enttäuschung, denn es handelte sich doch zum Teil um Gebiete, mit denen sein Vater Heinrich der Stolze 1137 von seinem Großvater Lothar III. belehnt worden war: die Mathildischen Güter, die Markgrafschaft Tuszien, das Herzogtum Spoleto sowie die Fürstentümer Sardinien und Korsika. Obgleich der Staufer immer wieder in diese Lehen eingegriffen hatte, weil er mit ihrer Verwaltung durch Welf nicht einverstanden war, kaufte er sie diesem jetzt doch um einen sicher recht ansehnlichen Betrag ab. Welf war an diesen Ländereien und Besitzungen nach dem Tod seines einzigen Sohnes im Jahre 1167 in der Folge der römischen Katastrophe nicht mehr interessiert und fand es vorteilhafter, sich dafür mit Geld auszustatten, das er sogleich verbrauchen konnte, denn wem sollte er denn ein großes Erbe hinterlassen? Seinem Neffen Heinrich dem Löwen ganz sicher nicht, denn die Abneigung gegen das kirchliche Schisma und gegen die anti-alexandrinische Einstellung des Kaisers waren so ziemlich das einzige, was die beiden Welfen miteinander verband.

Aber der Löwe hatte noch einen anderen Grund, mit der jüngsten Entwicklung und mit dem Vorgehen seines Vetters unzufrieden zu sein. Der Kaiser hatte mit dem Bamberger Bischof vor kurzem vertraglich vereinbart, daß die Lehen des Grafen Gebhard von Sulzbach an der Donau, in Ostfranken und in der Oberpfalz nach dem Tod des erbenlosen Grafen auf die Staufersöhne Friedrich und Otto übertragen werden. Der Herrschaftsbereich der Staufer erstreckte sich damit von Burgund über das Elsaß und das nördliche Schwaben weiter nach Franken und ins Egerland bis hinein ins südliche Sachsen. Wenn der Welfe je einmal mit dem Gedanken gespielt hatte, bei guter Gelegenheit seine beiden Herzogtümer Bayern und Sachsen durch Landerwerbungen miteinander zu verbinden, so war diese Absicht nun durch den Schachzug des Staufers gründlich verdorben. Und warum sollte Heinrich diesen Wunsch nach einer Brücke zwischen Bayern und Sachsen nicht gehabt haben? Aber so sehr der Kaiser und der Herzog vor den anderen Fürsten immer wieder Einigkeit demonstrierten, ganz unter sich war doch jeder auf seinen

Vorteil und auf den Ausbau seiner strategischen Stellung gegenüber dem anderen bedacht, denn vergessen waren die Auseinandersetzungen zwischen den beiden verwandten Dynastien noch keineswegs. Sie konnten jederzeit wieder aufbrechen, und dann wollte jeder der beiden Kontrahenten eine möglichst gute Position haben.

Eben in diesem Herbst 1174, als der Staufer mit etwa 8000 Mann schon auf dem Marsch über die Alpen war, machte Heinrich der Löwe in der Salzburger Kirchenprovinz dem Kloster Kremsmünster neue Schenkungen und bestätigte frühere. Dem Kloster Ranshofen am Inn bei Braunau beurkundete er Schenkungen seiner Ministerialen. Die verschiedenen Institutionen der Kirche konnten Güter und Besitztümer aller Art sammeln, so daß sich beispielsweise die Klöster immer weiter von dem ursprünglichen Ideal der Armut und der weltlichen Abstinenz entfernten. Aber große und kleine, arme und reiche Gläubige hofften, sich durch ihre Zuwendungen an die Kirche das ewige Leben sichern zu können.

Als Heinrich Ende 1174 in sein sächsisches Herzogtum zurückkehrte, waren bereits kriegerische Auseinandersetzungen zwischen dem Landgrafen Ludwig von Thüringen und dem Grafen Bernhard von Anhalt im Gange. Es war wohl die alte Antipathie des Welfen gegenüber den Askaniern, die Heinrich schließlich veranlaßte, zugunsten des Landgrafen mit einem starken Heer in die Kämpfe einzugreifen. Er zog in das Gebiet des Grafen von Anhalt. Er brandschatzte und zerstörte Dörfer, Städte und Kirchen. In die alte Stammburg Aschersleben der Askanier am Nordrand des Harzes legte das herzogliche Heer nicht nur Feuer, sondern es zerstörte auch die steinernen Fundamente, damit so schnell kein Neubau dieser sonst der Herzogsgewalt entzogenen Burg möglich sein sollte. Die Pranke des Löwen schlug wieder einmal gründlich zu!

Das Itinerar Heinrichs weist immer wieder beträchtliche Lücken auf – so auch für das Jahr 1175. Auf Grund verschiedener Anzeichen ist jedoch anzunehmen (obgleich darüber nichts Sicheres bekannt ist), daß die Fehde gegen die Askanier bald beendet wurde. Möglicherweise hat der Kaiser durch einen Befehl aus Italien eingegriffen.
Mit großer Wahrscheinlichkeit hat die Herzogin Mathilde in diesem Jahr ihren zweiten Sohn zur Welt gebracht. Allerdings ist es nicht zu klären, ob es der nachmalige König Otto IV. oder der bereits 1190 verstorbene Lothar war. Wenn man an die Hochschätzung des Löwen für seinen kaiserlichen Großvater Lothar III. denkt, dann läge es nahe, daß er seinem zweiten Sohn den Namen seines Vorfahren gegeben hat. Die Söhne des Welfen geben der Nachwelt überhaupt einige Rätsel auf, wie es ja auch bei Barbarossa lange Zeit strittig war, welches der erste und welches der zweite Sohn war. Bei Heinrich ist es wohl möglich und auch anzunehmen, daß in diesem Jahrzehnt noch ein dritter Nachkomme zur Welt gekommen ist, so daß sowohl Lothar als auch Otto vor 1180 geboren wurden.
Offenbar hat sich der Herzog gegen Ende des Jahres 1175 oder Anfang 1176 wieder nach Bayern begeben. Um diese Zeit hat ihn sicher eine Aufforderung Barbarossas zu einer Unterredung erreicht. Wie so viele Botschaften und Nachrichten in der damaligen Zeit wurde wohl auch dieser Wunsch des Kaisers nur mündlich übermittelt. Vielleicht war überhaupt diese Aufforderung zu einer Begegnung mit dem Staufer der Grund für Heinrichs Ritt nach Bayern – man weiß es nicht genau. Jedenfalls war sie der Auftakt zu einer der nachhaltigsten und entscheidendsten Wendungen in der Geschichte zwischen Staufern und Welfen.

1176–1178

Die Unterredung in Chiavenna und ihre ersten Folgen

Kaiser Friedrich Barbarossa und Herzog Heinrich der Löwe trafen in den letzten Januar- oder in den ersten Februartagen des Jahres 1176 in dem damals zum Herzogtum Schwaben gehörenden Chiavenna nördlich des Comer Sees zusammen. Die Begegnung ist allerdings sehr umstritten, und Streitpunkte reichen von der Frage, ob die Unterredung überhaupt stattgefunden hat, über den Ort und Zeitpunkt bis hin zu Einzelheiten während der Begegnung. Auch hier also ist es wieder so, daß der Aufenthalt und das Tun und Lassen selbst des Kaisers durchaus nicht einwandfrei zu klären ist, ja daß nicht einmal die gleichzeitigen Bewegungen zweier so herausragender Persönlichkeiten wie Kaiser und Herzog mit ausreichender Sicherheit fixiert werden können.

Dem sonst nicht sehr zuverlässigen Chronisten Otto von St. Blasien ist hier wohl mit seiner Angabe von Chiavenna als Ort des Zusammentreffens der Vorzug zu geben vor einer anderen Quelle, die Partenkirchen als Treffpunkt nennt. Der Kaiser, über dessen Aufenthalte vorher man genauer Bescheid weiß als über diejenigen Heinrichs, hätte in der zur Verfügung stehenden Zeit die Alpen nicht überqueren können, um nach Partenkirchen zu kommen. Es sind jedoch nicht nur über den Ort der Begegnung, sondern auch über den Zeitpunkt vielfältige wissenschaftliche Erörterungen geführt worden. Trotzdem sind nur so ungefähre Angaben wie »entweder in den letzten Januar- oder in den ersten Februartagen« möglich, nachdem freilich andere Zeitangaben wie zum Beispiel »Anfang März« als unwahrscheinlich ausgeschieden worden sind.

Barbarossa befand sich in einer sehr mißlichen Situation. Nach einer monatelangen opferreichen und schließlich doch vergeblichen Belagerung der ihm verhaßten Stadt Alessandria während des ganzen Winters 1174/75 hatte er zwar mit den Lombarden im April 1175 den Vorfrieden von Montebello geschlossen, aber es wollte ihm nicht gelingen, die Allianz zwischen den oberitalienischen Städten und dem Papst aufzubrechen. Nach der Vereinbarung des vorläufigen Friedens hatte der Kaiser das Gros seiner Streitkräfte wieder zurück über die Alpen gesandt, vor allem die Geld verschlingenden Söldner, so daß er fortan die erneut ausbrechenden Attacken der Lombarden kaum abwehren konnte. Er hatte deshalb im Herbst 1175 den Kölner Erzbischof Philipp von Heinsberg in die Heimat gesandt, damit dieser dort neue Streitkräfte mobil mache.
Mit seinem Vetter wollte Barbarossa offenbar selber reden. Verschiedene Quellen glauben zu wissen, daß der Kaiser vor dem Treffen in Chiavenna seinen Vetter schon dreimal vergeblich um ein Gespräch gebeten habe. Ob Friedrich bei der schließlichen Unterredung dem Welfen dann solche Elogen gemacht hat, daß er ohne dessen persönliches Mitwirken gegen die Lombarden nichts ausrichten könne, wie der Chronist Arnold von Lübeck wissen will, bleibe dahingestellt. Heinrich soll darauf geantwortet haben, er sei durch die vielen durchgestandenen Strapazen und Feldzüge an Kräften erschöpft – ja, der 47jährige soll sich sogar selbst als einen Greis bezeichnet haben, sagt Arnold von Lübeck. Heinrich erklärte sich bereit, dem Kaiser Gold und Silber und alles sonst Nötige für eine Streitmacht zur Verfügung zu stellen, aber in eigener Person könne er nicht kommen, ohne sich freilich die Gnade des Kaisers verscherzen zu wollen.
Der Staufer soll darauf erwidert haben: »Der Herr des Himmels hat Dich erhöht unter den Fürsten und Dich vor allem mit Reichtum und Ehren begnadet. Die ganze Stärke des Rei-

ches beruht auf Dir. So ist es billig, daß Du, um die Arme aller zu diesem Werk zu kräftigen, Dich an die Spitze stellst, damit das Reich, welches jetzt zu wanken beginnt, durch Dich, der bisher anerkanntermaßen dessen vorzüglichste Stütze war, sich wieder kräftig erhebe. Wir bitten Dich, daran zu denken, daß wir Dir nie einen Wunsch abgeschlagen haben und stets bereit gewesen sind, Dich in allen Deinen Ehren und Würden zu fördern; daß wir Deinen Feinden stets feind waren und keinen Dir gegenüber mächtig werden ließen. Ohne also Deines Wortes und Deiner Eide zu gedenken, welche Du dem Reiche geschworen hast, wollen wir Dich jetzt nur an unsere Verwandtschaft, wodurch Du uns vor allen nahestehst, erinnern, damit Du in der gegenwärtigen Not uns, der wir zugleich Dein Vetter, Dein Herr und Dein Freund sind, zu Hilfe kommen, und dafür in Zukunft in allem, was Du wünschest, unseres Wohlwollens Dich versichert halten mögest.«

Friedrich muß seine Lage wirklich in den düstersten Farben gesehen haben, wenn er davon sprach, daß das Reich zu wanken beginne. Wo waren sein sonst stets spürbarer Stolz und seine Unbeugsamkeit geblieben? Aber Heinrich ließ sich auch durch solch unterwürfige, bittende Worte des Kaisers nicht umstimmen. Arnold von Lübeck schreibt zwar, daß sich Heinrich »zu jeglicher Dienstleistung bereitwillig erbot«, aber ob er dem Kaiser auch eine Streitmacht angeboten hat, ist unklar. Er hat wohl auf die Rechtslage hingewiesen, wonach er außerhalb der deutschen Lande und ohne allgemeines Aufgebot zu keiner Unterstützung des Kaisers verpflichtet sei.

Angesichts solch hartnäckiger Weigerung einerseits und seiner bitteren Notlage andererseits scheint der Staufer alle Beherrschung und allen Stolz verloren zu haben und er fiel vor dem Welfen auf die Knie und bat ihn flehentlich um seine Hilfe. Vier verschiedene Chronisten aus dem 12. und 13.

Jahrhundert berichten über diesen Kniefall des Kaisers vor seinem Vetter. Allerdings war keiner Augenzeuge und zwei dieser Chronisten haben zu jener Zeit – wenn wir richtig informiert sind – überhaupt noch nicht gelebt, so daß also alle nur nach dem Hörensagen schreiben konnten. Über die Ereignisse nach dem überraschenden Kniefall des Staufers berichten alle vier Chronisten etwas anderes. Abt Arnold von Lübeck schreibt, daß Heinrich bestürzt seinen Vetter so schnell wie möglich wieder aufgerichtet habe. Nach einer anderen Version hat der Truchseß des Herzogs, Jordan von Blankenburg, versucht, seinen Herrn mit den Worten zurückzuhalten: »Laßt die Krone des Reiches jetzt nur zu Euren Füßen liegen, Herr, sie wird bald auf Euer Haupt kommen!« Die anwesende Kaiserin Beatrix dagegen soll nach einer weiteren Quelle ihren Gemahl aufgefordert haben: »Erhebe Dich, mein Herr und gedenke dieses Falles, an den sich auch Gott erinnern möge!«

So sehr die Chronisten auch voneinander abweichen, ein eigentlicher Widerspruch ist in ihren Berichten nicht festzustellen. Die zitierten Worte der Kaiserin und des Truchseß können gut gleichzeitig gefallen sein, und ob der Herzog den Kaiser sogleich oder erst nach kurzem Zögern erhoben hat, wie eine weitere Version lautet, ist eine Frage der subjektiven Beobachtung und des individuellen Empfindens. Der Kniefall selbst wird in keinem der Berichte in Frage gestellt. Auch nicht bei Propst Gislebert von Mons, der wissen wollte, daß es Heinrich nicht für der Mühe wert erachtet habe, Friedrich aus seiner demütigen Geste zu befreien.

Abt Otto von St. Blasien teilt in seiner Chronik mit, Heinrich habe als Preis für eine etwaige Unterstützung des Kaisers in Italien die neuerliche Belehnung mit Goslar, »der reichsten Stadt Sachsens«, gefordert. Auch acht Jahre nachdem ihm Friedrich dieses Lehen weggenommen hatte, schmerzte Heinrich der Verlust noch ganz erheblich, und er glaubte eine

günstige Gelegenheit gekommen, sich die Stadt und Vogtei mit dem reichen Silberbergwerk wieder zurückholen zu können. »Der Kaiser aber, der es für schmachvoll erachtete, sich ein solches Lehen gegen seinen Willen abpressen zu lassen, versagte seine Einwilligung«, schrieb Otto von St. Blasien. Wenn jedoch die Vermutung einer Teilung des Reiches in ein nördliches Interessengebiet für Heinrich und in ein südliches für Friedrich zutrifft, dann hat der Löwe Goslar zu Recht zurückgefordert. Er soll ja auch darauf hingewiesen haben, daß er dieses Lehen 1168 nur in einer Notlage an den Kaiser gegeben habe. Unter dieser Voraussetzung wäre sogar die Hilfeverweigerung verständlich, denn der Staufer hätte dann eine getroffene Abmachung gebrochen.
Über die Motive Heinrichs des Löwen für die Verweigerung seiner Hilfe wurde viel gerätselt. Sie sind wohl in erster Linie in der psychischen Entwicklung Heinrichs zu finden, der es längst bereuen mochte, 1152 als etwa Dreiundzwanzigjähriger in den ihm von seinem staufischen Vetter eingeredeten Verzicht auf seinen Thronanspruch eingewilligt zu haben. Damals hatte er allzusehr die Vorteile der versprochenen Belehnung mit dem bayerischen Herzogtum im Vordergrund gesehen. Aber dabei waren verschiedene Erwartungen nicht aufgegangen, und jetzt war er mit seiner Position als Herzog nicht mehr zufrieden. Es gab Könige im Reich, die sich mit der Potenz des Welfen bei weitem nicht messen konnten und die dennoch Könige waren. Daß Heinrich deshalb auf eine Königskrone reflektierte, wurde bereits aus dem Krönungsbild des Evangeliars ersichtlich, das er dem Blasiusstift in Braunschweig zugedacht hat (wobei es letztlich unerheblich ist, ob dieses Evangeliar in den 70er oder in den 80er Jahren des 12. Jahrhunderts von Heinrich dem Löwen in Auftrag gegeben worden ist). Der Welfe erinnerte sich wohl öfters daran, daß die Staufer schon seinen Vater Heinrich den Stolzen 1138 um die Königswürde gebracht hatten – und er dachte

daran, daß er jetzt gut und gern die erste Rolle im Reich spielen und König sein könnte, wenn ein paar Dinge anders gelaufen wären. In Chiavenna hat der Truchseß des Herzogs deutlich gemacht, daß man am Hofe des Welfen die Reichskrone auf Heinrich zukommen sah, nachdem es Barbarossa nicht zu gelingen schien, seiner Schwierigkeiten in Italien Herr zu werden. In seiner Auffassung wurde der Welfe auch von seinem englischen Schwiegervater bestärkt, der sich immer voll Neid und Mißgunst mit dem Kaiser verglich.
Eine moralische Verpflichtung für die Unterstützung des bedrängten Staufers wollte sein welfischer Vetter offenbar nicht anerkennen. Und die wiederholten Landerwerbungen Friedrichs in Schwaben ebenso wie in Franken, vor allem seine Vereinbarungen mit Welf VI. und schließlich auch der Versuch, sich auf Kosten der Askanier im Norden Besitzungen zu verschaffen – von Goslar ganz abgesehen – hatten Heinrich zusätzlich verbittert.
Ein Blick zurück auf die zahlreichen Friedensvermittlungen des Kaisers bei den sächsischen Fürsten in den Jahren 1163 und von 1166 bis 1170 hätte Heinrich jedoch sagen müssen, daß er sich ohne den Beistand seines Vetters nicht halten könnte – es sei denn, er würde das Steuer radikal herumwerfen und sein Verhalten gegenüber den anderen Fürsten und seinen Lehensmännern völlig ändern. War es dazu aber noch Zeit? Der Löwe hatte seinen Vasallen seit Beginn seiner Herrschaft größere Leistungen abverlangt und ihnen weniger Rechte und geringere Freiheiten eingeräumt, als es andere Fürsten zu seiner Zeit taten. Das war für den Zusammenhalt seiner feudal aufgebauten Herzogtümer gewiß vorteilhaft, aber es lief den allgemeinen Tendenzen und Zeitströmungen zuwider. Deshalb fühlten sich seine Lehens- und Dienstmänner benachteiligt und unterdrückt, zumal es der Herzog nicht selten an menschlichem Verständnis für ihre Wünsche und Nöte fehlen ließ. Wenn er jetzt noch die Unterstützung

des Kaisers fahrenließ, dann war das politisch äußerst unklug und mußte sich bald bitter rächen. Er zerschnitt damit das menschliche und verwandtschaftliche Band zwischen sich und seinem Vetter, der künftig nur noch die rechtliche, sachliche Grundlage zwischen ihnen beiden anerkannte.
Für die italienischen Ambitionen seines Vetters hatte der Welfe schon lange nichts mehr übrig, und Friedrich hätte das spätestens seit 1161 klar sein können, als Heinrich trotz der dringenden Forderung nach Streitkräften allein, ohne Mannschaften, nach Italien geritten war. Auch Ende 1175 hat der Welfe angeblich drei durch Boten überbrachte Hilfsanforderungen des Kaisers unbeantwortet gelassen, bevor ihn der Staufer zu der persönlichen Unterredung nach Chiavenna lud. Trotz seiner großen, volkreichen Herzogtümer wollte Heinrich nicht noch einmal Männer über die Alpen entsenden. Seine bisherigen Leistungen für die Erhaltung und Stärkung der Reichsmacht in Italien waren allerdings recht gering. Mit etwa 1000 Rittern hatte er den Krönungszug seines Vetters 1154/55 mitgemacht und mit rund 1200 Rittern war er 1159/60 dem Staufer in Italien zu Hilfe gekommen. Das war alles. Seither war es ihm wichtiger, nach Osten gegen die Wenden und Pommern zu ziehen und seine Zwistigkeiten mit den anderen Fürsten auszutragen, um seine Macht tunlichst zu vergrößern.
Jetzt, nach der folgenschweren Begegnung in Chiavenna, das der Welfe voll Zorn über die verweigerte Belehnung mit Goslar verließ, wie Otto von St. Blasien schrieb, ritt Heinrich nach Bayern. In Burghausen an der Salzach berief er einen Hoftag ein und in Enns, der früheren Grenzfeste gegen die Ungarn, das jetzt ein bedeutender Handelsplatz unweit der Donau war, hielt er einen Landtag. Er traf dabei auch mit Herzog Heinrich Jasomirgott von Österreich zusammen, der im Vorjahr in Kämpfe mit dem Herzog von Böhmen sowie dem Markgrafen der Steiermark verwickelt gewesen war.

Darüber wurde nun der Frieden wieder gesichert. Man entfaltete in Enns großen fürstlichen Prunk und entbot beiderseits möglichst viele Vasallen dorthin. Der Welfe verhalf in einer Gerichtssitzung dem am Inn bei Braunau gelegenen Augustinerchorherrnstift Reichersberg in einem schon seit längerer Zeit anhaltenden Streit mit einem bayerischen Edlen zum Recht. Das Kloster war in den vergangenen Jahrzehnten durch seinen Propst Gerhoh (gestorben 1169) bekanntgeworden, der wiederholt mit Äußerungen zu kirchenpolitischen Fragen im Sinne der cluniazensischen Reform hervorgetreten war.
Wichtiger als der Rechtsspruch für Reichersberg war aber eine Vereinbarung des Herzogs mit dem Freisinger Bischof, die den Erwerb der Vogtei über das Kloster Innichen im Pustertal betraf. Damit gewann der Welfe nämlich eine strategisch wichtige Position über die bedeutende Paßstraße zum Brenner, die man damals noch – bis ins 14. Jahrhundert – nach dem Trientiner Tal benannte. Auf der anderen Seite des Passes hatte Heinrich mit der Vogtei des Klosters Wilten bei Innsbruck bereits eine ähnliche Position und schließlich hatte er auch die Grafschaft Garda in seinem Besitz, so daß der ganze wichtige Alpenübergang in seiner Hand war. Wollte der Löwe etwa gar weitere Italienzüge des Kaisers stören? Nachdem er soeben in Chiavenna gezeigt hatte, wie stark er seine Machtstellung einschätzte, waren derartige Überlegungen durchaus möglich. Jedenfalls war es ihm sicher recht, zu den Erwerbungen des Staufers im Vorfeld der westlichen Pässe ein Pendant in der Hand zu haben. Zunächst konnte er wohl von den durchziehenden Kaufleuten profitieren, und das war dem Welfen auch nicht unwichtig. Die mit dem Erwerb der Vogtei Innichen verbundenen sonstigen Vorteile hat er infolge der weiteren Entwicklungen allerdings kaum noch nutzen können. Es sollte dies ja auch sein letzter Aufenthalt in seinem bayerischen Herzogtum sein.

17 *Kommunionskelch aus Stift Wilten. Niedersächsisch, um 1160–1170. Wien, Kunsthistorisches Museum.*

18 *Heinrich und seine Gemahlin Mathilde werden von Gott gekrönt. Die Darstellung gibt die Auffassung Heinrichs wieder, daß er seine Herrschaft von Gott und nicht etwa vom König erhalten habe. Das Bild zeigt auch Heinrichs Eltern (links ohne Kronen) sowie seine Großeltern Kaiser Lothar III. und Richenza. Aus dem von Heinrich dem Löwen in Auftrag gegebenen Evangeliar für den Braunschweiger Dom, Helmarshausen um 1175.*

19 *Widmungsbild mit Heinrich dem Löwen und Mathilde. Aus dem Evangeliar von Helmarshausen, um 1175.*

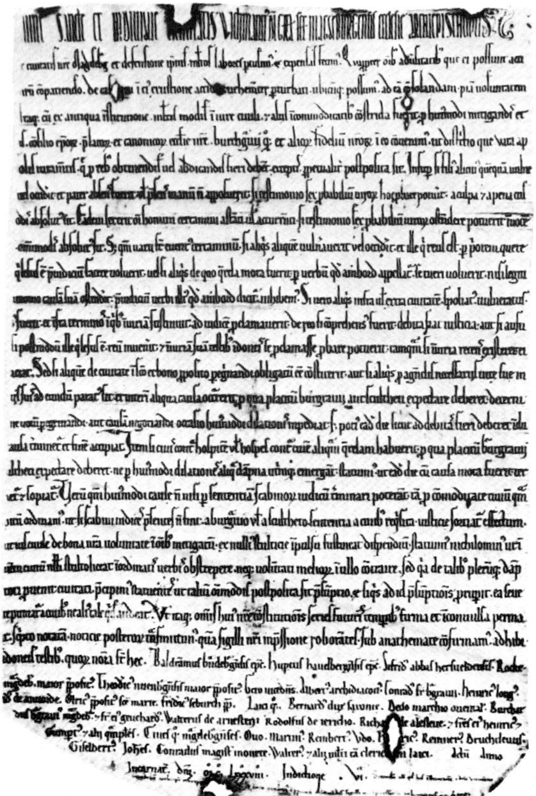

20 Privileg Wichmanns, des Erzbischofs von Magdeburg, aus dem Jahr 1188.

21 *Helm Herzog Heinrichs des Löwen, Seitenansicht.*

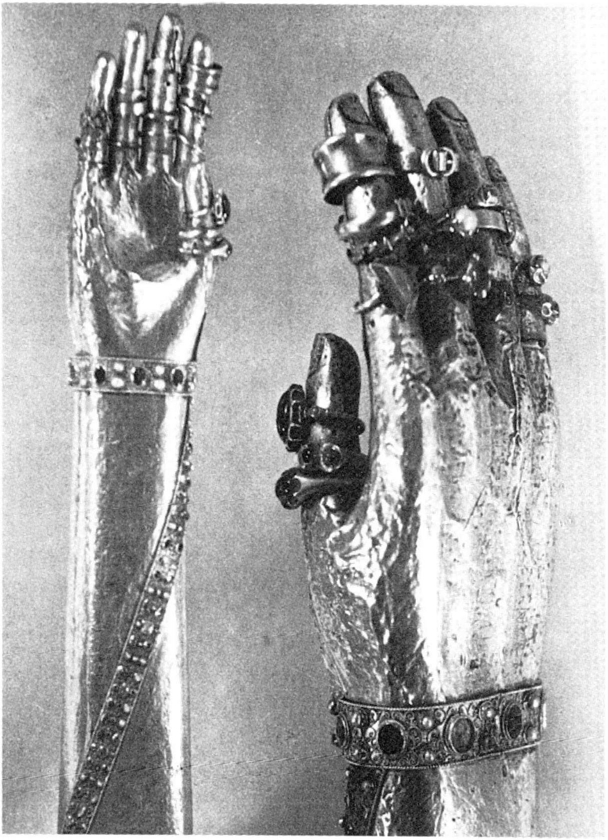

22 *Armreliquiar des Hl. Blasius. Braunschweig, Dom, 12. Jh. (St. Blasius ist Schutzpatron des Braunschweiger Domes).*

23 *Standbild des Erzbischofs Wichmann von Magdeburg an der Bronzetür der Meister Riciwin und Waismuth, zwischen 1152 und 1154. Nowgorod, Sophien-Kathedrale.*

24 *Kuppelreliquiar aus dem Welfenschatz. Köln, um 1180. Berlin, Kunstgewerbemuseum.*

25 *Bildtafel mit Otto IV. und Gemahlin, deutsch, um 1430. Herzog Anton Ulrich Museum, Braunschweig.*

26 *Schreitender Löwe auf Siegel aus dunklem Wachs zu einer Urkunde, mit der Heinrich der Löwe zusammen mit seinem Sohn Heinrich dem Kloster Walkenried die diesem von dreien seiner Ministerialen verkauften Hufen in Kinderode überträgt. Signatur 25 Urk 22: 3. Juni 1191, Braunschweig. Niedersächsisches Staatsarchiv, Wolfenbüttel.*

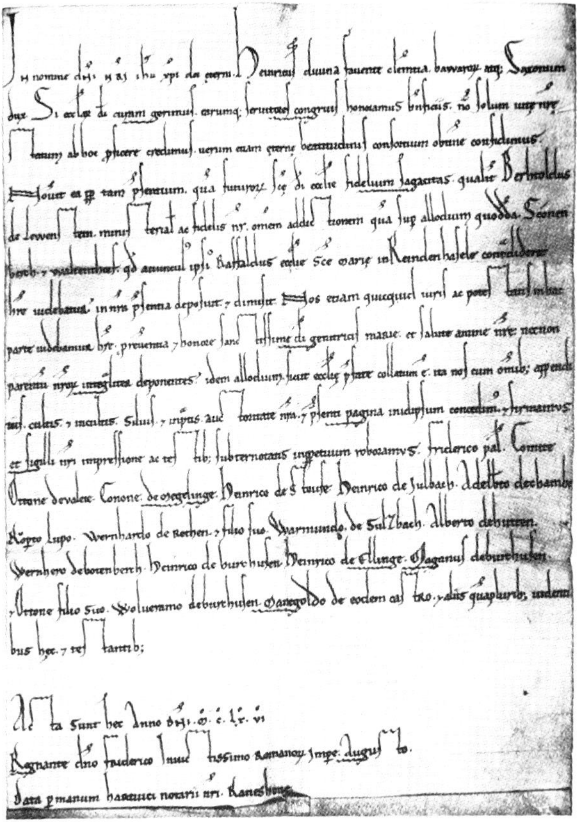

27 Heinrich überträgt dem Kloster Raitenhaslach die ihm von seinem Ministerialen Berthold von Löwenstein aufgelassenen Anrechte an Besitzungen in Schönberg und Walddorf (Ranshofen 1166). Signatur KU Raitenhaslach 13. Bayerisches Hauptstaatsarchiv, München.

28 Darstellung der Königswahl im Sachsenspiegel, dem bedeutendsten Rechtsbuch des dt. Mittelalters, zwischen 1220 und 1235.

29 *Vogtei-Übertragung an Heinrich den Löwen. Relief von Franz Xaver Schmädl, 1766. Polling, Stiftskirche.*

30 *Stammbaum der Welfen aus der* Historia Welforum, *Weingarten um 1185, fol. 13v., Hs. D. 11. Fulda, Landesbibliothek. Wohl die Urform für die vielen Stammbäume adeliger und bürgerlicher Geschlechter in späterer Zeit. Die beiden letzten Bilder am oberen Ende des getönten Stammes zeigen Heinrich den Löwen und Welf VII.*

31 *Grabmal Heinrichs des Löwen und seiner Gemahlin Mathilde. Braunschweig, Dom, um 1250.*

32 *Kaisermantel Ottos IV. (Detail), England, um 1200. Herzog Anton Ulrich Museum, Braunschweig.*

Eine weitere Transaktion hätte den Schwerpunkt für Heinrich den Löwen ebenfalls in die süddeutschen Länder verschieben können. Der etwa 60jährige Welf VI., der zwei Jahre vorher schon seine Verfügungsrechte über italienische Gebiete an den Kaiser abgetreten hatte, schloß nun mit seinem Neffen Heinrich eine Vereinbarung, wonach seine Allodien nach seinem Tod in das Eigentum des Löwen übergehen sollten, womit also Heinrich der Erbe Welfs wurde. Allerdings wollte Welf dafür bezahlt sein, und zwar naturgemäß noch zu Lebzeiten. Ob Welf wirklich schon wieder akuten Geldbedarf hatte, ist nicht bekannt. Jedenfalls hat er mit dem Geld, das er für die italienischen Güter bekommen hatte, nicht nur ein fröhliches Leben geführt, sondern auch zahlreiche fromme Stiftungen finanziert. Und da er keinen leiblichen Erben mehr hatte und auch mit seiner Frau Uta von Calw in keinem guten Einvernehmen lebte, war es natürlich, daß er sich seine Besitztümer zunutze machen wollte, solange er dazu noch in der Lage war. Für Heinrich bedeutete der Erwerb der umfangreichen Güter der anderen welfischen Linie nochmals einen beträchtlichen Zuwachs an Besitz und Macht. Aber er spekulierte wohl auf den baldigen Tod seines Onkels, der ihn der vereinbarten finanziellen Gegenleistung entheben würde, und so ließ er sich mit der Bezahlung Zeit und zögerte sie mehrere Jahre hinaus.

Damit fuhr Heinrich fort, sein hauptsächliches Tätigkeitsfeld im Norden, in seinem Herzogtum Sachsen zu sehen. Der Staufer erlitt unterdessen im Mai 1176 mit seinen viel zu wenigen Rittern in der Schlacht von Legnano nordwestlich von Mailand eine Niederlage gegen das mailändische Fußvolk. Militärisch war dieses Mißgeschick nicht sehr bedeutend, aber politisch hatte es doch weitreichende Konsequenzen, denn Friedrich zeigte sich in der Folge gegenüber den lombardischen Städten und dem Papst verhandlungsbereiter als bisher. Noch im Herbst des gleichen Jahres wurde zwischen ihm und dem Papst der sogenannte Vorfrieden von Anagni ausgehandelt, in dem der Kaiser dem Pontifex weitgehende Zugeständnisse machte und auch einen Friedensschluß mit den Lombarden versprach. Aber bis zum endgültigen Frieden von Venedig gelang es Barbarossa mit großem diplomatischem Geschick, verschiedene Punkte zu seinen Gunsten zu ändern. Vor allem konnte er nun auch nach jahrelangen vergeblichen Bemühungen einen Keil zwischen den Papst und die Lombarden treiben, da es ihm glückte, die ursprünglich unabdingbare Voraussetzung des gleichzeitigen Friedensschlusses mit beiden Gegnern aufzuweichen und im Frieden von Venedig im Juli 1177 mit dem Papst ein separates Abkommen zu erzielen, dem mit den Lombarden nur ein auf sechs Jahre befristeter Waffenstillstand gegenüberstand. Mit dem Frieden von Venedig wurde nach achtzehnjähriger Dauer auch das Schisma beendet, da Barbarossa nun Alexander III. als allein rechtmäßigen Papst anerkannte, was natürlich nicht nur die Absetzung des Gegenpapstes, sondern auch eine entsprechende Umorganisation der ganzen römischen Kirche zur Folge hatte.

Die Auswirkungen dieses Friedensschlusses von Venedig und seiner einzelnen Bestimmungen sollte Heinrich der Löwe in seinem sächsischen Herzogtum sehr rasch zu spüren bekommen. Er war seit dem Sommer 1177 zur Unterstützung des Dänenkönigs Waldemar I. wieder auf einem Feldzug gegen die Pommern. Diese hatten von ihren Burgen an der Swine aus wiederholt dänische Handelsschiffe attackiert und geplündert. Als Waldemar durch Gesandte Rechenschaft und Wiedergutmachung fordern ließ, wurden seine Männer von den Pommern verhöhnt und mißhandelt. Das wollte und konnte sich der Däne nicht bieten lassen, und so forderte er den Sachsenherzog auf Grund früherer Abmachungen auf, ihn gegen die widersetzlichen Pommern zu unterstützen. Der Welfe folgte diesem Ruf und zog zusammen

mit seinen Rittern und dem Markgrafen Otto von Brandenburg nach Nordosten vor die Festung Demmin, die die Pommern nach der eigenhändigen Zerstörung von 1164 längst wieder aufgebaut hatten.
Es fällt auf und zeugt von einer bedenklichen Schwäche des Sachsenherzogs, daß er auf die Unterwerfung Pommerns und die Eroberung Stettins durch den Dänenkönig im Jahre 1173 über all die Jahre hinweg nichts unternommen hat, obgleich in Sachsen Ruhe herrschte. Erst jetzt, nach Aufforderung durch Waldemar, raffte sich Heinrich auf, aber nicht etwa gegen den Dänen, sondern zu dessen Unterstützung gegen sein eigenes ehemaliges Lehensland. Und er hat sich für seinen Zug nach Nordosten mit dem Askanier zusammengetan, der sich wohl an die Bemühungen seines Vaters um das Land östlich der Peene und an dessen Zug nach Stettin im Jahre 1147 erinnerte.
Die Dänen zogen mit Unterstützung der Ranen auf ihren Schiffen durch die Swine und zerstörten zunächst Wollin. Dann fuhren sie zur Peene, und König Waldemar marschierte mit seinen Männern landeinwärts in Richtung Demmin, um dort den Sachsenherzog zu unterstützen, der dieses Bollwerk der Pommern bereits seit zehn Wochen ohne Ergebnis eingeschlossen hielt. Heinrich hatte Belagerungsmaschinen bauen und sogar die Peene umleiten lassen, aber mit allen Bemühungen keinen Erfolg gehabt. Nun war er jedoch entschlossen, die Belagerung der Festung zu beenden, denn er hatte eine Botschaft erhalten, daß der von ihm 1160 abgesetzte Bischof Udalrich von Halberstadt auf Grund der Beschlüsse im Frieden von Venedig wieder in sein Bistum zurückgekehrt sei.
War es nicht merkwürdig, daß der Kaiser dies nicht zu verhindern gewußt hat? Ansonsten waren eine ganze Reihe ehedem anti-alexandrinischer Kirchenfürsten in ihren Ämtern geblieben, aber die beiden Parteigänger des Löwen, Bal-

duin in Bremen-Hamburg und Gero in Halberstadt wurden bei Beendigung des Kirchenstreites entfernt. War das eine Vergeltung des Staufers für Chiavenna oder war es in erster Linie das Werk der geistlichen Unterhändler des Kaisers in Venedig? Der Kölner Erzbischof hatte doch bald nach Heinrichs Hilfeverweigerung in Chiavenna aus Rache bereits das welfische Hauskloster zu Altdorf – dem heutigen Weingarten – zerstört.

Es war dem Welfen sofort klar, daß die Rückkehr Udalrichs nach Halberstadt zu Auseinandersetzungen führen mußte, und deshalb strebte er umgehend nach Hause. Einen Vorschlag, die Festung Demmin einzuäschern, lehnte er ab, denn wieder, wie zehn Jahre vorher, wollte er sich nach Osten den Rücken freihalten, wenn mit Kämpfen in Sachsen zu rechnen war. Es glückte, die Besatzung Demmins innerhalb weniger Tage durch Verhandlungen zur Aufgabe ihres Widerstandes zu bewegen. Heinrich beendete die Belagerung gegen Zahlung eines Tributs und die Stellung von Geiseln, anschließend kehrte er in Eilmärschen nach Braunschweig zurück. Auch der Dänenkönig zog bald heimwärts, nachdem er noch reiche Beute gemacht hatte. Erneut war deutlich geworden, daß der Sachsenherzog gegen die Wenden nicht mehr viel ausrichten konnte.

Bischof Udalrich hatte dem Herzog schon Ende der fünfziger Jahre einige von diesem begehrte Kirchenlehen verweigert. Sein jetzt abgesetzter Nachfolger Bischof Gero war dagegen ein willfähriges Instrument gewesen, das dem Welfen alle Wünsche erfüllt hat. Aber nun nach seiner Wiedereinsetzung kraft der Übereinkünfte von Venedig forderte Udalrich jene Lehen vom Herzog wieder zurück. Dieser weigerte sich jedoch und handelte sich dafür schließlich den Bannfluch des Bischofs ein. Es wiederholten sich Ereignisse aus der Zeit, als Lothar von Supplinburg Herzog von Sachsen war und 1123 die neu aufgebaute Heimburg des Halberstädter Bischofs belagerte. Herzog Heinrich revanchierte sich für den Bannfluch des Bischofs mit der Zerstörung der bischöflichen Hornburg an der Ilse, die auf halbem Wege zwischen Braunschweig und Halberstadt den Kirchenfürsten vor Überfällen des Welfen schützen sollte. Oder war sie von dem streitlustigen Bischof für eine Offensive gegen den Herzog gedacht gewesen, wie dieser meinte?

Die rauchenden Trümmer machten Udalrich unsicher und er ließ schnellstens auf dem Hoppelberg südlich von Halberstadt eine neue Burg bauen, um sich notfalls vor dem Herzog dorthin zurückziehen zu können. Es war erst seit dem 11. Jahrhundert üblich geworden, daß die Burgen auf Anhöhen gebaut wurden. Die Landesherren konnten so ihr Herrschaftsgebiet besser überblicken und ihren Wohnsitz besser verteidigen als vorher, da sie ihre Wohnsitze noch inmitten der Dörfer hatten. Die neue Sitte hatte allerdings die Absonderung des Adels vom Volk mit sich gebracht.

Einer der eifrigsten Parteigänger des Welfen, Bernhard von Lippe, lag seit einiger Zeit in Westfalen in Kämpfen mit Anhängern des Kölner Erzbischofs, dessen Kirchenprovinz weit nach Sachsen hineinreichte. Im Teutoburger Wald wehrte sich der dort ansässige Graf von Ravensberg gegen den Bau einer herzoglichen Burg. Die Gegner des Welfen saßen also tief in seinem Herzogtum. Aber Bernhard von Lippe besetzte unter anderem den Lewenberg bei Bielefeld, und die Helfer des Herzogs konnten bei all diesen Auseinandersetzungen den Anhängern des Kölner Erzbischofs eine Reihe schmerzlicher Schlappen beibringen.

Das war es jedoch nicht allein, was den aus Italien zurückgekehrten Kölner Metropoliten gegen den Herzog aufbrachte. Der Löwe hatte sich in neuerer Zeit wieder berechtigt geglaubt, sich in zwei Fällen Erbschaften anzueignen, bei denen nur unmündige oder weibliche Nachkommen vorhanden waren. In einem Fall handelte es sich um die Erbschaft des Grafen von Oldenburg, mit dem sich der Welfe 1167 vor Bremen in den Haaren gelegen war. Hier holte sich Heinrich die Grafschaft Oldenburg und Besitzungen im Ammerland, obwohl der Graf Söhne hinterlassen hatte, die freilich noch nicht mündig waren. Im zweiten Fall ging es um die zwischen Hildesheim und Braunschweig gelegenen Güter des Grafen von Assel, wobei der Herzog die Erbansprüche einer Tochter kurzerhand beiseiteschob. Beidemale handelte es sich um Verwandte Philipps von Heinsberg, der deshalb verständlicherweise ebenso wie schon sein Vorgänger auf dem Kölner Erzbischofsstuhl, Rainald von Dassel, zu einem scharfen Gegner des Herzogs wurde. Philipp forderte von ihm vergeblich die Rückgabe der beiden Erbschaften.

So lag es nahe, daß sich die beiden Kirchenfürsten aus Köln und Halberstadt – das allerdings zur Mainzer Erzdiözese gehörte – in ihrer Feindschaft gegen den Welfen zusammentaten. Anfang 1178 schlossen sie in Kassel ein Schutz- und Trutzbündnis, um sich gegen die Bedrückungen und Gewalttaten des Herzogs gegenseitig beizustehen. Welfenfreundliche Quellen wie die *Paderborner Annalen* wollen wissen, daß der Kaiser den Kölner Erzbischof um diese Zeit bereits zum Vorgehen gegen Heinrich den Löwen ermuntert habe.

Tatsächlich rüstete Philipp von Heinsberg ein großes Heer, mit dem er in Westfalen einbrach. »Sengend und brennend« durchzog der Erzbischof mit seinen Truppen das Gebiet des Herzogs, wie Arnold von Lübeck schreibt. Nicht nur Burgen wurden mit wildem Drang verwüstet, auch Kirchen und Klöster verschonten die Erzbischöflichen keineswegs. Heinrich zog sich mit seinem Gefolge vor diesem Sturm zurück, so daß der Kölner schließlich auch die Lippe und den Teutoburger Wald überschreiten und bis an die Weser nach Hameln vordringen konnte. Da endlich, nachdem auch die Stadt Höxter verwüstet war, gelang es Erzbischof Wichmann von Magdeburg und Bischof Eberhard von Merseburg, den wütenden Erzbischof Philipp mit vielen guten Worten zum Stehen zu bringen. Die Gefahr, daß er mit seinen Männern über die Weser weiter in das sächsische Herzogtum vorrücken könnte, war offenbar so groß, daß sich Heinrich der Löwe in einem schnell ausgehandelten Vertrag zu einer Reihe von Zugeständnissen bequemen mußte. Es wurde ein Waffenstillstand vereinbart, und über die ganze Streitsache sollte der Kaiser entscheiden, wenn er aus Italien zurück wäre. Erzbischof Philipp zog sich mit seinen Männern wieder über den Rhein zurück.

Es ist anzunehmen, daß in den Waffenstillstand auch Bischof Udalrich von Halberstadt aufgenommen war. Aber Herzog Heinrich rückte doch mit seinen Scharen vor die bischöfliche Burg auf dem Hoppelberg. Nur dem Eingreifen des Magdeburger Erzbischofs war es zu verdanken, daß die neue Festung nicht gleich zerstört wurde und die Herzoglichen wieder abzogen. Aber es dauerte nicht lange, bis die Burg tatsächlich in Flammen aufging, und niemand war überrascht, als die Volksmeinung im Herzog den Brandstifter sah. Erzbischof Wichmann hatte alle Hände voll zu tun, um die mühsam erreichte Waffenruhe zu erhalten.

Mit Hilfe ostsächsischer Fürsten baute Bischof Udalrich die eingeäscherte Burg wieder auf. Der Löwe schickte freilich den Pfalzgrafen Adalbert – früher einer seiner erbitterten Gegner – mit vielen Bewaffneten gegen die Burg, um ihren Neubau zu verhindern. Graf Bernhard von Anhalt konnte indes durch einen überraschenden Angriff mehr als vierhundert herzogliche Streiter gefangennehmen. Viele kamen in dem unerbittlichen Kampf Mann gegen Mann um, viele andere versanken in dem nahegelegenen Sumpf für immer. Die Sieger machten reiche Beute an Pferden und Waffen. Trotzdem wurde der Bau der Burg bald aufgegeben, nicht nur, weil ihn der Kaiser im Interesse des Friedens verbot, sondern auch, einer zweiten Quelle zufolge, weil ein früher Wintereinbruch die Arbeiten allzusehr erschwerte.

Obwohl Heinrich der Löwe in diesem Jahr alle Hände voll zu tun hatte, sich seiner Feinde zu erwehren, gelang es ihm, in Ratzeburg auch einen taktischen Erfolg zu erzielen. Der dortige Bischof Evermond war im Februar 1178 verstorben und das Domkapitel scheint sich bei der Auswahl des Nachfolgers in zwei Fraktionen gespalten zu haben. Dem Herzog gelang es, den ihm genehmen Propst Isfried aus dem Prämonstratenserkloster Jerichow an der mittleren Elbe auf den Bischofsstuhl zu bringen.

Als Barbarossa im Oktober 1178 in die deutschen Lande zurückkam, hatte er nach seinem Italien-Aufenthalt auch eine mehrmonatige Inspektion Burgunds hinter sich. Am 30. Juli 1178 hatte er sich im Dom zu Arles feierlich mit der burgundischen Krone schmücken lassen. Damit war er auch formell der König aller drei Reichsteile Deutschland, Italien und Burgund. Tatsächlich herrschte Barbarossa schon seit der Königskrönung in Aachen im Jahre 1152 über das ganze Reich, zumal es für die italienischen und burgundischen Fürsten nach damaligem Gewohnheitsrecht keine Möglichkeit gab, den gewählten und gekrönten deutschen König für ihren Reichsteil abzulehnen. So war mit der jetzt in Arles erfolgten Krönung auch kein neuerlicher Machtzuwachs für Barbarossa verbunden.

Viele deutsche Fürsten trafen sich mit dem heimgekehrten Kaiser in Speyer. Auch Herzog Heinrich ritt dorthin und beschwerte sich bei seinem Vetter über die Angriffe der anderen Fürsten gegen ihn. Aber der ebenfalls anwesende Erzbischof Philipp von Köln, der im Kampf gegen den Welfen in der zurückliegenden Zeit die Initiative immer stärker übernommen hatte, stellte die Dinge dem Kaiser sogleich von der Gegenseite dar.

Was sollte und konnte der Herrscher tun, da Aussage gegen

Aussage stand? Eine augenblickliche Entscheidung erschien ihm offenbar untunlich, und so vertagte er die Angelegenheit auf einen Reichstag Mitte Januar in Worms, zu dem er beide Parteien lud.

1179–1181
Prozeß und Sturz Heinrichs des Löwen

Wenn sich der Löwe in Speyer noch sehr selbstsicher über die anderen Fürsten beschwert hat, so wurde ihm offenbar auf Grund der Gegendarstellungen des Kölner Erzbischofs und auch der Tatsache, daß er vom Kaiser zum weiteren Verhör geladen wurde, die Schwierigkeit seiner Situation klar. Er zog es deshalb vor, zum Reichstag in Worms Mitte Januar 1179 nicht zu erscheinen. Das bot den zahlreich angereisten Gegnern des Welfen Anlaß, sich erneut ausführlich und in aller Breite beim Kaiser über ihn zu beklagen. Vor allem die Erzbischöfe von Köln und Magdeburg wie auch Bischof Udalrich von Halberstadt konnten mit vielerlei Freveltaten der herzoglichen Streitkräfte aufwarten, während sie natürlich die Ausschreitungen ihrer eigenen Leute tunlichst unerwähnt ließen. Aber auch unter den weltlichen Fürsten hatte mancher etwas gegen den Löwen vorzubringen, etwa der Markgraf Dietrich von der Lausitz.

Heinrich hatte sich selbst einen erheblichen Nachteil auferlegt, da er zu dem Wormser Reichstag nicht gekommen war und auch keinen Vertreter entsandt hatte, der für ihn das Wort ergriffen hätte. Man nahm es allenthalben wahr, daß der Kaiser im Gegensatz zu früher ein offenes Ohr für die Klagen über seinen Vetter hatte und keinen Versuch mehr machte, zu dessen Gunsten zu vermitteln. Welf VI. wird auch mit seinem Mißmut nicht hinter dem Berg gehalten haben, da ihm sein Neffe seit bald drei Jahren das Geld für die Überlassung seiner Erbgüter schuldete.

War es Zufall oder Berechnung des Kaisers, daß eine Reihe schwäbischer Adeliger nach Worms geladen worden war? Infolge seiner schwäbischen Abkunft und Geburt konnte

Heinrich der Löwe nach geltendem Recht nur unter der Mitwirkung schwäbischer Richter abgeurteilt werden. Mancher der in Worms erschienenen Adeligen mag überrascht gewesen sein, als der Kaiser nun auf einen Spruch der Fürsten gegen den Löwen drang. Und bei der allgemeinen Antipathie gegenüber dem stets hochfahrenden und eigensüchtigen Welfen war es für Friedrich sicher nicht schwer, die Fürsten zu einem Gerichtsurteil zu bewegen. Das Fernbleiben Heinrichs vom Reichstag trotz der ausdrücklichen Ladung durch den Kaiser erzürnte die Fürsten aufs neue, denn sie sahen darin mit Recht eine Mißachtung dieser Reichsinstitution.

Unter Vorsitz des Kaisers wurde von den Fürsten über den Löwen wegen fortgesetzten Landfriedensbruches die Reichsacht verhängt. Die Grundlage für diese Verurteilung bildeten die in Anwesenheit des Angeklagten in Speyer vorgebrachten Klagen. Da er zu der Verhandlung in Worms nicht erschien, verzichtete er auf eine Rechtfertigung. Da er auch keine Vertagung verlangt hatte, war die sonst nach Landrecht erforderliche dreimalige Vorladung nicht nötig. Die Verkündung der Reichsacht über Heinrich den Löwen wurde in Worms jedoch noch bis zu einem neuen Reichstag ausgesetzt, der zum 24. Juni 1179 nach Magdeburg einberufen und zu dem der Herzog erneut geladen wurde. Der ganze Prozeß gegen den Welfen gehört jedoch infolge zweifelhafter Urkunden-Überlieferung in den Einzelheiten zu den umstrittensten Ereignissen der mittelalterlichen Geschichte.

Auf dem Reichstag in Worms hat der Kaiser seinen Söhnen eine größere Reihe von Besitztümern vor allem in Schwaben übereignet. Er hat dazu die Zustimmung der anwesenden Fürsten eingeholt. Waren die schwäbischen Adeligen vielleicht deshalb so zahlreich geladen worden und doch nicht oder nicht nur wegen des Urteilsspruches gegen den Welfen? Die Frage ist heute nicht mehr zu entscheiden.

Für das veränderte Verhalten des Kaisers gegenüber seinem

Vetter können verschiedene Gründe ausschlaggebend gewesen sein. Im Vordergrund mag bei Friedrich die Zurückweisung seines Hilfe-Ersuchens durch Heinrich Anfang 1176 in Chiavenna gestanden haben. Darin konnte der Kaiser eine Beleidigung und eine Verletzung der Bedürfnisse des Reiches sehen, und man hat in Verbindung mit der Weigerung Heinrichs in Chiavenna sogar von einer Konspiration des Welfen mit den oberitalienischen Städten gesprochen. Das dürfte jedoch vermutlich zu weit hergeholt sein. Offiziell spielte die Weigerung Heinrichs in dem jetzigen Prozeß jedenfalls keine Rolle. Sie wurde aber wohl auch vom Kaiser als ein Symptom für die zunehmenden Unabhängigkeits- und Gleichstellungs-Tendenzen seines Vetters gewertet, und dagegen mußte er sich endlich wehren. Seine in den letzten Jahren vergrößerte und verstärkte Hausmacht gab ihm dazu die Möglichkeit, auch wenn er da mit Heinrich noch immer nicht gleichziehen konnte. Die Beendigung des Kirchenstreites hatte ihm auch die nötige Rückenfreiheit für eine Auseinandersetzung mit dem Löwen gebracht. Ein weiterer Beweggrund für die veränderte Haltung des Kaisers gegenüber dem Welfen war wohl auch, daß er es überdrüssig war, ständig zwischen seinem selbstherrlichen Vetter und den über diesen verärgerten Fürsten vermitteln zu müssen, was auch ihm selbst schon manche Antipathie eingebracht hatte und wodurch letztlich der Landfriede immer wieder gefährdet wurde.

Der Bannfluch des Halberstädter Bischofs und jetzt auch noch das Damoklesschwert der Reichsacht über dem Löwen – sein Onkel Welf VI. erkannte nun, daß er kaum noch mit dem Geld für seine Hinterlassenschaften rechnen konnte. Bis sich Heinrich aus diesen Verstrickungen lösen könnte – sofern ihm das überhaupt gelänge –, läge er in derGrube, und sein Neffe würde das Erbe umsonst bekommen. Das wäre keineswegs in seinem Sinne gewesen! Die Aussöhnung des

Kaisers mit Papst Alexander ermöglichte nun Welf eine Wiederannäherung an den Staufer, und die beiden haben sich in Worms offensichtlich darauf geeinigt, daß Friedrich an Welf eine größere Geldsumme bezahle und dafür nach dessen Tod die süddeutschen Allodien Welfs bekomme. Die Verbitterung Heinrichs gegen den Kaiser wurde zweifellos erheblich vertieft, als er davon erfuhr, daß der Staufer seine Pläne auch hier durchkreuzt hat und erneut bedeutende, alte welfische Besitztümer an sich zu bringen verstand.

Da Barbarossa seit dem einige Jahre zurückliegenden Erwerb der Hinterlassenschaften der Pfullendorfer und der Lenzburger seine Hausgüter in Schwaben sehr vermehren konnte, kamen bald Gerüchte über eine Konspiration schwäbischer Adeliger auf, die der Ausweitung der staufischen Besitztümer angeblich entgegentreten wollten. Heinrich der Löwe sollte das Haupt dieser Verschwörung sein! Falls das wahr wäre, konnte für Friedrich eine höchst gefährliche Situation entstehen. Wenn auch kurz vorher in Worms kein Widerspruch gegen die jüngsten Erwerbungen des Kaisers aufgetreten ist, so war sich der Staufer seiner Sache doch nicht genügend sicher. Er wollte jenen Gerüchten auf den Grund gehen und lud die schwäbischen Adeligen im Mai 1179 zu sich nach Konstanz. Der schwäbische Chronist Burchard von Ursberg (um 1176-1231) will recht sicher von einer Verschwörung unterHeinrichs Führung wissen, und die *Reichersberger Chronik* berichtet sogar davon, der Kaiser habe behauptet, sein Vetter trachte ihm nach Thron und Leben. In Konstanz ist davon anscheinend nichts zutage getreten, jedoch der Kaiser nahm die Gelegenheit wahr, die schwäbischen Großen vorsorglich erneut auf ihre weitere Reichstreue festzulegen.

Der Kirchenbann des Halberstädter Bischofs Udalrich bedrückte den sehr gläubigen Herzog nachhaltig. Er suchte deshalb nach Wegen, sich davon zu befreien, und erlaubte zunächst dem Bischof den Wiederaufbau der Hornburg zwischen Braunschweig und Halberstadt. Schließlich ist Heinrich nach Halberstadt geritten, hat sich »dem Herrn Bischof zerknirschten Herzens demütig zu Füßen geworfen« – wie Arnold von Lübeck berichtet – und hat so die Lösung vom Bann erreicht. Allerdings dauerte dieses Glück für den Herzog nicht lange, da der Bischof bald Anlaß sah, die Exkommunikation zu erneuern.

Alle diese auf ihn einstürmenden Anforderungen und Zwischenfälle machten es dem Herzog unmöglich, sich in Kämpfe einzuschalten, die inzwischen bei den Obodriten ausgebrochen waren. In den letzten Tagen des Jahres 1178 war der Obodritenfürst Pribislaw bei einem Turnier am herzoglichen Hof in Lüneburg ums Leben gekommen. Die Kirche sprach zwar gegen die Turniere angesichts der häufigen Todesfälle wiederholt Verbote aus, und Erzbischof Wichmann hatte einem Toten sogar einmal wochenlang das Begräbnis verweigert, aber das Vergnügen an diesen Kampfspielen war viel zu groß, als daß die Kirche hätte durchdringen können. Der Tod Pribislaws verursachte Nachfolgekämpfe zwischen seinem Sohn und seinem Neffen. Dabei wurde unter anderem das von Pribislaw 1171 gestiftete Kloster Doberan überfallen und sämtliche Insassen erbarmungslos erschlagen.

Ende Juni 1179 fand der geplante Reichstag in Magdeburg statt, auf dem Heinrichs Sache erneut verhandelt werden sollte. Aber so zahlreich die kirchlichen und weltlichen Fürsten aus den sächsischen Gebieten einschließlich der Markgrafen von Brandenburg, Meißen und der Lausitz erschienen, Herzog Heinrich mochte auch diesmal nicht kommen. Er zog es vor, in seiner nahegelegenen Burg Haldensleben zu bleiben und die Entwicklung abzuwarten. Diese neuerliche Mißachtung der Vorladung löste bei den Versammelten in Magdeburg größtes Mißfallen und Zorn aus. Sie fühlten sich vom Herzog aufs äußerste provoziert. Sein Stolz hinderte Heinrich daran, vor einem Gericht zu erscheinen. Das aber mußte dazu führen, daß jetzt die bereits im Januar in Worms über ihn verhängte Reichsacht wegen Mißachtung des Gerichtes ausgesprochen und wirksam wurde. Jeder konnte den geächteten Herzog nun töten, ohne deshalb eine Bestrafung fürchten zu müssen. Der Geächtete konnte sich aus diesem Bann noch lösen, wenn er sich innerhalb eines Jahres dem Gericht stellte und sich dessen Urteil unterwarf.

Da er ein Lehensmann des Königs war, wurde das Nichterscheinen Heinrichs des Löwen vor Gericht als Mißachtung der königlichen Majestät, also als Majestätsverbrechen gewertet. Deshalb hat der Kaiser wohl schon im Frühjahr 1179 neben dem landrechtlichen auch ein lehensrechtliches Verfahren gegen den Herzog eingeleitet. Man kann davon ausgehen, daß die Vorladung nach Magdeburg nicht nur nach dem Landrecht erfolgt ist, sondern daß hier auch die erste Verhandlung in dem lehensrechtlichen Verfahren stattgefunden hat. Während in dem landrechtlichen Prozeß die Gesamtheit der deutschen Fürsten unter dem Vorsitz des Königs als Kläger und Richter fungierte, trat in dem lehensrechtlichen Verfahren Friedrich, der Lehensherr seines Vetters, als Hauptkläger auf. Dieses Verfahren konnte zur Aberkennung der Lehen führen, die Heinrich der Löwe vom Reich erhalten hatte.

Auf Bitten Herzog Heinrichs traf sich der Kaiser mit ihm nach Beendigung des Reichstages in der Nähe von Haldensleben. Der Löwe hat versucht, seinen Vetter zu begütigen, doch selbst wenn Friedrich gewollt hätte, wäre die Achterklärung nicht in einem Gespräch unter vier Augen wieder rückgängig zu machen gewesen. Dazu waren die Dinge bereits viel zu weit fortgeschritten. Der Staufer verlangte eine Bußzahlung von 5000 Mark und stellte Heinrich in Aussicht, sich dafür bei den Fürsten für ihn einzusetzen und eine Begnadigung

zu vermitteln. Dem Herzog erschien diese Forderung jedoch zu hoch und der Erfolg wohl auch zu ungewiß, und so ging er fort, ohne auf die weiteren Worte des Kaisers zu hören, wie Arnold von Lübeck schreibt.
Fünftausend Mark waren für die damalige Zeit tatsächlich eine enorme Summe. Das wird erst deutlich, wenn man den Betrag über den seinerzeitigen und den gegenwärtigen Silberpreis umrechnet, denn dann ergibt sich ein Betrag von 375 000 Mark nach heutigem Geld! Und der Herzog war sich zweifellos darüber im klaren, daß es mit dieser Summe für den Kaiser nicht getan war, sondern daß die Fürsten ihrerseits weitere Forderungen an ihn stellen würden, wenn er endgültig aus der Acht gelöst werden wollte. Heinrich hatte in dem lehensrechtlichen Verfahren wohl bereits eine neue Vorladung für Mitte August in die kaiserliche Pfalz Kayna westlich von Altenburg erhalten.
Auch dieser zweite Gerichtstag in dem lehensrechtlichen Prozeß gegen Heinrich den Löwen verstrich, ohne daß sich der Herzog in Kayna hat sehen lassen. Im Gegenteil: Gunzelin von Schwerin und andere Vasallen des Herzogs waren kurz vorher in Westfalen über Anhänger des Kaisers hergefallen und hatten diese am 1. August auf dem Halerfelde bei Osnabrück vernichtend geschlagen. In der Umgebung von Soest verwüsteten andere Parteigänger des Herzogs das Land, und das kölnische Medebach im Rothaar-Gebirge steckten sie in Brand. Auch zwischen Erzbischof Wichmann und dem Herzog gab es wieder Streit, weil beide Güter des Anfang des Jahres ohne Leibeserben verstorbenen Pfalzgrafen Adalbert von Sommerschenburg beanspruchten.
So entwickelte sich auf deutschem Boden ein Krieg zwischen der kaiserlichen Partei und der des Herzogs von Sachsen und Bayern. Die Kaiserlichen trafen rasch Gegenmaßnahmen und fielen in die herzoglichen Besitzungen ein. Heinrich wiederum besetzte widerstandslos Halberstadt, dessen Bi-

schof Udalrich seiner Meinung nach der Urheber der ganzen gegen ihn gerichteten Entwicklung war. Am 23. September 1179 wurde die Stadt fast vollständig eingeäschert, als einer von des Herzogs Männern eine Hütte in Brand gesteckt hatte. Viele Bürger kamen unter den brennenden Trümmern ihrer Häuser um, nachdem vorher schon eine größere Anzahl inhaftiert und verschleppt worden war. Jetzt nahm man auch noch den Bischof und andere Kleriker gefangen. Man erzählte sich die übelsten Dinge über die Scharen des Herzogs, die die über die Stadt hereingebrochene Katastrophe und Panik dazu benutzt haben sollen, wehrlose Bürger zu töten, Frauen öffentlich zu entkleiden und zu schänden und in den Häusertrümmern zu plündern.

Die Ereignisse in Halberstadt brachten die Fürsten weiter gegen den geächteten Heinrich auf, der freilich bald beteuerte, daß diese Greuel von ihm nicht beabsichtigt gewesen seien. Der stets welfenfreundliche Arnold von Lübeck berichtet zwar, Heinrich habe sich gefreut, als er von der Heimsuchung der Stadt hörte und die Menge der Gefangenen sah, die nach Braunschweig gebracht wurden, aber Arnold schreibt auch, daß Heinrich »sein Antlitz gebeugt und einen Strom von Tränen vergossen« habe, als man ihm von der Menge der zerstörten Kirchen und dem Flammentod zahlreicher Geistlicher berichtete. Merkwürdig ist, daß vom Kaiser kein offizielles Wort des Abscheus über die Halberstädter Freveltaten der Herzoglichen überliefert ist.

Aber schon verbreiteten sich neue Schreckensnachrichten über einen Einfall wendischer und pommerscher Scharen, die über die Spree hinweg weit nach Westen vordrangen. Rasch entstand die Meinung, daß dieser Überfall auf Geheiß Heinrichs des Löwen erfolgt sei. Bei Lübben im Spreewald versuchten rasch zusammengerufene Männer des Markgrafen Dietrich von der Lausitz noch, die Wenden und Pommern aufzuhalten, erlitten jedoch am 19. September eine völlige Niederlage. Mit Feuer und Schwert vernichteten die feindlichen Scharen die Lausitz und drangen weiter nach Westen in magdeburgisches Gebiet ein, wo sie Jüterbog sowie das nahegelegene Kloster Zinna einäscherten. Erst der einbrechende Winter zwang die Wenden und Pommern zur Rückkehr in ihre Heimat.

Erzbischof Wichmann zog Anfang Oktober 1179 mit grimmigen Racheabsichten und einer beträchtlichen Streitmacht vor die Burg Haldensleben, die vom Herzog weiter mit besonderer Sorgfalt ausgebaut worden war. Den natürlichen Schutz durch die umgebenden Sümpfe hatte der Welfe mit einem dreifachen Wall und einer starken Mauer vermehrt.

Der Kölner Erzbischof sammelte ein Heer von angeblich viertausend Mann, vornehmlich Söldnern, für die damals die Bezeichnung »Rotten« aufgekommen ist. Mit diesem Heer durchzog er Westfalen zum zweitenmal, um nun Erzbischof Wichmann vor Haldensleben zu unterstützen. Dabei wurden viele Besitztümer des Welfen verwüstet, seine Anhänger vertrieben, und rasch griff im Kölner Heer das Faustrecht um sich – es wurden Kirchen und Klöster gebrandschatzt, geplündert und beraubt –, und jeder suchte sich persönlich nach Kräften zu bereichern.

Gegen Haldensleben zogen neben Erzbischof Wichmann und Erzbischof Philipp von Köln auch Landgraf Ludwig von Thüringen mit etwa vierhundert Rittern sowie die Wettiner und andere Fürsten aus den ostsächsischen Gebieten. Trotz dieses beträchtlichen Aufgebotes wollten sich die Belagerten aber nicht ergeben. Sie vertrauten auf ihre starken Befestigungen und verstanden es sogar, von den Angreifern zunächst unbemerkt, die Moore der Umgebung der Burg in Brand zu stecken, so daß sich die Glut bald in das Lager der Kaiserlichen fraß, dort großen Schaden anrichtete und sogar Belagerungsgeräte vernichtete, die mit großer Mühe erbaut und nicht in Sicherheit gebracht worden waren.

Heinrich der Löwe war in die Gebiete Erzbischof Wichmanns an der Bode eingefallen und verwüstete dort mit Feuer und Schwert alles, was sich ihm entgegenstellte. Anfang November zerstörte er die bischöfliche Pfalz Calbe an der Saale und verheerte das Land bis an die Elbe. So zwang der Herzog den Erzbischof, die Belagerung von Haldensleben schnellstens abzubrechen und zum Schutz seiner eigenen Gebiete zu eilen. Zwischen den Belagerern waren zudem Meinungsverschiedenheiten entstanden, die der Löwe aus der Ferne schlau zu schüren verstand. Die Wettiner hatten deshalb schon vorzeitig ihr Lager verlassen und sogar in der Hoffnung, dadurch die ihnen verhaßten Kölner einem Angriff der Belagerten preiszugeben.
Der hereinbrechende Winter beendete das Unternehmen, bevor die Angreifer das erhoffte Ziel erreicht hatten, und das Ganze ging recht kläglich auseinander. Herzog Heinrich konnte einen vollen Erfolg für sich verbuchen. Seine Streitkräfte zerstörten noch dazu die eben mit seiner Zustimmung wieder aufgebaute Hornburg, von der aus die Männer des gefangenen Halberstädter Bischofs immer wieder Attacken gegen die Herzoglichen vortrugen. Die »Rotten« des Kölner Erzbischofs zogen sengend und brennend an den Rhein zurück. Philipp soll fest entschlossen gewesen sein, sich nie wieder mit solchen undisziplinierten Horden einzulassen, die bei ihren Plündereien zweifellos keinen großen Unterschied zwischen seinen Bistümern und den Gütern des Herzogs gemacht haben.
Im Süden bemühte sich Kaiser Friedrich nach einem Reichstag in Augsburg mehrere Monate lang, den Frieden zu sichern und eine etwaige reichsfeindliche Bewegung im Keim zu ersticken. Er war sich offenbar nicht sicher, ob sein Vetter nicht unversehens die süddeutschen Fürsten gegen ihn aufwiegeln würde, und ritt deshalb kreuz und quer durch Bayern, um sich von den bayerischen Adeligen ebenso wie vor-

her von den schwäbischen erneut die Treue schwören zu lassen. Aber es zeigte sich mehr und mehr, daß in Bayern kaum jemand an eine Unterstützung des Welfen dachte.
Heinrich der Löwe feierte das Weihnachtsfest 1179 in Lüneburg mit allem fürstlichen Prunk. Nach dem Sieg der Seinen auf dem Halerfeld und nach seinem Erfolg um Haldensleben war er überzeugt, daß ihm die Verhängung der Reichsacht nichts anhaben konnte. In diesem Jahr hatte er ja trotz des Widerstandes Wichmanns von Magdeburg auch noch die Hinterlassenschaft Adalberts von Sommerschenburg an sich bringen können, zu der so wichtige Handelsorte wie Helmstedt und Gandersheim gehörten. Dies war für ihn ein besonderer Gewinn, denn das Gebiet des Pfalzgrafen hatte seiner Herzogsgewalt nicht unterstanden, und Gandersheim war ein bedeutender Knotenpunkt des Hellweges von Köln nach Magdeburg und der Heerstraße von Frankfurt nach Hildesheim. Helmstedt hatte bereits Anfang des 12. Jahrhunderts Stadtrechte erhalten.
Dem in seinem Gewahrsam befindlichen Bischof von Halberstadt versprach Heinrich die Freiheit, wenn dieser ihn vom Kirchenbann lösen und ihm die entzogenen kirchlichen Lehen wiedergeben würde. Der gefangene alte Udalrich ließ sich auf diesen Handel ein und erhielt so die Freiheit, starb aber schon nach einigen Monaten. Kaiser und Papst erklärten später die in Lüneburg getroffene Vereinbarung für ungültig.
Für Mitte Januar 1180 hat Kaiser Friedrich einen Reichstag nach Würzburg einberufen, und Herzog Heinrich erhielt dazu die dritte Vorladung in dem lehensrechtlichen Verfahren. Der Welfe wollte freilich auch hier nicht vor seinen Richtern erscheinen. Aus Bayern, Schwaben, Franken, Lothringen und Sachsen kamen zahlreiche kirchliche und weltliche Fürsten.
Nach der Überlieferung klagte Markgraf Dietrich von der

Lausitz in Würzburg über den vom Welfen provozierten Einfall der Wenden in seine Gebiete. Der Markgraf hat das Verhalten des Herzogs in diesem Fall anscheinend als einen Verrat gegenüber dem Reich bezeichnet und sich angeboten, in einem Zweikampf mit Heinrich die Richtigkeit seiner Anklage zu beweisen. Er hat sich dabei sicher ein deutlich erkennbares Gottesurteil, also einen Sieg über den Welfen erhofft. Der aber mußte als gläubiger Christ in dem Zweikampf ein Gottesurteil zu seinen Ungunsten, also eine Niederlage befürchten, wenn er wußte, daß die Anklage seines Gegners zu Recht bestünde. Heinrich war jedenfalls nicht bereit, sich dem Zweikampf zu stellen. Aber nach damaligem Recht führte die Verweigerung eines geforderten Zweikampfes dazu, daß die Klage als rechtmäßig angesehen wurde, das heißt also, daß sich der Welfe damit selbst als schuldig überführt hat. Wenn darauf hingewiesen wird, daß es keinen sicheren Nachweis dafür gibt, daß Heinrich der Löwe die Wenden zum Überfall auf die deutschen Gebiete aufforderte, so ist andererseits doch darauf zu verweisen, daß mehrere Quellen den Sachverhalt so berichten, darunter Arnold von Lübeck, der stets eher für als gegen Heinrich geschrieben hat. Und daß Heinrich die Wenden gerne für die Ausführung seiner Rachepläne einspannte, hatte sich bei seinen Auseinandersetzungen mit den Dänen bereits erwiesen.
Eine andere Version geht davon aus, daß Markgraf Dietrich von der Lausitz seine Klage nicht in Würzburg, sondern schon ein halbes Jahr vorher in Magdeburg erhoben hat. Zweifellos hat es mehr Wahrscheinlichkeit für sich, daß der Lausitzer eher nach Magdeburg als nach Würzburg geritten ist. Im Juni 1179 hätte er in Magdeburg freilich noch nicht über den Wendeneinfall klagen können, der sich im Herbst 1179 abgespielt hat. Früher hat man allerdings drei von Heinrich provozierte Wendeneinfälle angenommen, von denen der erste schon 1178 stattgefunden hat, während man in

neuerer Zeit glaubt, daß die Wenden und Pommern nur einmal, im Herbst 1179, in die deutschen Gebiete eingefallen sind. Aber die Anhänger der Version, nach der Dietrich seine Hochverratsklage gegen Heinrich in Magdeburg erhoben hat, sind der Ansicht, daß Gegenstand der Klage nicht ein Wendeneinfall, sondern das angebliche Komplott war, das der Löwe zusammen mit den schwäbischen Adeligen gegen den Kaiser geschmiedet haben soll und wegen dem Barbarossa im Mai 1179 die schwäbischen Adeligen nach Konstanz geladen hatte. Es zeigt sich hier wieder, wie unsicher und schwankend die Überlieferung oft ist.

Da Herzog Heinrich keiner der an ihn ergangenen Ladungen gefolgt war, wurde er – ebenso wie zweiundvierzig Jahre vorher 1138 sein Vater – in Würzburg durch einen Spruch der Reichsfürsten seiner Reichslehen, der Herzogtümer Bayern und Sachsen, für verlustig erklärt. In einer Urkunde beschuldigte der Kaiser den Herzog der Beraubung und der Minderung der Rechte der Adeligen und der Kirche. Als Begründung für die Verurteilung werden in dem Dokument die Weigerungen des Herzogs genannt, auf die Vorladungen des Kaisers zum Gericht zu erscheinen, um sich vor seinen Anklägern zu verantworten. Als er nach dem Urteil der Fürsten und seiner schwäbischen Standesgenossen der Acht verfallen war, habe er sogar weiter den Landfrieden gebrochen. Obgleich er nach Lehnsrecht wegen Mißachtung des Kaisers und wegen offenkundigen Majestätsverbrechens dreimal vor Gericht geladen war, sei er doch weder selbst erschienen, noch habe er einen Bevollmächtigten entsandt. Das Urteil und die Einziehung der Reichslehen wird besonders mit dem Ungehorsam gegenüber dem Lehensherrn begründet.

Obwohl Heinrich dem Löwen nun seine beiden Herzogtümer aberkannt worden waren, schlossen die sächsischen Fürsten nach ihrer Heimkehr vom Würzburger Reichstag mit ihm einen Waffenstillstand, der bis Ende April 1180 befristet

wurde. Beide Seiten wollten in den Wintermonaten ihre Rüstungen verbessern, um für die erwarteten Kämpfe besser gewappnet zu sein.
Der Kaiser aber mußte nun überlegen, wie er das Urteil von Würzburg vollstrecken könnte. Es mag wohl sein, daß Friedrich erwogen hat, die beiden Herzogtümer Bayern und Sachsen einigen seiner fünf Söhne zu geben. Diese Lösung war zweifellos sehr verführerisch, denn der Gewinn für die staufische Hausmacht wäre fulminant gewesen. Aber dieser Weg war für den Kaiser doch nicht praktikabel, denn er hätte damit die einhellige Aversion der Fürsten gegen sich provoziert. Er mußte und wollte jedoch weiter mit ihnen zusammenarbeiten und brauchte ihre Hilfe, weshalb er sie sich nicht zu seinen Feinden machen durfte.
Für Anfang April 1180 wurde ein Reichstag nach Gelnhausen unweit von Frankfurt einberufen. Dort erschienen selbstverständlich vor allem die Gegner Heinrichs des Löwen, also sowohl der Erzbischof Philipp von Köln wie auch Wichmann von Magdeburg, die Askanier und die Wettiner, aber darüber hinaus noch zahlreiche Fürsten aus den anderen deutschen Ländern. Zunächst wurde über die weitere Bestimmung des Herzogtums Sachsen verhandelt. Man einigte sich darauf, Graf Bernhard von Anhalt, den jüngsten Sohn Markgraf Albrechts von Brandenburg, mit dem östlichen Teil des Herzogtums Sachsen zu belehnen. Der Kölner und Paderborner Sprengel Sachsens wurde zu einem selbständigen Herzogtum erhoben und der Erzbischof Philipp von Köln zum Herzog ernannt.
In dem neuen, verkleinerten Herzogtum Sachsen hat der Kaiser den Kirchenfürsten erlaubt, alle kirchlichen Lehen Heinrichs des Löwen wieder an sich zu nehmen. Die südostsächsischen Bistümer Hildesheim und Halberstadt wurden von der Oberhoheit des Herzogs ausgenommen, und dabei wurde deutlich, daß die Ansprüche Heinrichs des Löwen auf

diese Gebiete unrechtmäßig gewesen waren. Sowohl mit diesen Maßnahmen wie überhaupt mit der Teilung des Herzogtums wollte der Kaiser vermeiden, daß nochmals eine ähnliche Macht- und Besitz-Anhäufung wie bei Heinrich zustande käme. Die Askanier hatten in Sachsen nun ohnedies eine sehr starke Stellung, da neben dem neuen Herzog auch der Markgraf von Brandenburg aus ihrem Hause stammte und ihnen auf diesem Reichstag zu Gelnhausen auch noch das Erzbistum Bremen-Hamburg zufiel.

In einer berühmten Urkunde aus Gelnhausen, die den Verlauf des Prozesses gegen den Welfen verkürzt nacherzählt, wurden alle damit zusammenhängenden Vorgänge von der kaiserlichen Kanzlei der Nachwelt überliefert. Allerdings läßt dieses Dokument, dessen Original 1945 verbrannt ist, recht unterschiedliche Auslegungen zu, weshalb über die Daten und Ergebnisse des Prozeßes bereits viele Auseinandersetzungen geführt wurden und wohl auch weiterhin geführt werden.

Da allem Anschein nach nicht zu erwarten war, daß Heinrich der Löwe seine beiden Herzogtümer freiwillig herausgeben würde, wurde in Gelnhausen eine Reichsheerfahrt gegen ihn beschlossen. Bei dieser Gelegenheit mag es wohl gewesen sein, daß der Kaiser den von Arnold von Lübeck erwähnten Schwur ablegte, er wolle den Welfen nie mehr in seine früheren Würden einsetzen, es sei denn, alle Fürsten wären damit einverstanden. Dieser Schwur zeigt, daß nach wie vor ein tiefes Mißtrauen unter den Fürsten herrschte, die beiden Vettern würden sich plötzlich wieder verständigen.

Die Reichsheerfahrt sollte am 25. Juli 1180 beginnen. Landgraf Ludwig von Thüringen und andere sächsische Fürsten sollten in der Zwischenzeit die Reichsstadt Goslar vor einem etwaigen Angriff des Welfen schützen. Tatsächlich zog der Geächtete Anfang Mai sogleich nach Beendigung des mit den sächsischen Fürsten geschlossenen Waffenstillstandes gegen die von ihm immer wieder begehrte ebenso gewinnträchtige wie strategisch wichtige Stadt. Da sein Angriff jedoch erwartet wurde, konnte er wenig ausrichten. Immerhin gelang ihm aber die Zerstörung der Einrichtungen des Silberbergwerkes am Rammelsberg. Auf seinem weiteren Zug brannte er die Pfalzen in Mühlhausen und Nordhausen nieder – den beiden Städten hingegen gab er Freiheitsbriefe, um seine freundliche Einstellung und Absicht gegenüber den Bürgern deutlich zu machen. Ebenso verfuhr Heinrich mit der alten Pfalz Grone an der Leine, wo er eine eigene Marktsiedlung gutingi, Göttingen, gründete. Der Welfe richtete auch noch weitere Verwüstungen im Lande an.

Der neue Herzog Bernhard und der Landgraf von Thüringen konnten Heinrich schließlich nahe der Unstrut bei Weißensee stellen, aber sie waren ihm mit ihren Streitkräften weit unterlegen und erlitten am 14. Mai 1180 eine vollständige Niederlage. Landgraf Ludwig geriet mit vielen seiner Ritter sogar in die Gefangenschaft des Löwen und wurde von diesem im Triumph nach Braunschweig gebracht.

Dort feierte Heinrich mit den Seinen Freudenfeste, da er den Kaiserlichen solche Niederlagen hatte beibringen können. Der Welfe hoffte wohl noch, daß er trotz des Verlustes des westlichen Teiles von Sachsen mit Glück eine ausreichende Streitmacht zusammenhalten könne, um den Angriffen des Kaisers zu widerstehen. Die Bayern konnte er infolge der weiten Entfernung gegenwärtig allerdings nicht in seine Berechnungen einbeziehen, aber unbeachtet gelassen hat er sie für seine künftigen Planungen sicher nicht.

Da Heinrich nun bereits seit Jahr und Tag in der Acht war und keine Schritte unternommen hatte, sich davon zu lösen, verfiel er jetzt der Oberacht, die nicht mehr rückgängig gemacht werden konnte. Damit wurde der ehemalige Herzog völlig recht- und ehrlos und verlor auch alle seine persönliche Habe. Bischof Albert von Freising nutzte die Gunst der

Stunde und erwirkte vom Kaiser die Zustimmung, daß die von Heinrich 1157 zerstörte Brücke über die Isar bei Föhring wieder mit Marktrechten errichtet werden durfte und daß die Konkurrenz bei München beseitigt werden mußte. Keiner dieser Pläne wurde realisiert, doch wurde immerhin die von dem Löwen bereits errichtete Burg und der Mauerring geschleift. München kam noch 1180 unter die Herrschaft der Freisinger Bischöfe, und als 1240 nach langen Auseinandersetzungen die Wittelsbacher die Stadtherren wurden, mußte München noch jahrhundertelang zur »Rekognition für die Verlegung der Brücke« an die Freisinger Bischöfe zahlen.

Als der Kaiser Ende Juli 1180 den Reichsheerzug gesammelt hatte, zog er sogleich in die Gegend um Wolfenbüttel, wo er die Festung Lichtenberg des Welfen schon in den ersten Augusttagen überwältigen konnte. In der nahegelegenen alten Pfalz Werla an der Oker hielt der Staufer sodann einen Hoftag, auf dem mit Zustimmung der anwesenden Fürsten ein ebenso vorteilhafter wie wirksamer Beschluß verkündet wurde: Alle Anhänger Heinrichs sollen die kaiserliche Gnade erlangen, wenn sie sich bis spätestens 11. November 1180 unterwerfen. Wer dies nicht tut, verliert wegen Ungehorsams alle seine Besitztümer.

Die Ankündigung dieser Amnestie des Kaisers erwies sich für Heinrich als ein schwerer Schlag, denn schon in den nächsten Wochen übergab eine beträchtliche Anzahl welfischer Dienstleute und Vasallen ihre Burgen und Festungen dem Staufer, der außerdem noch verschiedene Burgen wie die Harzburg wieder instand setzen ließ. Es war eine große Enttäuschung für den Geächteten, beobachten zu müssen, wie seine bisherigen Anhänger ihn verließen, um ihre eigenen Vorteile zu wahren.

Barbarossa kam deshalb schon Anfang September, kaum drei Wochen nach dem Beschluß und der Ankündigung von Werla, zu der Meinung, daß Heinrich zumindest im südlichen

Sachsen nichts mehr ausrichten könnte, da er kaum noch über brauchbare Stützpunkte verfügte. Friedrich löste deshalb das Reichsheer auf, um das Land nicht unnötig – wie er meinte – mit der Anwesenheit dieser großen Menschenmenge zu belasten. Er ging nach Altenburg und belehnte dort am 16. September Otto von Wittelsbach mit dem Herzogtum Bayern, womit auch dieses bisherige Gebiet Heinrichs des Löwen einen neuen Herrn erhielt. Ohnedies rührte sich hier keine Hand zur Verteidigung der Welfenherrschaft. Während ihres mehr als hundertjährigen Regimentes hatten sich die Welfen in ihrem süddeutschen Herzogtum offenbar keine Anhänger gewinnen können.
Auch in Bayern folgte der Staufer seinen neuen Ambitionen, die Herrschaftsgebiete seiner Vasallen klein zu halten, und so trennte er die Steiermark ab, um sie zu einem eigenen Herzogtum zu erheben. Trotz der in mehr als zwei Jahrzehnten bewiesenen Treue Ottos von Wittelsbach war der Kaiser nach den Erfahrungen mit seinem Vetter von einem solchen Mißtrauen erfaßt, daß er keinem seiner Lehensmänner mehr unbeschränkt vertraute.
Der junge Graf Adolf III. von Holstein hatte unversehens die Liga der von Heinrich Abtrünnigen angeführt, denn er hatte sich geweigert, dem Ansinnen des Welfen auf Herausgabe seiner Gefangenen von der Schlacht an der Unstrut nachzukommen. »Wisset Herr«, so überliefert Arnold von Lübeck die Begründung Adolfs, »daß ich auf jenem Feldzug all das Meinige verbraucht, daß ich eine Unzahl von Streitrossen der Ritter und Pferde der Knechte verloren habe, und wenn ich euch also jetzt die Gefangenen zurückgebe, so bleibt mir nichts übrig, als zu Fuß nach Hause zurückzuwandern.« Der Graf wollte mit dem erhofften Lösegeld für die Gefangenen seine Verluste wieder ausgleichen. So zerbrach also das Bündnis zwischen Heinrich und Adolf, und während der Kaiser in Altenburg weilte, ritt Heinrich mit seinen Scharen

nach Holstein, um ein Strafgericht gegen den ehemals Verbündeten zu halten. Das befestigte Plön konnte er rasch erobern, aber die Belagerung von Segeberg mußte er dem Grafen Bernhard von Ratzeburg übertragen, da sie sich allzu lange hinzog und er selbst südlich der Elbe benötigt wurde. Die Besatzung von Segeberg ergab sich erst, als der Brunnen ausgetrocknet war und kein Trinkwasser mehr gab. Der vereinbarte freie Abzug wurde den Eingeschlossenen freilich nicht gewährt, sondern man nahm sie entgegen dem gegebenen Versprechen gefangen. Nur die alte Mutter Graf Adolfs konnte mit einigen Bediensteten abziehen.

Wie brüchig die Stellung des Welfen in seinem ganzen Herzogtum bereits war, das zeigt die Tatsache, daß Erzbischof Sigfried aus dem Hause der Askanier nun unangefochten in Bremen einziehen konnte. Die Lage hatte sich nach dem Tode seines Vaters, Albrecht des Bären, allerdings sehr verändert, aber aus freien Stücken duldete Heinrich die Inthronisation Sigfrieds gewiß nicht.

Als der Welfe zu Weihnachten 1180 in Lüneburg wieder Hof hielt, eröffnete er dem Grafen Bernhard von Ratzeburg seinen von verschiedenen Seiten genährten Verdacht, daß dieser ihn und seine Gemahlin Mathilde ermorden wolle. Es ist nicht zu klären, wieweit Heinrich mit seiner Beschuldigung recht hatte; jedenfalls ist es vorstellbar, daß er angesichts seiner Bedrängnisse und der vielen von ihm abgefallenen Vasallen auch gegenüber den ihm noch treu ergebenen immer mißtrauischer wurde. Er ließ den Ratzeburger einkerkern und zog vor seine Burg, die er mit Hilfe der Lübecker in Kürze bezwingen konnte.

Heinrich ließ Bernhard zwar bald wieder frei, aber er verdächtigte ihn doch auch weiterhin, so daß der Ratzeburger schließlich zum Kaiser übertrat, um fortan gegen den Welfen zu kämpfen.

Die Herrschaft über die östlichen Gebiete der Obodriten verlor Heinrich völlig aus der Hand, so daß er gegen die immer noch anhaltenden Kämpfe um die Nachfolge Pribislaws nichts unternehmen konnte. Und wenn während der zurückliegenden Jahre die Dänen die Pommern unterworfen haben, so fiel jetzt Markgraf Otto von Brandenburg über sie her und besiegte sie bei Demmin. Der Pommernfürst Kasimir, ehedem dem Welfen treu ergeben, fand im Dezember 1180 den Tod.

Noch vor diesem Feldzug schlug ein Versuch König Heinrichs II. von England fehl, seinem welfischen Schwiegersohn Entlastung zu bringen. Der Plantagenet wollte dies freilich nicht im Alleingang tun, sondern suchte ein Bündnis mit dem jungen König Philipp II. von Frankreich, der seinem Vater 1180 auf dem Thron gefolgt war, und mit Graf Philipp von Flandern. Keiner der beiden Angesprochenen hatte indes Neigung, sich für den Welfen gegen den Kaiser zu engagieren und so ließ auch der Engländer die Hände davon, so gerne er dem Staufer beigekommen wäre.

Der Löwe baute nördlich der Elbe die Befestigungen von Plön, Segeberg und Ratzeburg stark aus. Im Süden seines ehemaligen Herrschaftsgebietes ließ er Bernhard von Lippe in den Gegenden um Haldensleben nach eigenem Gutdünken schalten. Dieser maßte sich allerlei Güter und Rechte des Magdeburger Erzstiftes an, erpreßte Einkünfte vieler Kirchen und kam auf seinen Raubzügen sogar bis vor die Mauern Magdeburgs. Das konnte Erzbischof Wichmann natürlich nicht ruhig lassen. Um des welfischen Sendlings Herr zu werden, mußte er schließlich wohl oder übel wieder gegen Haldensleben ziehen. Nicht wenige seiner Freunde rieten ihm von einem nochmaligen Angriff auf die stark ausgebaute Festung ab.

Nach der abgeschlagenen Belagerung von 1179 hatten die Welfischen das kleine Flüßchen Bever so umgeleitet, daß Haldensleben nun auf einer Insel zwischen der Ohre und der

Krieger des 12. Jh. (unten: der Tod des Urias; oben: die Überbringung der Nachricht mittels Botenstab an König David). Federzeichnung in einem Psalterium des 12. Jh.

Bever lag. Die Festung war damit noch schwerer zu belagern als vorher. Erzbischof Wichmann wollte sich jedoch eben diesen Wasserreichtum zunutze machen und entwarf dazu einen strategisch ebenso kühnen wie risikoreichen Plan. Wenn es gelänge, das Wasser ausreichend zu stauen, so konnte man die ganze Festung überschwemmen und ausspülen. Freilich wäre eine gewaltige Anstrengung erforderlich, um entsprechend hohe und starke Staudämme aufzuschütten. Aber der Erzbischof war entschlossen, den Versuch zu wagen und dieses bisher noch niemals angewandte Verfahren in die Wege zu leiten, da keine Aussicht war, die Festung auf andere Weise zu bezwingen. Tatsächlich gelang es im Februar 1181, die Ohre soweit zu stauen, daß Haldensleben völlig unter Wasser stand. Dazu war nicht nur ein Damm quer über den Fluß nötig, sondern noch ein zweiter, der das Ablaufen des Wassers in die Umgebung der Festung verhinderte.

Die Flut stieg höher und höher. Die Bewohner mußten sich auf ihre Häuser retten und hatten dazu, wie berichtet wurde, vielfach die Dächer abgedeckt. An eine Bestattung der Toten auf dem Friedhof war nicht mehr zu denken. Plötzlich brachen jedoch die Dämme, und die Belagerten jubelten, als sie das Sinken des Wassers feststellten. Aber sie hatten nicht mit der Zähigkeit des Erzbischofs gerechnet, der die Dämme ausbessern und verstärken ließ, so daß die Festung bald erneut unter Wasser stand.

Trotz eines Hilferufes der Eingeschlossenen an Heinrich den Löwen konnte dieser seine Gefährten nicht aus ihrer Bedrängnis befreien. Er versuchte wohl, zwischen Erzbischof Wichmann und seinen Verbündeten wieder wie vor zwei Jahren Streit zu schüren, aber vergebens. Am 3. Mai 1181 mußte sich Bernhard von Lippe mit den Seinen ergeben. Der Erzbischof gewährte ihnen großzügig freien Abzug mit aller Habe, die sie binnen drei Wochen wegschaffen konnten. Danach wurde die Festung, die den Magdeburgern so viel Sorgen bereitet hatte, vollständig zerstört. Die Belagerung und Bezwingung mittels Wasser erregte bei den Zeitgenossen ungeheures Aufsehen, und der Erzbischof wurde unter dem Jubel des Klerus und des Volkes mit Lobgesängen in seiner

Bischofsstadt empfangen. Das ist verständlich, denn Haldensleben war für die Magdeburger nicht nur eine kriegerische, sondern auch eine handelspolitische Bedrohung gewesen.

Der Verlust dieses wichtigen Stützpunktes südlich der Elbe spornte Heinrich zu vermehrten Kraftanstrengungen im Norden an. Nachdem er erfahren hatte, daß die Hilfsbemühungen seines Schwiegervaters gescheitert waren, vereinbarte er an der Eider wieder eine Begegnung mit dem dänischen König. Waldemar war über sein früheres Abhängigkeitsverhältnis zu dem Welfen inzwischen aber längst hinausgewachsen, und auch die Vermählung seines Sohnes Knud mit Heinrichs Tochter konnte ihm den Blick nicht trüben, daß es mit dem Löwen nicht mehr gut bestellt war. Waldemar erschien es wichtig, sein Verhältnis zum Kaiser nicht zu belasten und deshalb zeigte er dem Welfen die kühle Schulter, als dieser jetzt seine Hilfe erwartete. An die Hilfeleistung Heinrichs im Jahre 1177 wollte sich Waldemar anscheinend nicht mehr erinnern.

Der so vielfach bedrängte Welfe hatte Nachrichten bekommen, daß sein Vetter Friedrich Ende Juni in der Gegend der Hornburg südlich von Wolfenbüttel ein neues Reichsheer sammelte. Er begab sich nach Lübeck, um den Ausbau der Befestigungen dort persönlich zu leiten. Noch befanden sich Truppen in Braunschweig, die ihm treu ergeben waren und die dem Kaiser wohl zu schaffen machen konnten. Und für das Reichsheer waren sowohl die Lüneburger Heide als auch die Elbe schwer zu bewältigende Hindernisse auf dem Weg nach Norden.

Aber immer wieder hatte Heinrich mit der Treulosigkeit seiner Leute zu kämpfen. Die Strenge und Unnachsichtigkeit, mit der er ehedem seine Vasallen und Dienstmänner behandelt hatte, rächte sich jetzt bitter. Als er sich nach kurzem Aufenthalt in Ratzeburg mit zahlreichen Anhängern auf den

Weg zur Elbe machte, erhielt er bald die Meldung, daß die zurückgelassene Besatzung in Ratzeburg seine dort verbliebenen Männer vertrieben habe. Voll Zorn kehrte er um, ein sofortiges Strafgericht an den Abtrünnigen zu vollziehen. Aber die Ratzeburger hatten ihre Tore fest verschlossen und dachten nicht daran, den Welfen auf bloßen Befehl einzulassen, denn sie wußten natürlich genau, was sie erwartete. Heinrich mußte deshalb Anweisungen für eine erneute Belagerung der Festung geben.

Er selbst ritt mit einigen Getreuen an die Elbe zur Artlenburg, die er auf jeden Fall halten wollte. Er hatte Nachricht erhalten, daß der Kaiser wider Erwarten schnell mit dem Reichsheer direkt durch die Lüneburger Heide marschierte und bereits vor Lüneburg eingetroffen war. Kurz vorher waren die thüringischen Gefangenen, die seit einigen Monaten hier eingekerkert gewesen waren, nach Segeberg gebracht worden. Aber Heinrichs Gemahlin Mathilde blieb unverzagt in der nun sehr gefährdeten Stadt und ließ Friedrich darauf hinweisen, daß Lüneburg zu ihrem Heiratsgut gehöre. Der Kaiser respektierte dies und ließ die Stadt unbehelligt. In dem benachbarten, damals noch bedeutenderen Bardowick wurden er und die Seinen gut aufgenommen.

Der Löwe hatte also wohl recht, wenn er annahm, daß Friedrich mit seinem Heer den Elbübergang bei der Artlenburg benützen wollte. Aber er mußte erkennen, daß er mit seinen wenigen Getreuen die Festung gegen das Reichsheer würde kaum mit Erfolg verteidigen können. Sicher war sein Mißtrauen gegenüber der Treue seiner Leute nach seinen trüben Erfahrungen größer als es gerechtfertigt war. Erbittert legte er selbst Feuer in die Artlenburg, um sie nicht in die Hände seiner Gegner fallen zu lassen. In einem Kahn flüchtete Heinrich elbabwärts in das stark befestigte Stade.

Friedrich konnte mit dem Reichsheer ungehindert über die Elbe setzen und bald vor Lübeck erscheinen. Dort fanden

sich auch Holsteiner, Dänen und Wenden zur Unterstützung der Kaiserlichen ein. Der Staufer und der dänische König haben im Lager vor Lübeck die Verlobung des Kaisersohnes Herzog Friedrich von Schwaben mit einer Tochter Waldemars vereinbart. Damals belehnte der Kaiser auch den pommerschen Fürsten Bogislaw und den Obodritenfürsten Niklot von Werle mit ihren Ländern. Die beiden Machthaber anerkannten damit die Oberhoheit des Reiches in ihren Gebieten, die von der Insel Rügen bis zur Weichsel reichten. Natürlich anerkannte umgekehrt der Kaiser mit dieser Belehnung Bogislaw und Niklot als Fürsten des Reiches.
Lübeck wurde nun von der Land- und Seeseite her belagert, denn der dänische König war mit seiner großen Flotte in die Travemündung eingefahren. Heinrich hatte seine kriegstüchtigsten Männer in die Stadt beordert, während er selbst in Stade weilte. Die Lübecker hielten ihrem geächteten Herzog fest die Treue, da sie ihm viele Wohltaten verdankten. Als sie aber feststellen mußten, daß ihnen die Vorräte fehlten, um eine lange Belagerung durchzuhalten, forderten sie ihren Bischof auf, sich zum Kaiser zu begeben. Er sollte Barbarossa klarmachen, daß sie ohne eigene Schuld in diese Bedrängnis gekommen, jedoch nicht bereit seien, die ihnen vom Herzog verliehene Stadt kampflos zu übergeben. Der Kaiser möge ihnen gestatten, bei ihrem Herzog in Stade nach dessen Absichten zu fragen. Wenn er sie entsetzen wolle, würden sie die Belagerung aushalten, so lange wie irgend möglich, wenn ihnen der Herzog dies jedoch nicht versprechen könne, würden sie sich Friedrichs Willen fügen. Sollte ihnen diese Anfrage beim Herzog nicht gestattet werden, dann wollten sie lieber bei der Verteidigung ihrer Stadt ehrenvoll sterben als treuebrüchig werden.
Solche tapfere Gesinnung der Lübecker konnte auf den Kaiser nicht ohne Eindruck bleiben. Nach dem Vortrag des Bischofs soll er erwidert haben, daß die Stadt durch die Äch-

tung des Herzogs ihm, dem Kaiser, zugefallen sei und daß die Lübecker deshalb Unrecht täten, wenn sie ihm die Tore nicht öffneten. Aber er wolle ihre Widersetzlichkeit nicht bestrafen, sondern eine Gesandtschaft bewilligen. Wenn jedoch die Tore der Stadt nach der Rückkehr der Bevollmächtigten nicht geöffnet würden, müßten die Bürger mit harten Strafen rechnen.

Der Löwe konnte den Lübeckern die Befreiung aus der Umklammerung nicht in Aussicht stellen. Er mußte wohl erkennen, daß seine Sache verloren war, und übermittelte die Anweisung, die Stadt dem Kaiser zu übergeben. Die Lübecker waren selbst in dieser Bedrängnis noch auf ihren Vorteil und auf ihre Unabhängigkeit bedacht, und so erlangten sie, bevor sie dem Kaiser die Tore öffneten, nach geschickt geführten Verhandlungen die Bestätigung ihrer bisherigen Freiheit und ihrer Rechte; die Stadt erhielt in etwa eine reichsunmittelbare Stellung. Erst dann konnte der Staufer um den 10. August 1181 mit großem Prunk und – wie berichtet wird – unter dem Jubel des Volkes in Lübeck einziehen.

Nach dem Fall von Lübeck unterwarfen sich in rascher Folge auch jene Orte und Gebiete nördlich der Elbe, die noch unter dem Regiment des Löwen standen. Auch Heinrich selbst gab den Kampf auf, und der Geächtete erhielt von seinem Vetter freien Durchzug zu seiner Gemahlin nach Lüneburg. Es ist bemerkenswert, daß ihn der Kaiser nicht zu seinem Gefangenen machte, wie er das sonst wohl bei jedem anderen Gegner gemacht hätte. Der Staufer zwang seinen Vetter nicht einmal zu einer förmlichen Kapitulation, sondern man ging einfach auseinander, als man glaubte, daß es nichts mehr zu kämpfen gäbe. Friedrich hatte das allerdings auch schon vor einem Jahr geglaubt, als er im September 1180 das Reichsheer aufgelöst hat. Das gleiche tat er jetzt wieder, nachdem er vorher noch mit seinen Streitkräften in die Braunschweiger Gegend zurückgeritten war. Als er sich kurz

darauf in Goslar aufhielt, kamen auch seine thüringischen Neffen Landgraf Ludwig und dessen Bruder, die Heinrich aus der Haft entlassen hatte. Es paßt zu dem ganzen eigenartigen Ende der Kämpfe, daß der Kaiser die Freilassung der Gefangenen keineswegs gefordert hat, und Heinrich glaubte deshalb, sich durch den Verzicht auf eine Lösegeld-Forderung auch noch ein Verdienst erworben zu haben.
Von Lüneburg aus versuchte Heinrich mehrfach durch Unterhändler mit dem Kaiser in Kontakt zu kommen und ihn zu besänftigen. Aber Barbarossa ließ sich auf keine Verhandlungen ein, sondern bestellte den Welfen zu einem Gerichtstag nach Quedlinburg. Dort sollten die Fürsten nach Recht und Gesetz über das weitere Schicksal des Geächteten entscheiden. Als man sich aber in Quedlinburg versammelt hatte, tobte bald ein so heftiger Streit zwischen dem Löwen und seinem Nachfolger Bernhard von Anhalt, daß man die Sache schnellstens vertagte, um die beiden Hadernden wieder zu trennen.
Während Heinrich in Quedlinburg den Kaiser anscheinend überhaupt nicht zu Gesicht bekommen hat, ließ man ihn auf dem Reichstag zu Erfurt Mitte November 1181 vor. Der Welfe kam unter dem Geleit Erzbischof Wichmanns von Magdeburg. Er warf sich dem Kaiser zu Füßen und erflehte seine Gnade. Mit Bitternis hatte der einst so stolze und selbstherrliche Welfe einsehen müssen, daß er nur noch von der Nachsicht seines Vetters Hilfe für sich erwarten konnte. Der Kaiser erhob Heinrich und gab ihm den Friedenskuß. Fürchtete er nicht den Widerspruch der Fürsten, wenn er den Verhaßten und Geächteten so freundlich empfing? Die Überlieferung spricht sogar von Tränen, die dem Kaiser in die Augen traten. »Ob aber diese Tränen aufrichtig waren, ist zu bezweifeln«, schreibt Arnold von Lübeck und fährt ganz als Parteimann des Welfen fort: »Der Kaiser scheint kein aufrichtiges Mitleid mit dem Herzog empfunden zu haben, da er nicht

versuchte, diesen wieder in seine frühere ehrenvolle Stellung zu bringen.«
Über das weitere Schicksal Heinrichs hatten indes in erster Linie die Fürsten zu entscheiden, und sie bestimmten, daß er für drei Jahre das Land verlassen müßte. Ohne Erlaubnis des Kaisers sollte er nicht wieder zurückkehren dürfen. Daß er entsprechend den gegen ihn ergangenen Urteilssprüchen alle seine Reichslehen und Eigengüter wie auch sämtliche Rechte und Würden auf Lebenszeit verloren hatte, war selbstverständlich. Nur mit Mühe konnte der Staufer seinem Vetter den Besitz seiner Allodien in Braunschweig und Lüneburg bewahren, die Bürger dieser Städte aber, die wegen des Festhaltens an ihrem Herrn geächtet worden waren, wurden nun aus der Acht gelöst. Heinrich beschwor vor dem Reichstag, daß er das Reich verlassen und nur mit Erlaubnis des Kaisers zurückkehren werde. Er entsagte allen Würden, Lehen und Gütern.

1181–1195

Nach dem Sturz

Der mächtigste, reichste und aktivste Fürst des römisch-deutschen Reiches und einer der angesehensten des Abendlandes war gestürzt. Der bisher so ehrgeizige und agile Welfe verschwand unvermittelt von der Bühne des politischen Geschehens.
Man staunte und erschrak, daß derartiges möglich war. Der Mentalität und dem alles erfassenden Glauben der damaligen Menschen entsprechend hatte der Herzog nur mit Gottes Willen gestürzt werden können, und man war infolgedessen von der Sündhaftigkeit Heinrichs des Löwen überzeugt. Das Ansehen des Kaisers aber stieg gewaltig, da er sich demgemäß als Werkzeug und Beauftragter Gottes erwiesen hatte.
Heinrich verbrachte den Winter 1181/82 und das folgende Frühjahr wahrscheinlich in Braunschweig mit Vorbereitungen für sein Exil. Der englische König jedoch beklagte den Sturz seines Schwiegersohnes auf das lebhafteste und sandte eine Delegation mit bedeutenden Männern unter Führung des Grafen von Essex zum Kaiser, um eine Revision, möglichst die Aufhebung der Bestrafung des Welfen zu erwirken. Nachdem es ihm nicht gelungen war, den französischen König und den Grafen von Flandern zu einem Waffengang gegen den Staufer zu animieren, erhoffte sich der Plantagenet nun einen Erfolg mit diplomatischen Mitteln. Aber auch hier hatte er nur zum Teil Erfolg, denn nach dem ergangenen Fürstenspruch konnte der Kaiser nicht mehr, als all denen ungefährdete Heimkehr zuzusichern, die den gestürzten Löwen in das Exil begleiten wollten. Seiner Gattin Mathilde wurde das Recht eingeräumt, ihr Heiratsgut entweder selbst zu

verwalten, wenn sie nicht mit in die Verbannung ziehen würde, oder andernfalls einen Verwalter nach eigener Wahl einzusetzen. Nach einigen Quellen wurde die Exilzeit des Löwen erst auf Grund der Fürbitten König Philipps II. von Frankreich und des Grafen Philipp von Flandern von ursprünglich sieben auf drei Jahre reduziert. Ein Reichstag zu Mainz im Mai 1182 entschied letztgültig über alle Auflagen gegen den Welfen.

Heinrich und Mathilde verließen das Reich Ende Juli 1182. Die Söhne Heinrich und Otto sowie die Tochter Richinza zogen mit ihren Eltern, während Lothar nach der Überlieferung als Geisel für die Einhaltung der Versprechungen seines Vaters zurückgeblieben sein soll. Merkwürdigerweise ist darüber nichts Sicheres bekannt. Im übrigen soll es ein stattliches Gefolge gewesen sein, das Heinrich und seine Familie begleitete. Namentlich gehörte auch der Truchseß Jordan von Blankenburg dazu, der sich schon 1176 während der Unterredung zwischen Kaiser und Herzog zu Chiavenna als ausgeprägter Anhänger des Welfen hervorgetan und diesem die baldige Annahme der Kaiserkrone prophezeit hatte.

Man zog in die Normandie, denn der englische König hatte sich bereit erklärt, den Verbannten und die Seinen aufzunehmen. Als der Zug ankam, war der Plantagenet allerdings im Poitou, um dort einen Aufstand niederzukämpfen. Offenbar war ihm dies bereits soweit gelungen, daß er auf die Nachricht von der Ankunft der Flüchtlinge sogleich in die Normandie eilen konnte. Der König bereitete seinen Angehörigen zweifellos einen herzlichen Empfang, und er stattete sie auch mit ausreichenden Geldmitteln aus. Über viele ihrer Reisen und sonstigen Unternehmungen sind wir nur durch den englischen Exchequer, die oberste Finanzbehörde seit dem 12. Jahrhundert, informiert, wo alle Ausgaben für die Familie des Welfen genau aufgezeichnet wurden.

Der Ex-Herzog nützte die Zeit ohne Amt und Aufgaben

dazu, zu dem berühmten und viel besuchten nordspanischen Wallfahrtsort Santiago de Compostela zum Grab des Apostels Jakobus zu reiten.
Über diese neue Pilgerreise des Welfen sind keine Einzelheiten bekannt. Seine Gattin Mathilde befand sich während der Abwesenheit des Gemahls in der Obhut ihres Vaters in Argentan in der Normandie. Einer der Chronisten berichtet, daß Mathilde in dieser Zeit auch noch einen Sohn zur Welt gebracht habe. Wie wenig jedoch die Geschichtsschreibung über die Söhne Heinrichs des Löwen weiß, wird auch hier wieder deutlich, da man einerseits glaubt, daß dieses Kind wohl kurz nach der Geburt verstorben sei, es andererseits aber doch auch für möglich hält, daß es sich bei diesem Sohn um den nachmaligen Kaiser Otto IV. gehandelt haben könnte. Es ist nicht überraschend, daß die ganze Niederkunft angezweifelt wird, denn es wäre ohnedies erstaunlich, daß Heinrich zu einer solchen Zeit seine Gemahlin alleingelassen hätte, ohne von dringenden Aufgaben dazu genötigt zu sein. Andererseits kann man natürlich auf die Parallele von 1172 hinweisen.
Eine andere Episode aus dieser Zeit, die Mathilde in Argentan verbracht hat, ist wesentlich sicherer: Am Hof des englischen Königs hielt sich damals auch der französische Troubadour Bertran de Born auf, der vor allem Verse über Kampf und Krieg sowie politische Satiren gedichtet hat. Die Überlieferung besagt, daß eines Sonntags am Hof die Vorräte ausgegangen waren und man daher zum Fasten verurteilt war. Um diese mißliche Situation zu überbrücken, griff Bertran in die Saiten, und es entstand ein begeistertes Poem über die Schönheit und Anmut von Mathilde, die der Troubadour der griechischen Helena an die Seite stellte. Von den fünf Strophen werden hier drei wiedergegeben (übertragen von Franz Wellner):

Jetzt taugte nicht zum Morgenmahl die Zeit,
  Wär auch die Herberg noch so gut
Und drinnen Fleisch und Brot und Wein bereit
  Und hell von Buchenholz die Glut:
Der Woche reichster Tag ist heut erschienen,
  Und billig trüg ich frohen Mut,
Wollt so mein Glück Frau Helena bedienen,
  Wie's von Poitou der Graf mir tut.

Durch Blick und Schau der Herrin, wunderklar,
  Hat Minne mich zum Knecht gemacht,
Und ihr zur Seite bot mein Herr mir dar
  Den Pfühl von kaiserlicher Pracht:
Ihr Reden war so artig, so gefällig
  Und ihr Gespräch so mild und sacht,
Ihr Wesen katalanisch[1], froh-gesellig,
  Ihr Gruß wie aus Fanjaux[2] gebracht.

Das holde Wort, des Lachens Silberlaut,
  Der mir kristallne Zähne wies,
Der Körper, schlank und glatt und feingebaut,
  Dem das Gewand so reizend ließ,
Die Farbe, frisch und rot wie junge Rosen,
  Ward meinem Herzen zum Verlies:
Könnt ich ganz Chorasan[3] als Lehn erlosen,
  Mehr gilt, was ihre Huld verhieß.

Im Dezember 1182 war Heinrich der Löwe von seiner Wallfahrt bereits wieder zurück und verbrachte das Weihnachtsfest mit seiner und der Familie seines königlichen Schwiegervaters in Caen. Er war dort wohl auch Zeuge eines großen Reichstages, den Heinrich II. abhielt.

[1] Die Katalanen galten als besonders höflich und liebenswürdig –
[2] Der Ortsname kann als »fan jau« (sie erweisen Freude) gedeutet werden –
[3] Persische Provinz (übersetzt: »Sonnenland«)

Über das ganze Jahr 1183 ist von irgendwelchen Tätigkeiten und Aktivitäten des Welfen nichts bekannt. Es ist also wohl anzunehmen, daß er mit seiner Familie still und zurückgezogen in der Normandie gelebt hat. Heinrich muß dieses untätige Dasein sehr schwergefallen sein, da er doch kurz vorher noch ein ungemein betriebsames Leben geführt hat. Seinem kaiserlichen Vetter gegenüber hat er sich zwar schon sieben Jahre vorher in Chiavenna als Greis bezeichnet und auf die Erschöpfung seiner Kräfte hingewiesen – sofern wir dem Bericht Arnolds von Lübeck glauben können –, aber das waren seinerzeit mehr diplomatische Vorwände, um die Hilfe-Verweigerung gegenüber dem Staufer zu rechtfertigen. Während der Kämpfe in Sachsen in den folgenden Jahren war bei Heinrich keinerlei Ermattung oder Kräfteverfall zu beobachten gewesen. Der Welfe war ja noch keine fünfzig Jahre alt, und er hat nun die Auseinandersetzungen seines Schwiegervaters mit dessen aufrührerischen Söhnen sicher mit Aufmerksamkeit verfolgt.
Die daraus hervorgegangenen Unruhen auf dem Festland hat Heinrich II. im ersten Halbjahr 1184 wohl niederschlagen können, so daß er sich im Juni mit seinem Hof, seiner Tochter und seinen Enkeln nach England begeben konnte.
Für Heinrich den Löwen ist in dieser Zeit in der normannischen Exchequer Roll eine merkwürdige Eintragung zu finden. Es wurde dem Welfen danach im Frühjahr 1184 für eine Reise nach Sachsen ein Wegzehrgeld bezahlt, und die Chronik über Heinrich II. gibt dazu gewissermaßen einen Kommentar, wenn sie schreibt: »Im Jahre 1183 starb der Herzog von Sachsen, dem der Kaiser das Herzogtum nach der Vertreibung des Herzogs, seines Vetters, gegeben hatte. Bei seinem Tod versprach der Kaiser auf die Bitten des Königs von England, seinem Verwandten das Herzogtum mit allem, was dazu gehörte, zurückzugeben. Aber als dieser voll Hoffnung kam, es zu empfangen, fand er in den Augen des Kaisers

keine Gnade, weshalb er in Verwirrung zum König von England zurückkehrte.«

Herzog Bernhard von Sachsen ist zwar keineswegs 1183 verstorben, jedoch Herzog Otto von Bayern, der sein Herzogtum in der Nachfolge des Welfen im Herbst 1180 erhalten hatte. Es ist durchaus möglich, ja wahrscheinlich, daß in den englischen *Gesta Henrici* eine Verwechslung des sächsischen mit dem bayerischen Herzog unterlaufen ist, zumal im Norden Deutschland ohnedies nicht selten mit Sachsen gleichgesetzt wurde und der Welfe dort in erster Linie als der Herzog von Sachsen gegolten hat. Da Sachsen auch bei Heinrich dem Löwen eindeutig im Vordergrund gestanden hatte, war eine derart einseitige Betrachtung im Ausland nicht erstaunlich, wurde der Welfe doch auch in der *Kölner Königschronik* stets nur als der Herzog von Sachsen bezeichnet.

Mit einer derartigen Auslegung der Berichte in den englischen Quellen paßt es zusammen, wenn man dann den Welfen im Hintergrund des großen Hoffestes beobachtet haben will, das Friedrich Barbarossa Ende Mai, zu Pfingsten 1184 in Mainz veranstaltet hat. Der englische Chronist erwähnt dazu Kontakte, die es vorher zwischen seinem Herrn und dem Kaiser in dieser Angelegenheit gegeben hat. Möglicherweise war aber der Staufer doch überrascht, als sein Vetter während des Festes unangemeldet in Mainz auftauchte. Da der Kaiser den Welfen nicht von dessen eidlicher Verpflichtung befreit hatte, das Reich nur mit seiner Erlaubnis wieder zu betreten, konnte er seinen Vetter nicht gut vor aller Welt empfangen, da dieser doch den gegebenen Eid gebrochen hatte. So wäre es verständlich, wenn Heinrich ohne Erfolg – wie es in den *Gesta Henrici* heißt – wieder in die Verbannung hat zurückkehren müssen und der Kaiser seine dem englischen König gegebene Zusage nicht einhalten konnte.

Dieses Erscheinen des Welfen in Mainz ist in der Geschichtsschreibung sehr umstritten, aber in Verbindung mit den –

freilich wenig exakt berichtenden – englischen Quellen ist es durchaus glaubhaft, zumal sonst für den Verbleib Heinrichs in dieser Zeit kein anderer Nachweis vorhanden ist. Er tritt erst Ende Juli wieder deutlich in Erscheinung, als er in Dover landete. Von dort ging er zunächst kurz nach London und suchte dann seine Gemahlin in Winchester bei Southampton auf, wo sie bei ihrer Mutter Eleonore weilte. Hier brachte Mathilde nun wohl im August 1184 ihren vierten Sohn Wilhelm zur Welt, der der Stammvater des späteren Braunschweiger Hauses wurde.

Ein Besuch des Erzbischofes Philipp von Köln zusammen mit dem Grafen Philipp von Flandern gab dem englischen König im Herbst 1184 erneut Gelegenheit, sich für seinen Schwiegersohn zu verwenden. Philipp von Köln hatte einen kaiserlichen Auftrag zu erfüllen, um nach Möglichkeit ungünstigen Entwicklungen im Westen des Reiches vorzubeugen. Der Kölner suchte zunächst das Grab des Erzbischofs Thomas Becket auf, mit dessen Ermordung 1170 in seinem Bischofsdom man zum Teil den englischen König belastete. Als Philipp von Canterbury nach London kam, bereitete ihm der König einen festlichen Empfang mit einer feierlichen Prozession durch die geschmückten Straßen der Stadt nach Westminster. Der König wollte seinen Gast in gute Stimmung versetzen, und es ist in den zeitgenössischen Quellen von einem Festessen mit Tanz die Rede, wobei zwölf Tonnen Wein getrunken worden sein sollen. Der Plantagenet tat alles, um den Boden für eine Aussöhnung zwischen dem Kölner Erzbischof und Heinrich dem Löwen zu erreichen. Tatsächlich gelang ihm ein wichtiger Schritt, die Verbannung seines Schwiegersohnes zu beenden. Der Welfe mußte zwar noch besonders versichern, daß er keine Ansprüche mehr auf die dem Kölner Erzbischof zugesprochenen Gebiete, also auf das Herzogtum Westfalen, erheben will. Dafür versprach der Kirchenfürst, von seiner Seite aus der Rückkehr des Geächteten künftig nichts mehr in den Weg zu legen. Man vereinbarte schließlich, daß eine englische Gesandtschaft den Kaiser aufsuchen solle, um weitere Schritte zu erwirken. Der König war mit dem Erreichten offenbar hoch zufrieden und gab dem Erzbischof noch viele kostbare Geschenke mit auf den Weg, denn er erhoffte sich von diesem sicher noch mehr Einfluß auf den Kaiser in seinem und seines Schwiegersohnes Sinn.

Da der Kaiser im September 1184 zum sechstenmal nach Italien aufgebrochen war, um sich unter anderem in Verona mit Papst Lucius III. zu treffen – Papst Alexander III. war 1181 verstorben –, ritt auch die Delegation des englischen Königs in die alte Stadt an der Etsch, die noch im 10. Jahrhundert zu Bayern gehört hatte. Hier gelang es den Engländern vor allem, den Papst als Fürsprecher für die Sache des Welfen zu gewinnen und Lucius brachte es soweit, daß Barbarossa seine Erlaubnis zur Rückkehr seines Vetters nach Ablauf der Verbannungszeit gab.

Als die Botschaft über die erfolgreiche Vermittlungsaktion Anfang 1185 in England eintraf, rief der König seinen Schwiegersohn und dessen Familie sogleich zu sich, um ihnen die freudige Nachricht von der möglichen Heimkehr zu eröffnen. Da Heinrich das Reich erst Ende Juli 1182 verlassen hatte und auf die Dauer von drei Jahren verbannt war, konnte er frühestens im August zurückkehren. Er verbrachte die Tage noch mit seinem Schwiegervater auf der Jagd und war auch häufig mit seiner Schwiegermutter, der vielgewandten und vielerfahrenen Eleonore von Aquitanien beisammen, die es immer schon verstanden hatte, interessante Männer an sich zu ziehen. Ihrem Einfluß und dem anderer mehr oder weniger hochmögender Frauen ist es zuzuschreiben, daß sich das männlich-rauhe Rittertum in der zweiten Hälfte des 12. Jahrhunderts zur höfisch-ritterlichen Kultur verfeinerte, wie sie in der französischen Troubadour-Dichtung, in den Romanen von König Artus' Tafelrunde und im deutschen Minnesang zum Ausdruck kam. Die Lieder Heinrichs von Morungen gehören zu den schönsten, die vor Walther von der Vogelweide entstanden sind:

Die meines Herzens Wonn' und Krone ist,
von allen Frauen, die ich je geseh'n,
schön und schöner und schönste sie ist,
ist sie mein Fraue, das muß ich gesteh'n.
Alle soll'n sie in ihrer Schönheit gern seh'n.
Noch wäre Zeit, daß du Fraue mir lohnest:
ich muß aus Liebe viel Torheit begeh'n.

Steh ich vor ihr und schaue das Wunder,
das Gott an Schönheit ließ an ihr gescheh'n,
so ist das so viel, daß ich seh' das Besonder',
daß ich so gerne wollt' immer da steh'n.
Aber doch muß ich traurig von dannen geh'n:
es kommt eine Wolke so trübe darunter
daß ich in ihrem Glanz nicht kann besteh'n.

Wohl noch im April 1185 schiffte sich Heinrich der Löwe in Southampton zusammen mit Eleonore zur Überfahrt auf das Festland ein. Der König hatte ihm seine Jacht und sieben weitere Schiffe für das Gepäck zur Verfügung gestellt. In der Normandie wurden Vorbereitungen für die Heimreise getroffen, und bald gab es einen großen Abschied. Anfang Oktober kehrte ein Teil der Welfenfamilie nach Braunschweig zurück – der im Exil geborene Wilhelm und die Tochter Richinza, die man wohl schon zu dieser Zeit Mathilde nannte, blieben in England.

Den Löwen schmerzte es vielleicht in der Heimat noch mehr als in der Fremde, daß sein Herrschaftsgebiet nun im Vergleich zu früher so sehr geschmälert war. Der ehemalige Herzog von Bayern und Sachsen, der einstmals reichste und mächtigste Fürst der deutschen Lande, konnte sich jetzt nur noch als *dux de Brunswic*, als Herrscher von Braunschweig, bezeichnen. Da jedoch seine Energie und Willenskraft noch keineswegs gebrochen waren, ging sein ganzes Sinnen und Trachten dahin, wie er seine verlorene Macht wieder zurückgewinnen könnte.

Heinrich verhandelte darüber offenbar bald mit dem Kaiser, wie Arnold von Lübeck erkennen läßt. Der Staufer kehrte allerdings Mitte 1186 unvermittelt wieder aus Italien zurück, denn die Anwesenheit seines Vetters im Reich beunruhigte ihn erneut. Im November 1185 war nach dem Tod des bisherigen ein neuer Papst, Urban III., gewählt worden, der viel Spannungen und Gegnerschaft gegenüber dem Kaiser erwarten ließ. Dazu kam, daß sich Friedrichs Verhältnis zum Kölner Erzbischof Philipp in jüngster Zeit rapide verschlechtert hatte, daß sich der Papst und der Kölner aber ausgezeichnet verstanden. Der Staufer befürchtete deshalb eine gegen ihn gerichtete Fronde, die sich um diese beiden Männer scharen und weitere bedeutende Köpfe erfassen könnte. Dazu zählte Friedrich auch seinen Vetter Heinrich, der ja in England mit dem Kölner eine ihm offenbar überraschende Allianz geschlossen hatte und dessen vielleicht nur in Gerüchten existierende Konspirationen mit den schwäbischen und wendischen Fürsten Friedrich zweifellos noch gut im Gedächtnis waren. Ohnedies machte dem Kaiser der junge dänische König Knud VI., der 1182 seinem Vater Waldemar I. auf dem Thron gefolgt war, heftig zu schaffen. Knud versagte dem römisch-deutschen Oberhaupt die Huldigung, und der Staufer konnte sich gut vorstellen, daß dazu auch welfischer Einfluß tatkräftig beitrug – Knuds Gemahlin war schließlich eine Tochter Heinrichs des Löwen.

All dies widerriet dem Kaiser, seinem Vetter nochmals stärker sein Vertrauen zu schenken – mochten nun seine Vermutungen und Befürchtungen richtig sein oder nicht. Aller-

dings hatte sich während der zurückliegenden Jahre deutlich gezeigt, wie wichtig die Tätigkeit des Welfen im Nordosten des Reiches gewesen ist und wie er dort fruchtbar für das Reich gewirkt hatte. In seiner Abwesenheit waren die meisten seiner Eroberungen wieder verloren gegangen. Der Dänenkönig Knud nannte sich provokant »König der Slawen«, denn er hatte nicht nur Mecklenburg und Pommern erobern können, er hatte auch Dithmarschen seinem Reich einverleibt und erhob nun Ansprüche auf Stormarn, Holstein, Wagrien und das Polaberland. Die untere Elbe sollte die Grenze zwischen Dänemark und dem Reich sein. So wollten es die Dänen und ihr König gab auf jede Weise zu erkennen, daß er die Lage nach dem Sturz Heinrichs des Löwen richtig einzuschätzen wußte und weder den alten Kaiser noch den jungen Herzog fürchtete.
Aber auch in Bernhards von Anhalt sächsischem Herzogtum hatte es sich erwiesen, wie notwendig die starke Hand des Löwen war, um nicht nur Ordnung und Ruhe zu sichern, sondern auch um die Schwächeren vor den Stärkeren zu schützen. Die Stellung von Heinrichs Nachfolger war freilich von vornherein wesentlich schwächer als die des Welfen – nicht nur, weil das westfälische Gebiet nicht zu Bernhards Herzogtum gehörte, das auch der Löwe kaum wirklich beherrscht hatte, sondern vor allem, weil dem neuen Herzog so wichtige Gebiete wie die Stadt Lübeck, die Grafschaft Stade und die Vogteirechte zu Bremen entzogen worden waren. Bernhard verlor überdies die Verfügungsrechte über die nordelbischen Bistümer, die – zweifellos nach dem Willen des Kaisers – reichsunmittelbar wurden. Eine erhebliche Schmälerung der herzoglichen Rechte hatte 1181 auch die Erhebung des Pommernfürsten Bogislaw und des Obodritenfürsten Niklot zu Reichsfürsten mit sich gebracht. Alle diese Herrschafts-Befugnisse waren entscheidende Bestandteile von Heinrichs Regiment gewesen, die er sich auf keinen

Fall hätte nehmen lassen, die aber sein Nachfolger entbehren mußte. Nicht wenige andere Gewalten, die sich Heinrich zwar unter dem Protest der anderen Fürsten mit sicherem Instinkt für das Notwendige zum Ausbau seiner Stellung angeeignet hatte, waren nach seinem Sturz während des Erfurter Reichstages an Grafen und Kirchenfürsten gegeben worden. Im Laufe der zurückliegenden Jahre hatte sich gezeigt, wie schwer das Land nun ohne die Herrschaft über jene Gebiete zu beaufsichtigen war.

Allerdings ist nicht zu übersehen, daß vieles auch an Herzog Bernhard lag. Er verstand es einfach nicht, eine gleichmäßig straffe und gerechte Oberherrschaft auszuüben. Sein Regiment war viel zu schlaff, um von all denen ernstgenommen zu werden, die Übles im Schilde führten. Unsicherheit und Willkür griffen daher in seinem Herzogtum um sich; das Recht des Stärkeren herrschte allerwege, und Raub, Mord sowie Brandstiftung blieben vielfach ungesühnt. Graf Gunzelin von Schwerin, der wohl 1185 verstorbene alte Mitstreiter des Löwen, und Graf Adolf III. von Schauenburg machten dem Herzog das Leben schwer. Unmittelbar nach dem Sturz des Welfen war sogar zu befürchten gewesen, daß die beiden Grafen nach der Zerstörung der herzoglichen Lauenburg an der Elbe die Gebiete nördlich des Flusses abspalten und für sich beanspruchen wollten. Nur durch den raschen und entschlossenen Zugriff des Kaisers auf einem Reichstag zu Merseburg im Dezember 1182 konnte diese Gefahr ausgeschaltet werden. Trotzdem schien es zuweilen, als sähe der Staufer die Bedrängnisse des Herzogs nicht ungern, damit er nun endlich die Macht des Reiches in Sachsen stärker zur Geltung bringen könnte, nachdem dies zu Zeiten seines Vetters aus den verschiedensten Gründen nicht möglich gewesen war.

Die gegen Ende des Jahres 1187 im Abendland bekanntwerdenden Nachrichten über die Eroberung Jerusalems durch

die Scharen Sultan Saladins gaben allen Entwicklungen eine veränderte Richtung oder brachen sie einfach ab. Der Papst rief zu einem neuen Kreuzzug gegen die Andersgläubigen auf, die das Heilige Land den Christen, die es seit dem ersten Kreuzzug weithin in Besitz hatten, wieder mehr und mehr entrissen. Auch Kaiser Friedrich wollte an dem neuen Kreuzzug teilnehmen und suchte bald alle Hindernisse, die sich ihm in den Weg stellten, zu beseitigen. Dazu berief er unter anderem im Sommer 1188 einen Reichstag nach Goslar ein, zu dem er auch Heinrich den Löwen lud. In einer Unterredung machte er seinem Vetter klar, daß er ihn nicht im Reich zurücklassen wolle, während er selbst und viele Fürsten in das Morgenland reiten würden. Barbarossa stellte deshalb Heinrich vor die Wahl, entweder ebenfalls an dem Kreuzzug teilzunehmen, endgültig auf einen Teil seiner Besitzungen bei Rückgabe einiger anderer zu verzichten oder aber mit seinem ältesten Sohn erneut außer Landes zu gehen und zu beschwören, vor Ablauf von drei Jahren nicht zurückzukehren. Der Löwe entschied sich sogleich für ein erneutes Exil. Das war merkwürdig. Bei seiner religiösen Einstellung wäre eher zu erwarten gewesen, daß er den Pilgerzug in das Heilige Land vorziehen würde, zumal ihm der Kaiser das Angebot gemacht hat, die Kosten zu übernehmen. Nach einer anderen Version, die allerdings recht unwahrscheinlich klingt, soll der Staufer seinem Vetter sogar die erneute Einsetzung in alle seine früheren Besitztümer nach der Rückkehr vom Kreuzzug in Aussicht gestellt haben.
Welche Motive hatte der Welfe für seinen Entschluß zu einem neuen Exil? Der Aufbruch des Kreuzzuges sollte Anfang Mai 1189 erfolgen. Heinrich hatte also ausreichend Zeit, sich wieder auf seine Abreise vorzubereiten, und wollte erneut zu seinem englischen Schwiegervater ziehen. Um die Osterzeit 1189 verließ er seine Heimat, also vereinbarungsgemäß vor dem Abmarsch des Kreuzzuges, der am 11. Mai seinen Weg

von Regensburg aus nahm. Diesmal blieb Heinrichs Gemahlin Mathilde in Braunschweig zurück. Warum? Offiziell wohl, um die welfischen Güter zu verwalten, solange ihr Gatte abwesend war, nachdem sich während des ersten Exils gezeigt hatte, daß sich nicht wenige Gegner daran zu schaffen gemacht hatten. Aber waren etwa noch andere Überlegungen zwischen den Eheleuten für das Zurückbleiben Mathildes in Braunschweig ausschlaggebend?
Heinrich begab sich sogleich an die Küste und mit einem Schiff nach England. Seine Ankunft war mit dem König offenbar nicht abgesprochen, denn der Welfe wußte nicht, daß sein Schwiegervater auf dem Festland war. Der Plantagenet war erneut in Kämpfe verwickelt, die ihm seine widerspenstigen, aufsässigen Söhne in Verbindung mit dem französischen König Philipp II. bereiteten. Aber am 6. Juli 1189 verstarb Heinrich II. von England. Der Welfe traf sich mit dem Thronfolger, seinem Schwager Richard, dem später der Beiname »Löwenherz« zugelegt worden ist. Beide kehrten anscheinend im August nach England zurück.
Heinrich war zu dieser Zeit bereits Witwer, denn seine Gemahlin Mathilde war Ende Juni verstorben. Man wollte wissen, daß der Mißerfolg ihres Gemahls und die Zwistigkeiten um ihren Vater sie zu Tode gebracht hätten. Heinrich hatte schon viele Jahre vorher für sie und sich in der Braunschweiger Burg Dankwarderode ein Grabmal errichten lassen, in das Mathilde gelegt worden ist.
Da die welfischen Besitztümer nun wieder ohne Aufsicht und Verwaltung waren, schickte der Löwe unter Bruch seines dem Kaiser abgelegten Eides seinen ältesten Sohn Heinrich nach Braunschweig. Im Oktober 1189 brach der Welfe diesen Eid dann nochmals und kehrte selbst in die Heimat zurück. Hatte er diese Absicht von Anfang an gehabt und hat er deshalb die Teilnahme am Kreuzzug abgelehnt und seine Gemahlin in Braunschweig gelassen? Nachdem es dem Wel-

fen nach der Rückkehr aus dem ersten Exil nicht gelungen war, auf dem Verhandlungswege wieder in den Besitz seiner früheren Güter und Rechte zu kommen, wollte er jetzt wohl die Abwesenheit des Kaisers ausnützen und sich mit Gewalt wieder holen, was er als Geächteter neun Jahre zuvor hatte hergeben müssen.

Die Möglichkeit derartiger Pläne ist bei dem Löwen nicht auszuschließen, obgleich die Frage selbstverständlich nicht mehr zu klären ist. Als Heinrich zurückkam, schloß sich ihm Erzbischof Hartwig II. von Bremen, sein früherer Notar, sogleich an und belehnte ihn wieder mit der Grafschaft Stade. Die Stormarn und Holsteiner folgten dem Beispiel des Erzbischofs, so daß der Löwe binnen weniger Wochen eine beträchtliche Ausgangsbasis für weitere Unternehmungen gewinnen konnte. Die Abwesenheit Graf Adolfs III. von Holstein, der am Kreuzzug teilnahm, kam ihm dabei sehr gelegen, denn er konnte sich in den meisten befestigten Plätzen wie Hamburg, Plön und Itzehoe festsetzen. Um für sich Stimmung zu machen, befreite Heinrich zum Beispiel die Hamburger von verschiedenen Elb- und sonstigen Zöllen sowie Ungeldern, einer Art Verbrauchssteuer etwa für Korn usw., denn er wollte die Hamburger nicht schlechter stellen, als es vorher Barbarossa getan hatte. Südlich der Elbe weigerten sich jedoch die Bürger von Bardowick, dem Welfen ihre Tore zu öffnen. Mit einem rasch zusammengeholten Kriegsheer aus den ihm bereits ergebenen Gebieten und mit Unterstützung einiger Grafen belagerte Heinrich Bardowick und konnte die aufsässige Stadt schon am 28. Oktober 1189 einnehmen. Die Bürger einschließlich vieler Frauen und Kinder wurden Gefangene des Welfen, die Stadt wurde niedergebrannt. An dem erhalten gebliebenen Dom wurde später die Inschrift *Vestigium leonis* (»Spur des Löwen«) angebracht.

Mit beachtlicher Schnelligkeit berief König Heinrich VI., der an Stelle seines Vaters Friedrich Barbarossa das Regiment führte, noch im Oktober 1189 einen Reichstag nach Merseburg ein, wo dem Welfen als Reichsfeind der Krieg erklärt wurde. Man sammelte südlich von Wolfenbüttel ein Heer und zog gegen das von dem jungen Heinrich verteidigte Braunschweig. Da das Reichsheer gegen die befestigte Welfenstadt nichts ausrichten konnte, verwüstete man das Land und zog gegen Hannover, das niedergebrannt wurde. Aber noch ehe der Winter erfolgreiche Aktionen des Reichsheeres unmöglich machte, mußte auch Lübeck vor dem Löwen kapitulieren. Herzog Bernhards Festung Lauenburg konnte der Welfe nach rund einmonatiger Belagerung unterwerfen, nachdem er ebenso wie in Lübeck den freien Abzug der Besatzung zugesichert hatte.

So war es Heinrich gelungen, sich innerhalb weniger Wochen wieder beinahe alle nordelbischen Gebiete untertan zu machen. Als er aber auch die Festung Segeberg unterwerfen wollte, die noch in der Hand der Leute Graf Adolfs war, hatten es sich die Holsteiner und Stormarn anders überlegt und sie warfen den Beauftragten des Welfen in Fesseln. König Heinrich verjagte den Bremer Erzbischof Hartwig, der es dem Welfen ermöglicht hatte, wieder in Sachsen Fuß zu fassen.

Das Kriegsglück wandte sich offenbar von Heinrich ab, Segeberg konnte er nicht erobern und Lübeck ging ihm im Frühjahr 1190 wieder verloren. Heinrichs Truchseß, Jordan von Blankenburg, tritt hier erneut auf, er wurde vor Lübeck gefangengenommen und konnte sich erst später für die beträchtliche Summe von 500 Mark Silber freikaufen.

Der Dänenkönig Knud hatte seinen Schwiegervater Heinrich den Löwen im Herbst 1189 zwar zum Kampf um die Rückgewinnung seiner Herzogtümer ermuntert, aber jetzt zeigte er sich nicht bereit, ihm dabei auch zu helfen. Wahrscheinlich war es Knud ausschließlich darum zu tun, daß sich Welfe und Staufer gegenseitig bekämpften und schwächten, damit

er selbst seine längst proklamierten Ziele an der Unterelbe leichter erreichen könnte. Aber der Löwe hatte Anfang 1190 auch andere Möglichkeiten in Betracht gezogen und seinen Sohn Heinrich zum englischen König Richard nach Südfrankreich entsandt. Der sizilische König Wilhelm II. war im November 1189 gestorben und hatte seine englische Gemahlin kinderlos hinterlassen. Das bedeutete, daß der Staufer Heinrich VI. infolge seiner Verheiratung mit der Sizilerin Konstanze Erbansprüche auf das sizilische Reich erheben konnte. Wenn der Engländer aber nun auf dem Zug ins Heilige Land in Sizilien eingreifen und seine verwitwete Schwester unterstützen würde, müßte der Staufer um seine Erbschaft in Süditalien kämpfen und könnte sich weniger um die deutschen Verhältnisse kümmern, so daß der Löwe wieder freie Hand beim Kampf um Sachsen hätte. Diese Rechnung des Welfen sollte nur zum Teil aufgehen.
Heinrich war inzwischen, wie die Urkunde für ein Kloster bei Northeim vom März 1190 bezeugt, mit den Erzbischöfen Philipp von Köln und Konrad von Mainz zusammengetroffen. Beide Kirchenfürsten konnten schließlich nach mehrmonatigen Verhandlungen im Juli eine Begegnung zwischen König Heinrich und dem Löwen zu Fulda vermitteln. Der Welfe zeigte sich nach seinen Rückschlägen mindestens nach außen zu einem Friedensschluß bereit, und König Heinrich war ebenfalls an der Beendigung der Auseinandersetzungen interessiert, weil er seine und seiner Gemahlin Erbansprüche auf das normannische Mittelmeerreich verfolgen wollte. Damit waren günstige Voraussetzungen für einen Friedensschluß gegeben, der im Juli zu Fulda erfolgte. Heinrich der Löwe erhielt die Hälfte der Reichseinkünfte in Lübeck als Geschenk des Königs, während die andere Hälfte dem Grafen Adolf III. von Schauenburg verblieb. Die Mauern von Braunschweig mußten dafür an vier Stellen abgetragen werden, die Festung Lauenburg war vollständig zu zerstören, und der

Welfe hatte dem König seine Söhne Heinrich und Lothar als Geiseln für die Einhaltung des Friedens zu stellen. Anscheinend mußte der Löwe auch auf seinen wichtigsten Helfer, den Erzbischof Hartwig II. von Bremen, verzichten, jedenfalls ging dieser noch im Juli 1190 nach England ins Exil.
Der König brach Ende des Jahres mit seiner Heeresmacht nach Italien auf. Lothar, des Löwen Sohn, starb unerwartet in Augsburg. Heinrich, die zweite Geisel, nahm der König mit über die Alpen. Daß der Welfe den Frieden zu Fulda keineswegs überzeugt, vielleicht sogar mit hinterhältigen Absichten geschlossen hat, beweist die Notiz Arnolds von Lübeck, wonach Heinrich trotz seiner zwei als Geiseln gestellten Söhne die Lauenburg keineswegs zerstört und das Land um Lübeck des Grafen von Schauenburg weiterhin heimgesucht habe. Der Graf hatte deshalb nur allzu recht getan, den Kreuzzug auf die Nachricht von Heinrichs Rückkehr hin zu verlassen. Nach dem plötzlichen Tod des Kaisers am 10. Juni 1190 kehrten ohnedies viele Kreuzfahrer wieder um, und der ganze Plan des Zuges wurde im wesentlichen zunichte.
Graf Adolf kam wohl in der zweiten Hälfte des Jahres 1190 wieder in die deutschen Lande, fand jedoch alle Wege in seine Heimat durch den Welfen versperrt. Heinrich hatte Stade, Lauenburg, Boizenburg, Schwerin und andere Plätze fest in seiner Hand. Nur mit Hilfe Herzog Bernhards gelangte Graf Adolf nach Artlenburg, wo er vom Herzog wieder eingesetzt wurde.
Der Welfe hatte auch Lübeck wieder völlig in seiner Hand und dachte nicht daran, dem Schauenburger entsprechend dem Frieden von Fulda den ihm zustehenden Teil zu überlassen. Die Lübecker waren wohl nicht unzufrieden mit der Herrschaft des Löwen, den sie immer noch hoch schätzten. Der Graf jedoch wollte seine Rechte wahrnehmen und fing deshalb an, die Stadt zu belagern. Der Löwe schickte zwar Entsatz, aber Graf Adolf hatte das Kriegsglück auf seiner

Seite und konnte Lübeck wieder für sich gewinnen. Auch Stade fiel um diese Zeit wieder in seine Hand.
Der Welfe beteiligte sich kaum an den allerdings zahlreichen Kampfhandlungen. Anscheinend war nun allmählich die physische Erschöpfung eingetreten, mit der er fünfzehn Jahre vorher in Chiavenna gespielt hatte. Der Tod seiner Gemahlin und seines Sohnes Lothar sowie die zwangsweise Entführung seines Ältesten nach Italien machten dem ehedem so vitalen und robusten Löwen schwer zu schaffen. Wenn der nun über sechzig Jahre alte Welfe eine Bilanz seines Lebens zog, so konnte er damit kaum zufrieden sein. Aber auch über seinen verstorbenen Vetter urteilten Heinrich und seine Anhänger wenig schmeichelhaft, da der Propst von Stederburg schrieb, daß dem Kaiser »nichts Rühmliches, nichts des Andenkens Würdiges« nachgesagt werden könne.
Da riß den Löwen nochmals eine Nachricht hoch: sein Sohn Heinrich war dem kaiserlichen Heer während der Belagerung vor Neapel im Sommer 1191 entflohen und hatte sich zu Heinrichs VI. Gegner Tankred von Lecce durchgeschlagen. Über Rom und Marseille kehrte er in die Heimat zurück und brachte die Neuigkeit mit, daß der König, der in Rom vom Papst noch die Kaiserkrönung erzwungen hatte, vor Neapel vom Fieber dahingerafft worden sei.
Kein Staufer mehr auf dem deutschen Königsthron! Kein Staufer mehr Kaiser des römisch-deutschen Reiches! Der Löwe überdachte rasch alle Möglichkeiten, die sich aus dieser Situation ergaben. Im Januar 1191 war auch Barbarossas ältester Sohn Friedrich im Morgenland gestorben. Freilich waren noch drei Söhne seines Vetters da – aber wie waren die Chancen für seine eigenen Söhne? Tatsächlich berichtet eine Quelle, daß der alte Welfe einige ihm freundlich gesonnene Fürsten zu einer neuen Königswahl animieren wollte und dabei seinen Sohn Heinrich als Thronfolger empfahl. Er

konnte sogar auf die Sympathie des Papstes für die welfische Sache verweisen, denn dieser hatte ihn in einer Urkunde unter seinen besonderen Schutz gestellt: Kein Erzbischof oder Bischof sollte den Löwen nochmals exkommunizieren können! Anscheinend war es dem jungen Heinrich bei seinem Rom-Aufenthalt gelungen, den Heiligen Vater davon zu überzeugen, daß die Welfen den Kirchenstaat vor der drohenden Umklammerung durch die Staufer bewahren könnten. Damit war die alte welfische Kombination mit dem Papst gegen den Kaiser wieder auferstanden, die Welf VI. schon zu Zeiten Konrads III. geknüpft hatte.

Die Nachricht vom Tod Kaiser Heinrichs VI. erwies sich indessen als eine Falschmeldung, als ein Wunschdenken der Welfen. Allerdings mußte der Kaiser Ende 1191 unverrichteter Dinge wieder über die Alpen zurückkehren und fand daheim unerfreuliche Zustände vor. Der Bremer Erzbischof Hartwig II. war aus seinem Exil zurückgekehrt, und Sachsen wurde von ständigen Unruhen und Kämpfen erschüttert. Die Gegner des Löwen planten einen Angriff gegen ihn und seine Anhänger. Da bot der Welfe als Sühne für den Treubruch seines Sohnes dem Kaiser Heeresfolge nach Italien an. Während der Staufer bereit war, darauf einzugehen, um die Verhältnisse in Italien in Ordnung zu bringen, wollten die Fürsten die Welfen unterwerfen.

An Pfingsten 1192 verhängte der Kaiser über den jungen Heinrich die Acht und im Sommer zogen die sächsischen Fürsten und Bischöfe gegen das welfische Braunschweig, wo der Löwe selbst wieder sein Standquartier bezogen hatte. Er verteidigte sich geschickt und konnte sogar einen Aufstand in seiner Stadt beschwichtigen, so daß seine Gegner schließlich trotz ihrer Übermacht mit einem Waffenstillstand zufrieden sein mußten. Der welfenfreundliche Propst von Stederburg fand freilich in seiner Chronik sehr harte und schmähende Worte über den Kampfgeist und die Kriegsführung

der Feinde des Löwen. Einer von Heinrichs heftigsten und mächtigsten Gegnern, Erzbischof Wichmann von Magdeburg, starb zu dieser Zeit, im August 1192.
So konnte der Löwe wieder neue Hoffnungen schöpfen, zumal der Kaiser in eine äußerst gefährliche Lage geriet. Er hatte in Fortsetzung der Kirchenpolitik seines Vaters in einem Streit um die Neubesetzung des Lütticher Bischofsstuhles eine sehr eigenwillige Entscheidung getroffen. In den daraus entstandenen Verwicklungen wurde der Protegé des Papstes von deutschen Rittern Ende 1192 ermordet. Die Begleitumstände beim Mord an dem englischen Erzbischof Thomas Becket im Jahre 1170 waren allseits noch in zu guter Erinnerung, um nicht auch bei diesem neuen Mord an einem Kirchenfürsten den Verdacht gegen den Kaiser als Inspirator zu lenken – zu Unrecht, wie sich längst herausgestellt hat. Der Staufer leistete zwar einen Reinigungseid, aber der Verdacht lastete doch weiterhin auf ihm, weil er die Mörder nicht streng bestrafte.
Diese Ereignisse brachten eine Welle der Antipathie und Feindschaft gegen den Kaiser in Bewegung. Zahlreiche Fürsten und Grafen vom Nieder- und Mittelrhein, die Erzbischöfe von Köln und Mainz, sogar die Zähringer und der Herzog von Böhmen taten sich zu einem antikaiserlichen Bündnis zusammen. In ihrer Angst vor der staufischen Zange gegen den Kirchenstaat unterstützte die Kurie diese antikaiserliche Bewegung ebenfalls. Auch Heinrich der Löwe sah natürlich Chancen für seine Bestrebungen und beeinflußte den englischen Hof gegen den Kaiser, der rasch beinahe völlig isoliert war.
Die Hoffnungen des Löwen auf eine Wendung zu seinen Gunsten wurden noch bestärkt durch einen Sieg, den die Seinen im März 1193 über Herzog Bernhard bei Lauenburg an der Elbe erringen konnten. Da schlug die Nachricht von der Gefangennahme des englischen Königs Richard Löwen-

herz wie ein Blitz ein. Der Engländer hatte sich während des Kreuzzuges im Heiligen Land mehrfach unbeliebt gemacht, und Herzog Leopold von Österreich nahm eine günstige Gelegenheit wahr, ihn auf der Rückreise gefangenzunehmen, als Richard sich in Pilgerkleidung durch die deutschen Länder mogeln wollte. Dem Engländer war von seinem welfischen Schwager eine wichtige Rolle beim Kampf gegen den Kaiser zugedacht gewesen, und als er nun vom babenbergischen Österreicher an den Staufer übergeben wurde, fielen die Pläne Heinrichs des Löwen wie ein Kartenhaus zusammen.

Das hatte freilich noch andere Gründe, denn die Welfen verloren ihre stärkste Stütze, den Bremer Hartwig II., und die niederrheinische Opposition gegen den Kaiser wegen der Lütticher Affäre brach im Juni 1193 zusammen, so daß Heinrich VI. wieder volle Handlungsfreiheit erlangte. Der Löwe sandte daraufhin seinen Sohn Heinrich zum Dänenkönig, um dessen Unterstützung beim Kampf um die nordelbischen Gebiete zu erhalten. Knud sagte seinem Schwiegervater zwar Hilfe zu, tat aber in Wirklichkeit nichts. Auf solche Weise entschwanden die Ziele der Welfen in unerreichbare Fernen.

Nicht nur der Österreicher und der Kaiser wollten von dem gefangenen Richard Löwenherz und dem fälligen Lösegeld profitieren, auch der französische König war an dem Gefangenen interessiert, und schließlich freute sich auch noch Richards Bruder Johann, denn er sah Chancen, selbst auf den Thron zu kommen. Nach langen Verhandlungen nahm Richard sein Königreich vom römisch-deutschen Kaiser gegen einen jährlichen Tribut von fünftausend Pfund zu Lehen und leistete dem Staufer den Lehnseid. Am 4. Februar 1194 wurde Richard aus der Gefangenschaft auf dem Trifels freigelassen und konnte nach England zurückkehren.

Die Welfen-Söhne Otto und Wilhelm mußten für die Bezah-

lung des Lösegeldes für Richard haften. Der älteste der Söhne, Heinrich von Braunschweig, vermählte sich im Januar 1194 auf der Burg Stahleck über Bacharach am Rhein heimlich mit Agnes, der Tochter des staufischen Pfalzgrafen Konrad bei Rhein. Kaiser Heinrich stimmte dieser Verbindung zwischen Welfen und Staufern nachträglich nur widerwillig zu, da er seine Base Agnes ursprünglich gerne mit dem französischen König verheiratet hätte, um das Bündnis mit diesem zu stärken. Aber er erkannte doch, daß mit der bereits vollzogenen Heirat eine Grundlage zur Aussöhnung zwischen Welfen und Staufern gegeben war, und schließlich konnte die Vermählung auch nicht mehr rückgängig gemacht werden.
Heinrich der Löwe merkte ebenfalls, daß er seine feindselige Position gegen den Staufer nicht länger halten konnte. Auf Betreiben des Pfalzgrafen bei Rhein berief der Kaiser einen Reichstag ein, auf dem er sich mit dem Löwen aussöhnen wollte. Der aber stürzte auf dem Weg dorthin so unglücklich, daß er seinen Ritt nicht fortsetzen und zu dem Reichstag nicht erscheinen konnte. Der Staufer verdächtigte den Welfen einer Finte, durch die er Begegnung und Aussöhnung hintertreiben wollte, ließ sich schließlich aber doch von der Wahrheit überzeugen und setzte dem Löwen einen neuen Termin im März 1194 in der Pfalz Tilleda am Kyffhäuser. Dort trafen sie dann tatsächlich auch zusammen und fanden einen für beide Teile tragbaren Ausgleich.
Der Kaiser bestätigte Heinrich dem Löwen seinen reichen Allodialbesitz in Sachsen und gab wahrscheinlich auch seine Zustimmung zur Nachfolge des jungen Heinrich von Braunschweig für die Reichslehen von dessen Schwiegervater, des Pfalzgrafen bei Rhein. Umgekehrt verpflichtete sich der junge Welfe zur Treue gegenüber dem Kaiser und zur Teilnahme an dem vorgesehenen Italienzug, auf dem Heinrich VI. dann am Weihnachtstag 1194 im Dom zu Palermo die sizi-

lische Krone erlangte. Der Staufer war mit dem Ausgleich von Tilleda zufrieden, denn er hatte damit die Aggressionspläne der Welfen gegen die nordelbischen Gebiete gegenstandslos gemacht. Damit war auch der innere Parteienstreit in Holstein zwischen Anhängern des Kaisers und der Welfen beendet. Herzog Bernhard von Sachsen war freilich nicht begeistert, denn die nordelbischen Gebiete waren nun reichsunmittelbar und seiner Herrschaft entzogen.

Heinrich der Löwe zog wieder nach Braunschweig zurück, wo er sich auf seinem Altenteil mit Chroniken und Sagen beschäftigte, die er sammeln und teilweise abschreiben ließ. Wohl schon früher hatte er einige Braunschweiger Kleriker beauftragt, eine Sammlung des Wissens der damaligen Zeit niederzuschreiben. Der Geist des 65jährigen arbeitete noch sehr rege, und er nahm nun an der Gestaltung dieses Werkes lebhaften Anteil. Heinrich legte Wert darauf, daß die Niederschrift in deutscher Sprache erfolgte, nicht zuletzt wohl, weil er selbst das Lateinische nur mangelhaft beherrschte. Entgegen den Ambitionen der Geistlichen wünschte Heinrich das Werk in Prosa und nicht in Versen. Man einigte sich auf Zwiegespräche, und schließlich entstand auf solche Weise das erste Prosawerk in niederdeutscher Sprache (Philippi), das einen Überblick über die damaligen Kenntnisse auf den Gebieten der Theologie, der Philosophie, der Astronomie und der Geographie vermittelt. Über die Entstehung geben die Eingangsverse des Werkes Aufschluß, das man schließlich nach einem burgundischen Vorbild als *Lucidarius* bezeichnete:

Got selbe hat den sin gegebin
deme herzoge der ez schriben liez
sine capellane er hiez
die rede suchen an den schriften
und bat daz sie es tichten

an rimen wolden
wan sie ensolden
nicht schriben wan die warheit
als ez zu latine steit.
daz taten sie willecliche
dem herzogen Heinriche
daz er in gebot und bat.
zu Brunswic in der stat
wart ez getichtet und geschriben
ez enwere an dem meister nicht bliben,
er hette ez gerimet ab er solde
der herzoge wolde
daz man ez hieze da
aurea gemma
do duchte ez dem meister bezzer sus
daz ez hieze Lucidarius.

Kurz vor Ostern 1195 erfaßte Heinrich den Löwen eine Krankheit, von der er sich während der nächsten Monate nicht mehr erholte. Im Jahre der Vollendung des von ihm initiierten Braunschweiger Domes zu St. Blasien vollendete sich am 6. August 1195 auch das Leben Heinrichs des Löwen. Alle seine Bemühungen, das Schicksal nach dem Verlust seiner Herzogtümer und dem Achtspruch seines Vetters noch einmal zu den eigenen Gunsten zu wenden, waren vergeblich geblieben.
Der Löwe hatte es sicher längst bereut, daß er 1152 nicht für die deutsche Königskrone kandidiert und gekämpft hat.

Zusammenfassung

War Friedrich I. Barbarossa oder sein Zeitgenosse, Lehensmann und Rivale Heinrich der Löwe für den Fortgang der deutschen Entwicklung von größerer Bedeutung? So wurde und wird immer wieder gefragt, und die Antworten fallen vielfach je nach den Zeitströmungen aus, aus denen heraus sie gegeben werden.

Barbarossas Italienzüge werden häufig als unrealistischer, staufischer Trieb in die Ferne interpretiert, während Heinrichs Eroberungen im Osten dem welfischen Wirklichkeitssinn zugeschrieben werden. Das sind jedoch Erklärungen, die von dem deutschen Besitzstand bis 1945 ausgegangen und seither ins Wanken geraten sind. Diese Interpretationen haben vor allem immer schon übersehen, daß zur Zeit Barbarossas durchaus die ernste Gefahr einer Expansion sowohl des byzantinischen als auch des süditalienischen normannischen Reiches nach Norden bestanden hat. In beiden Reichen herrschten kraftvolle, ehrgeizige Potentaten, deren Eroberungsgelüste nicht zu berechnen waren und vor denen Barbarossa das römisch-deutsche Reich schützen mußte.

Die Frage nach dem Vorrang des Kaisers oder des Herzogs ist ohnedies falsch gestellt, denn keiner von beiden hätte seine Aufgabe ohne den anderen so anpacken können, wie er es getan hat. Der Kaiser hätte sein Ziel der Wiederherstellung des Reiches und der Reichsmacht ebensowenig verfolgen können wie der Löwe das der Expansion seines Herrschaftsbereiches, wenn nicht jeweils der andere Beistand und Unterstützung geleistet hätte. Friedrich I. hätte nicht den Schutz des Reiches gegen Süden und Südosten vollziehen sowie mit dem Papst um den abendländischen Vorrang kämpfen können, wenn er mit den Welfen in Unfrieden gelebt hätte. Heinrich der Löwe hätte andererseits die nordelbischen Gebiete Holstein und Mecklenburg nicht erobern können, wenn er nicht jahrzehntelang die Unterstützung des Kaisers gehabt hätte.

Diese gegenseitige Förderung und Hilfe von König und Herzog war auch in anderer Hinsicht notwendig: Friedrich und Heinrich waren zwei so herrschafts- und machtbewußte Männer, daß sie schwerlich miteinander ausgekommen wären, wenn sie beide im gleichen Bereich hätten wirken müssen. Ein Krieg um den Vorrang zwischen ihnen wäre sicher von Anfang an unabwendbar gewesen, wenn nicht die geographisch weit auseinander liegenden Tätigkeitsfelder während der ersten Jahrzehnte geholfen hätten, ihn zu vermeiden.

Diese klare Trennung der Wirkungsbereiche hat den Gedanken aufkommen lassen, daß Friedrich und Heinrich – vielleicht schon 1152 – planmäßig eine Abgrenzung ihrer Interessengebiete vorgenommen haben. Eine längst vermutete Aussprache zwischen den beiden vor der Königswahl 1152 hat erst in neuerer Zeit weitere Wahrscheinlichkeit gewonnen (H. Appelt). Was dabei besprochen und vereinbart wurde, ist nirgends überliefert. Vielleicht hat sich Heinrich von den Schwierigkeiten einer eigenen Kandidatur für den Königsthron überzeugen und sich von Friedrich für den Verzicht eine Reihe von Zusicherungen geben lassen?

Eine Aufteilung der Einflußsphären zwischen König und Herzog kann sich aber auch ohne ausdrückliche Abmachung während der ersten Regierungsjahre Barbarossas aus dem Verhalten der beiden ergeben haben. Für das welfische Schwergewicht im Norden spricht allein schon die deutlich größere Aktivität Heinrichs in seinem sächsischen Herzogtum und die Hintanstellung oder Vernachlässigung Bayerns. Daß der Welfe Bayern in der ersten Hälfte der fünfziger Jahre so nachdrücklich verlangt und schließlich erhalten hat, muß nicht gegen eine Aufteilung der Einflußgebiete sprechen, denn Heinrich konnte auf dieses seit 1070 den Welfen gehörende Herzogtum schlecht verzichten, ohne beträchtlich an Prestige zu verlieren.

Aber noch weitere Indizien sprechen für die Zuordnung der nördlichen Reichsgebiete zu Heinrich: die 1152 wahrscheinlich erfolgte Belehnung des Welfen mit der Reichsstadt Goslar, ebenso der Gütertausch zwischen den beiden Vettern am 1. Januar 1158, wobei Heinrich eine Reihe süddeutscher Gebiete, die er durch die Heirat mit der Zähringerin Clementia erhalten hatte, an Friedrich abgetreten hat, um andere, weiter nördlich gelegene dafür zu bekommen. Ganz entschieden würde in eine solche Aufteilung der Interessengebiete das Zurücktreten des Kaisers in den nördlichen Bereichen passen, in denen er Heinrich mit der Investitur der Bischöfe, der obersten Gerichtsbarkeit, der Überlassung außenpolitischer Aktivitäten usw. rundweg königliche Rechte und Befugnisse einräumte. Beinahe gleichbedeutend war das Verhalten des Staufers bei allen Klagen der norddeutschen, sächsischen Fürsten über seinen welfischen Vetter. Mochten diese Beschwerden auch noch so berechtigt sein, so stand Friedrich in jedem Falle Heinrich bei und ließ den Herzog in den nördlichen Gebieten des Reiches völlig frei nach eigenem Gutdünken schalten. Auch die Belehnung Welfs VI. mit den italienischen Lehen Heinrichs des Stolzen würde in den Rahmen eines Interessenverzichtes des Löwen auf den Süden passen, ebenso wie umgekehrt seine strikte Forderung nach Goslar in Chiavenna 1176 einmal mehr das welfische Schwergewicht im Norden anzeigen mag.

Es kann kaum anders sein, als daß auch einige Vorkommnisse gegen eine derartige Abgrenzung der Einflußgebiete sprechen, die ja, das sei nochmals betont, keineswegs beweisbar ist, sondern nur an Hand von Indizien vermutet werden kann. Dagegen spricht ganz erheblich, daß der Süden für Heinrich von Haus aus weniger interessant war als der Norden, weil er in Bayern nur geringe Eigengüter besaß. Hinzu kommt, daß Bayern durch die Abtrennung Österreichs 1156 beträchtlich geschwächt und zu einem reinen Binnengebiet des Reiches ohne Ausdehnungsmöglichkeit geworden war. Gegen die hypothetische Aufteilung spricht aber auch die Belehnung Heinrichs mit der Grafschaft Garda, die allerdings erst nach dem Fehlschlagen anderer Lösungen durch den Kaiser erfolgt ist. Und schließlich paßt weder die Rückforderung Goslars 1168 durch Barbarossa noch der von ihm 1172 erhobene Anspruch auf die 1152 dem Markgrafen Albrecht von Brandenburg zugesprochenen Gebiete in ein Aufteilungskonzept zwischen Friedrich und Heinrich. In den beiden letzten Fällen läßt sich natürlich leicht sagen, daß der Kaiser damit die ursprüngliche Trennung der Einflußgebiete durchbrechen, vielleicht sogar rückgängig machen wollte. Die Reaktion des Welfen im Fall Goslars und das schließliche Zurücktreten des Staufers von seinen Gebietsforderungen 1172 könnten das Vorhandensein eines Aufteilungsbeschlusses sogar stützen.

Die ganze Angelegenheit läßt sich weder nach der einen noch nach der anderen Seite mit Sicherheit klären. Bemerkenswert ist aber, mit welcher Energie Heinrich seine Stellung in Sachsen ausgebaut hat. Dafür lassen sich freilich auch andere Gründe anführen als nur ein nicht gesicherter Aufteilungsbeschluß mit dem Kaiser. Die vielen Eigengüter, die der Welfe vor allem zwischen Weser und Elbe aus den verschiedenen Erbschaften besaß, spornten ihn dazu an, das Fehlende auch noch zu gewinnen, denn dort, etwa in Westfalen, konnte er nur mit Hilfe der wenig schlagkräftigen Herzogsrechte herrschen – und das war nicht viel.

Mit den überlieferten stammesherzoglichen Rechten der obersten Gerichtsbarkeit, der Landfriedenswahrung, der Einberufung von Landtagen und der Heerführung herrschte Heinrich der Löwe nur mittels der Bewohner über sein Herzogtum. Er wollte aber mehr. Heinrich wollte seine Herrschaftsrechte zu einer alles umfassenden Gebietsherrschaft ausweiten, wie er sie in seinen großen Allodialbesitzungen und in den nordelbischen Gebieten praktizierte. Dazu war er willens, alle anderen, fremden Gewalten in Sachsen – Grafschaften, kirchliche Herrschaften – in eine mittelbare, von ihm abhängige Stellung hinabzudrücken, und dazu setzte er nötigenfalls alle erreichbaren Mittel und Möglichkeiten ein. Umfang und Inhalt der herzoglichen Rechte waren in Sachsen nicht genau festgelegt und wechselten auch von Gebiet zu Gebiet, je nach der Kraft und dem Widerstandswillen der Kontrahenten des Herzogs.

Es ist verständlich, daß sich Heinrich mit seinen machtpolitischen Ambitionen keine Freunde schuf. Alle diejenigen, die auf Grund ihres Besitzes und ihrer Stärke hoffen konnten, seinen Forderungen widerstehen zu können, zählten zu seinen Gegnern, wenngleich die von Schwalenberg, Oldenburg, Adolf III. von Holstein und andere vom Herzog dann öfters belehrt worden sind, daß sie sich seinem Arm doch nicht entziehen konnten. Nur die kleineren Dynasten, die ihr Heil von vorneherein ausschließlich in der Anpassung sehen konnten, sind unter seinen Anhängern und »Freunden« zu finden. Umgekehrt hat sich Heinrich wohl auch gerne mit diesen kleinen Herren verbunden, weil ihm diese nicht gefährlich werden konnten.

Diesem bekannten psychologischen Muster von Wechselbeziehungen zwischen einem Starken und vielen Schwachen entspricht auch die oft gerühmte Bürgerfreundlichkeit Heinrichs gegenüber den Bewohnern Lübecks, möglicherweise auch Münchens. Betont bürgerfreundlich hat sich der Welfe noch 1180 in Nordhausen und Mühlhausen sowie 1189/90 in Hamburg verhalten. Freilich wird man dem Machtpolitiker Heinrich in diesen Fällen taktische Motive unterstellen können, da er ja auch Lübeck und München ausschließlich mit

Gewinnabsichten gegründet hat. Die Förderung der Städte wurde Heinrich dem Löwen wohl schon oft allzu hoch angerechnet, da sie doch eigentlich nur einer allgemeinen Tendenz der Zeit entsprach – ein Blick auf die Privilegien Barbarossas für die Städte zeigt dies deutlich – und gerade beim Welfen nicht ohne Eigennutz erfolgt ist.
Für Heinrichs Unabhängigkeitsbestrebungen von der königlichen Oberherrschaft war neben seiner welfischen Mentalität zweifellos das Privilegium ein Vorbild, das Barbarossa 1156 dem österreichischen Herzog gewährt hat. Was dem Österreicher recht war, konnte dem Welfen und anderen Fürsten nur billig sein. Friedrich I. hat mit diesem *privilegium minus* unter dem Zwang der Verhältnisse einen Schritt getan, der ihn genau in die entgegengesetzte Richtung von seinem angestrebten Ziel der Wiederherstellung der karolingischen Macht des Reiches führte.
Die erste und deutlichste Folge jener unfreiwilligen kaiserlichen Fehlentscheidung war dann Heinrichs Vorgehen in den nordelbischen Gebieten. Mit der – mehr oder weniger zwangsläufigen, abgenötigten – Zustimmung des Staufers übte der Welfe in diesen neu eroberten Ländern eine uneingeschränkte, königgleiche Macht aus. Die Uneingeschränktheit muß besonders hervorgehoben werden, weil Heinrich in seinem ererbten sächsischen Herzogtum zahlreiche Ausnahmestellungen, sogenannte Exemtionen, von kirchlichen und weltlichen Fürsten akzeptieren mußte, die seiner Herzogsgewalt entzogen waren. In den nordelbischen Gebieten dagegen herrschte er vollkommen gleichmäßig und brauchte nicht auf eine Vielzahl unterschiedlicher fremder Herrschaftsverhältnisse Rücksicht zu nehmen. Die Bischöfe in Lübeck, Schwerin und Ratzeburg waren die ersten auf deutschem Boden, die einem Landesherrn unterstanden. In diesen Gebieten galt die Gerichtsverfassung des Herzogs ohne Ausnahme, und es ist verständlich, daß der Welfe bestrebt

war, diese einheitliche Regierungsmöglichkeit auch in Bayern und Sachsen durchzusetzen.

Im 12. Jahrhundert sind in den deutschen Ländern viele Ansätze festzustellen, kraft derer die Fürsten von den überlieferten personalen Herrschaftsverbänden zu umfassenderen Gebietsherrschaften kommen wollten. Das konnte aber nicht ohne Beseitigung oder Reduzierung anderer Herrschaftsansprüche abgehen. Tatsächlich waren diese Tendenzen um so schwieriger zu realisieren, je größer der Bereich war, und Heinrich der Löwe konnte sein Ziel weder in Bayern noch in Sachsen erreichen. Er hatte dazu in den Erzbischöfen Wichmann von Magdeburg, Rainald und Philipp von Köln, in den Markgrafen von Brandenburg, Meißen und der Lausitz sowie im Landgrafen von Thüringen viel zu machtvolle Gegner. In Bayern standen ihm die Wittelsbacher, die Andechser sowie andere mächtige Grafengeschlechter entgegen und gleichfalls die Kirchenfürsten.

Auch sein eigener Drang nach Eroberungen und Expansion hinderte den Welfen daran, mit größerer Energie für die Konsolidierung seiner Herrschaft zu wirken. Unter diesem Aspekt ist es ihm viel zuwenig gelungen, nach dem Muster Erzbischof Balduins von Bremen und des Bischofs Gero von Halberstadt willfährige Kirchenfürsten in seinem sächsischen Herzogtum zu plazieren.

Eine Folge der überhasteten Expansion ohne Rücksicht auf die notwendige Stabilisierung seiner Herrschaft waren auch Heinrichs wiederholt zu beobachtende Schwächen gegenüber dem Dänenkönig in den nordelbischen Gebieten, vor allem seit 1171. Aber es ist ohnedies ein weit verbreiteter Irrglaube, Heinrich habe seine Eroberungszüge gegen die Wenden aus nationalen Motiven zur Stärkung des Reiches unternommen. Ein Nationalbewußtsein im heutigen Sinn kannte man damals noch kaum. Heinrich hat zwar einer großen Anzahl von Deutschen die Ansiedlung in den wendischen Gebieten ermöglicht, aber er verfolgte dabei doch ausschließlich eigensüchtige, machtpolitische Ziele, wobei er sich ebenso wie sein Vetter in Italien auch möglichst ergiebige Finanzquellen erschließen wollte. Die Dänen, Askanier und die Wettiner empfand er dabei als Rivalen, und er scheute nicht davor zurück, gelegentlich die sonst bekriegten Wenden auf seine Konkurrenten zu hetzen.

Wenn man Heinrich dem Löwen Machtstreben, Egozentrik und Rücksichtslosigkeit vorwirft, so muß man auch erkennen, daß es zahlreiche Fürsten gab, die seine Macht schmälern wollten, von den Kölner Erzbischöfen bis zu den östlichen Markgrafen, vom dänischen König bis zum thüringischen Landgrafen. Jeder Fürst war im Mittelalter darauf bedacht, seine Herrschaft nicht nur zu bewahren, sondern sie auszubauen und zu erweitern. Dieses Streben muß man natürlich auch Heinrich zugestehen, und daß er dabei vielfach erfolgreich war, verdankte er nicht nur seiner Bedenkenlosigkeit in der Wahl der Mittel, sondern auch seiner Tüchtigkeit.

Die stets zu beobachtende Tendenz des Löwen zur Konspiration mit machtvollen Gegnern des staufischen Kaisers zeigt, wie sehr Heinrich an der Begrenzung, zeitweilig sogar an der Beseitigung der staufischen Kaisermacht gelegen war. Seine Neigungen zu den Päpsten Hadrian IV. und Alexander III. sind in diesem Zusammenhang ebenso zu nennen wie seine nie geklärten Beziehungen zu Kaiser Manuel von Byzanz und zu seinem ehrgeizigen, plänereichen Schwiegervater König Heinrich II. von England. Der Welfe wird sich jedoch keinen Illusionen darüber hingegeben haben, daß für ihn eine wirkliche Übereinstimmung mit den gregorianisch eingestellten Päpsten seiner Zeit nicht möglich gewesen wäre. Seine eigenen Tendenzen zur autonomen Beherrschung der Kirchenfürsten wären damit unvereinbar gewesen.

Aber auch der Staufer war umgekehrt immer darauf bedacht,

dem Machtstreben seines welfischen Vetters mit Hilfe anderer Fürsten einen Riegel vorzuschieben. Darüber sollten die wiederholten Friedensbemühungen Friedrichs zugunsten Heinrichs nicht hinwegtäuschen. Vor allem im Verein mit den Kirchenfürsten fand der Kaiser Möglichkeiten, die Expansionsgelüste des Löwen zu bremsen und ein relatives Gleichgewicht der Kräfte zu schaffen. Die reichstreue, antiwelfische Haltung Wichmanns von Magdeburg war Friedrich sicher ebenso willkommen, wie er 1158 zum Ärger und Nachteil Herzog Heinrichs dem Erzbischof Hartwig von Bremen einige bemerkenswerte Zugeständnisse gemacht hat. Nicht uninteressant sind in diesem Zusammenhang auch die wiederholten Hervorhebungen der Reichstreue Rainalds von Dassel durch den Kaiser sogar in Anwesenheit des Löwen. Und Markgraf Albrecht der Bär konnte im Nordosten schlechthin als der wichtigste Partner der staufischen Partei bei allen Reibereien mit den Welfen gelten, wie es Pfalzgraf Otto von Wittelsbach im Süden war. Die Beziehungen zu Waldemar I. von Dänemark waren Friedrich sicher ebenfalls eine willkommene Möglichkeit, dem Machthunger seines welfischen Vetters Grenzen zu setzen.
Alle diese und noch mehr Handlungen wie auch Gefühle des gegenseitigen Mißtrauens und der Vorsicht wurden aber von den beiden Vettern mehr als zwei Jahrzehnte lang sorgfältig verdrängt. Sie wollten gut miteinander auskommen, und sie erwarteten sich beide Vorteile davon, wenn der Zwist zwischen Staufern und Welfen, der unter ihren Vorfahren geherrscht hatte, nicht wieder aufbräche. Friedrich I. hat den Löwen 1161 sogar zu seinem zweiten Stellvertreter ernannt, falls ihm selbst bei der Belagerung Mailands etwas zustoßen sollte.
Aber trotzdem kamen auf beiden Seiten im Laufe der Jahre verschiedene Ärgernisse zusammen, die die ursprünglichen guten Vorsätze und Beziehungen mehr und mehr aushöhl-

ten und schließlich zum Einsturz brachten. Der Welfe wollte sich schon seit dem zweiten Italienzug 1158 nicht mehr an den südlichen Unternehmungen Barbarossas beteiligen und leistete nur noch 1159 widerwillig mit einer mäßigen Streitmacht seinem Vetter gegen Crema Beistand. Als er zusammen mit den anderen Fürsten bald erneut aus Italien einen Hilferuf des Kaisers erhielt, ließ er seine Truppen zu Hause und zog 1161 allein nach Como an den kaiserlichen Hof – sicher zur großen Enttäuschung Friedrichs. Das war aber dann für alle Zeiten der letzte Ritt des Welfen nach Italien, denn ihm war es wichtiger, seine Herrschaft in den nordelbischen Gebieten auszuweiten. Das hätte ja auch der Abgrenzung der Tätigkeitsbereiche entsprochen, wobei aber Friedrich wohl das Ausscheren Heinrichs von den Italienzügen nicht vorausbedacht hat, denn sonst hätte das Verhalten des Welfen den Staufer nicht so enttäuschen können.
Aber nicht nur Barbarossa glaubte Grund zu haben, über Heinrich vergrämt sein zu sollen, sondern umgekehrt war bald auch der Welfe auf den Staufer nicht mehr gut zu sprechen. Eine tiefe Wunde riß bei Heinrich die Forderung Friedrichs nach Rückgabe Goslars im Jahre 1168. Es ging dem Welfen doch nicht nur um das Geld, das ihm die reiche Handelsstadt mit dem Silberbergwerk brachte, obgleich Heinrich wegen seiner Geldgier längst bekannt war, sondern Goslar hatte für ihn auch eine erhebliche militärische Bedeutung. Als Barbarossa dann vier Jahre später aus sonst undurchsichtigen Gründen von den Söhnen Albrechts des Bären Erbgüter an der Saale verlangte und 1174 in der Oberpfalz und in Ostfranken die Hausgüter der Staufer rigoros ausdehnte, war es für Heinrich wohl klar, daß ihn der Kaiser langsam, aber sicher an die Wand drücken wollte. Die beiderseitigen Ambitionen, immer mehr Land der eigenen Herrschaft zu unterstellen, mußten zwangsläufig zum Eklat führen. Die Manipulationen Welfs VI. mit den italienischen Lehen Hein-

richs des Stolzen, seines Vaters, die ebenfalls zu Gunsten der Staufer gingen, brachten dem Löwen nur noch den letzten Ärger, womit dann das Faß voll war.
So war es nicht erstaunlich, daß ein Zusammenstoß zwischen den beiden Vettern kommen mußte, zumal der Herzog in dem von ihm in Auftrag gegebenen Evangeliar seine Ansprüche auf eine Königskrone wieder deutlich machte. Daß seine Ambitionen nicht einer Ehrenkrone galten, die ihm keine Befreiung aus dem Lehnsverhältnis zu seinem staufischen Vetter gebracht hätte, sondern der Reichskrone, kam bei der Unterredung in Chiavenna 1176 zum Vorschein, als Heinrichs Truchseß seinem Herrn die baldige Erhebung zum König und Kaiser voraussagte.
Sofern die Äußerung Jordans von Blankenburg richtig überliefert ist, war es natürlich nicht zu erwarten, daß Heinrich seinen Vetter noch unterstützen würde, wenn er dessen baldigen Sturz und seine eigene Nachfolge erwartete. Mit dieser Hilfe-Verweigerung beging der Herzog zwar keinen Rechtsbruch, aber durch seine eigene Gleichstellung mit dem König wird erkennbar, daß es Heinrich der Löwe wohl längst bereute, 1152 nicht als Gegenkandidat zu seinem Vetter um die Königskrone angetreten zu sein, da er als Enkel Lothars III. durchaus Anrechte auf den Thron gehabt hätte, mehr als Friedrich, der doch nur der Neffe Konrads III. war.
Der in dem Evangeliar ebenso wie in Chiavenna zum Ausdruck gekommene Anspruch Heinrichs des Löwen auf die königliche Herrschaft bedeutete zwangsläufig die gleichzeitige Ablehnung der Rechte des regierenden Königs und damit die Rebellion gegen diesen König. Heinrich löste sich mit seinen Ansprüchen aus der Einheit des Reiches, er sprengte diese Einheit. Dieses Verhalten des Welfen konnte nur mit dem Sturz eines der beiden Kontrahenten enden – und es endete mit dem Sturz des Welfen.
So aggressiv Heinrich immer wieder gegen seine Vasallen

und Nachbarn vorgegangen ist, so hat er es doch stets sorgfältig vermieden, dem Kaiser selbst offensiv gegenüberzutreten: er beschränkte sich auf defensiven Widerstand und auf Hilfeverweigerung. Solange der Welfe die Übermacht gehabt hat, konnte er sich nicht dazu entschließen, sie gegen seinen Vetter auszuspielen, obgleich es von Anfang an immer aufs neue sein heimlicher Wunsch war, sich von der staufischen Oberherrschaft zu befreien und die Reichsmacht für die Welfen zu erlangen. Aber Heinrich verfolgte dieses Ziel nur halbherzig und nicht konsequent. Eine Chance, es zu erreichen, hatte er nur bis etwa 1177, nachher war es zu spät. Es spricht für die kaiserliche Autorität und Persönlichkeit Barbarossas, daß sich der Löwe gescheut hat, ihn offen anzugreifen.

Der Wandel der Verhältnisse in Italien – der Friede mit dem Papst und cum grano salis, mit den Lombarden und Normannen sowie die Ausschaltung Kaiser Manuels durch die Seldschuken – gab dem Kaiser freie Hand für den Kampf gegen den Löwen. Heinrich brachte seine Mißachtung des Königs noch mehrfach durch seine Weigerung, vor einem Gericht zu erscheinen, zum Ausdruck. Das mußte zu seiner Ächtung führen. Dabei rächte sich seine herrische, verletzende Behandlung der Dienstleute und Vasallen, die ihn fast alle sehr schnell verließen. Schließlich wurde er in einem Reichskrieg durch Waffengewalt zur Unterwerfung gezwungen, aus der er sich trotz wiederholter Versuche nicht mehr befreien konnte.

Welfenstolz und Welfentrotz sind in der deutschen Geschichte beinahe sprichwörtlich. Heinrich der Löwe ist nicht nur der bekannteste Welfe, sondern auch der prominenteste Träger dieser welfischen Eigenschaften. Die Konsequenz daraus, Freude am Herrschen, am Beherrschen anderer Menschen, und eine beträchtliche Härte gegen sich und andere waren auch dem Löwen eigen. Die Linie läßt sich weiter zu einer nicht unerheblichen Reizbarkeit, zu Hartnäckigkeit, zu hohem Selbstbewußtsein und schließlich zu Selbstüberheblichkeit ziehen. Das sind alles Merkmale, die bei Heinrich dem Löwen unschwer zu finden sind. Ihre Gegenpole aber, etwa Liebenswürdigkeit, Anpassungsfähigkeit, Entgegenkommen oder gar Charme wird man bei dem Löwen vergeblich suchen. Es mag nicht immer leicht gewesen sein, mit ihm zurechtzukommen, und er hat sicher nicht allzuoft herzlich lachende Menschen um sich gehabt – aber ein solch strenges, freudenarmes Leben war wohl für Heinrich selbst nicht immer leicht. Es war bitter für ihn, trotz seines Reichtums und seiner Macht lebenslänglich nur der Zweite im Reich sein zu können.

Ebensowenig wie Heinrich jedoch sein Wesen beliebig ändern konnte, so mußte er letztlich auch in der Politik die ihm gestellten Aufgaben auf der vorgezeichneten Bahn erfüllen. Jeder Erbe einer Herrschaft wird danach trachten, das Erbe mindestens zu bewahren, möglichst aber zu vermehren, um es gestärkt und verbessert seinen Nachkommen weitergeben zu können. Das hat Heinrich mit den ihm von der Natur mitgegebenen Mitteln eines strengen, geradlinigen Geistes und eines harten, willensstarken Charakters getan, womit er freilich nicht viel Sympathie, jedoch Achtung und Respekt erringen konnte. Erstaunlich ist bei solch spröden, spartanischen Eigenschaften der Kunstsinn Heinrichs, der freilich ebenfalls ein welfisches Charakteristikum war.

Über die Körpergröße Heinrichs sind neuere Untersuchungen (T. Schmidt) an der Grablege im Braunschweiger Dom zu anderen als den bisher bekannten Ergebnissen gelangt: sie gehen davon aus, daß das große Skelett Heinrich, das kleine jedoch seiner Gemahlin Mathilde zuzuordnen ist und Heinrich also normale Körpergröße hatte.

Anhang

DAS REICH
FRIEDRICHS I. BARBAROSSA
MIT DEN HERZOGTÜMERN

Lübeck
Hamburg
Schwerin
HZM. POMMERN
POLEN
Warthe
Posen
Weichsel
Lüneburg
Altmark
M. Brandenburg
Oder
Magdeburg
Goslar
Elbe
M. Lausitz
Breslau
HZM. SCHLESIEN
Thüringen
Erfurt
M. Meißen
Eger
Prag
Moldau
Bamberg
Würzburg
BÖHMEN
Markgft. Mähren
Nürnberg
Regensburg
Donau
HZM. ÖSTERREICH
Ulm
Freising
Augsburg
Salzburg
HZM. BAIERN
Gran
KÖNIGREICH UNGARN
HZM. STEIERMARK seit 1180
Inn
Gft. Tirol
HZM. KÄRNTEN
Theiß
M. Friaul
Aquileja
M. Krain
M. Verona
Verona
Lodi
Etsch
Sawe
Donau
Venedig
Cremona
Po
Genua
Mathildische Güter
Bologna
KÖNIGREICH SERBIEN
Pisa
Florenz
M. Ancona
Ancona
ADRIA
HZM. SPOLETO
Spoleto
Viterbo
Sutri
Kirchenstaat
Rom
Tusculum
KGR. SIZILIEN
Benevent
SARDINIEN

DAS HERZOGTUM SACHSEN unter Heinrich dem Löwen
NORDSEE
Schleswig
Eider
Wagrier
Lübeck
Rostock
Kessiner
Demmin
Obotriten
Circipaner
Ratzeburg
Hamburg
Stade
Schwerin
Polaber
Friesischer Stammesbereich
Bardowick
Lüneburg
Elbe
Weser
Bremen
Verden
Havelberg
Havel
MARK BRANDENBURG
Lutizen
Ems
Aller
Osnabrück
Braunschweig
Haldensleben
Brandenburg
Hildesheim
Magdeburg
Münster
Goslar
Halberstadt
Quedlinburg
Paderborn
Leine
Dortmund
Geleitrechte bis zum Rhein
MARK LANDSBERG
Saale
Fulda
Köln
LDGFT. THÜRINGEN
Erfurt
Werra
Rhein
BÖHMEN
HZM. FRANKEN
Frankfurt
Mainz
Gebiet besonders dichten Besitzes von Grafschaften und Eigengütern

DAS HERZOGTUM BAIERN
unter Heinrich dem Löwen
MARK MEISSEN
Elbe
Eger
Prag
Eger
Main
Bamberg
Würzburg
BÖHMEN
HZM. FRANKEN
Moldau
Nürnberg
Regensburg
Donau
Isar
Passau
Moosburg
Freising
Inn
Ulm
Augsburg
Enns
München
Salzach
HZM. STEIERMARK seit 1180
Landsberg
Salzburg
Ravensburg
Reichenhall
Lech
Enns
Inn
HZM. SCHWABEN
Rhein
Innsbruck
GFT. TIROL
HZM. KÄRNTEN
Drau
Brixen
Villach
Bozen
MARK FRIAUL
MARK KRAIN
Trient
MARK VERONA
Aquileja
LOMBARDEI
Etsch
Vicenca
Verona
Venedig

Zeittafel für Heinrich den Löwen

1129	vermutliches Geburtsjahr; Geburtsort wahrscheinlich Ravensburg oder Umgebung;
1142	mit Sachsen belehnt;
1147	Kreuzzug gegen die Wenden;
1149	heiratet Clementia von Zähringen;
1152	vermutlicher Verzicht auf Thronansprüche, von Friedrich Barbarossa vermutlich mit Goslar belehnt;
1154	Investiturrechte für nordelbische Bistümer beurkundet erhalten;
1154/55	mit Friedrich Barbarossa nach Italien;
1156	mit Bayern belehnt;
1157	mit Friedrich Barbarossa gegen Polen;
1158	neuer Isar-Übergang bei München;
1158	Zug gegen die Wenden;
1159	Neu-Gründung von Lübeck;
1159	nach Italien zur Belagerung von Crema;
1160	Zug gegen die Wenden;
1161	in Italien bei Friedrich Barbarossa;
1161	Vertrag mit den Gotländern;
1162	von Clementia geschieden;
1163	Wendenaufstand niedergeschlagen;
1163	Fürstenfronde gegen Heinrich vom Kaiser ausgeräumt;
1164	neuer Wendenaufstand von Heinrich und Waldemar I. überwunden;
1165	Verlobung mit der englischen Königstochter Mathilde;
1165/66	Heinrich nimmt Haldensleben, Gatersleben usw. in Besitz;
1166	der Kaiser beschwichtigt die sächsischen Gegner Heinrichs;
1167	neue Kämpfe mit den sächsischen Fürsten
1168	Hochzeit Heinrichs mit Mathilde;
1168, 1169 und 1170	schlichtet der Kaiser immer wieder Verschwörungen um seinen Vetter Heinrich;

1172 Pilgerzug ins Heilige Land;
1174 Ausbau von Braunschweig;
1176 Unterredung mit dem Kaiser in Chiavenna;
1177 Heinrich zieht mit den Dänen gegen die Wenden;
1177 Zwist mit Bischof von Halberstadt beginnt;
1178 Erzbischof von Köln fällt in Sachsen ein;
1179 Heinrich wird geächtet;
1180 Heinrich verliert Sachsen und Bayern und verfällt der Oberacht;
1180 1. Reichsheerzug gegen Heinrich;
1181 Haldensleben wird überschwemmt;
1181 2. Reichsheerzug gegen Heinrich, Friedrich nimmt Lübeck, Heinrich gibt auf und wird verbannt;
1182/85 Exil in England;
1189 erneut im Exil, Gemahlin stirbt;
1189/90 aus dem Exil zurück, Kämpfe mit den Kaiserlichen;
1190 Frieden von Fulda;
1195 Heinrich der Löwe stirbt am 6. August zu Braunschweig

Stammbaum der Welfen

Welf, Gf. i. Schwaben, † vor 825
∞ Heilwig aus Schwaben, später Äbtissin zu Chelles

- Judith † 843 ∞ Kaiser Ludwig d. Frommen
- Emma † 876 ∞ König Ludwig d. Deutschen
- Konrad I., Gf. i. Argen- u. Linzgau, † 863, ∞ Adelheid, T. d. Gf. Hugo von Tours
  - Welf I., Gf. i. Argen- u. Linzgau, † vor 876
    - Eticho, Gf. i. Ammergau, † um 910
      - Heinrich mit dem goldenen Pflug ∞ Atha von Hohenwart
        - Konrad d. Heilige Bisch. v. Konstanz 934–975
        - Rudolf I.
          - Rudolf II., Gf. i. Altdorf ∞ Ita, T. d. Gf. Kuno v. Öhningen
            - Welf II., Gf. i. Lechrain, † 1030 ∞ Irmtrud, T. d. Gf. Friedrich v. Luxemburg
  - Konrad II., Gf. v. Auxerre † vor 876, ∞ Waldrada
    - Rudolf I., Kg. v. Hochburgd., † 912 ∞ Willa, T. d. Kg. Boso v. Niederburgd.
      - Rudolf II., Kg. v. Hochburgd., † 937 ∞ Bertha, T. d. Hzg. Burchard v. Schwaben
        - Rudolf III., Kg. v. Burgund, † 1032
  - Hugo, Erzb. v. Köln 864–866, † 886

Nachkommen Welfs II.

- Welf III., Hzg. v. Kärnten † 1055
- Kunigunde † vor 1055 ∞ Azzo II., Mkg. v. Este, † 1097
  - Welf IV., Hzg. v. Bayern, † 1101 ∞ Judith, T. d. Gf. Balduin IV. v. Flandern
    - Welf V., Hzg. v. Bayern, * um 1073, † 1120, ∞ Mathilde, T. d. Mkg. Bonifacius v. Tuscien
    - Heinrich d. Schwarze, Hzg. v. Bayern, * um 1074, † 1126, ∞ Wulfhild Billung, T. d. Hzg. Magnus v. Sachsen
      - Heinrich der Stolze, Hzg. v. Bayern u. Sachsen, * um 1100, † 1139, ∞ Gertrud, T. d. Kaisers Lothar III.
        - Heinrich der Löwe, Hzg. v. Bayern und Sachsen, * vermutl. 1129, † 1195, ∞ 1149 Clementia, T. d. Hzg. Konrad I. v. Zähringen, gesch. 1162, ∞ 1168 Mathilde, T. d. Kg. Heinrich II. v. England
      - Sophie, † 1145, ∞ Berthold III. v. Zähringen, dann Leopold, Mkg. v. Steyer
      - Judith, * um 1100, † 1130, ∞ Friedrich II., Hzg. v. Schwaben
      - Welf VI., Hzg. v. Spoleto, * 1115, † 1191, ∞ Uta, T. d. Gf. Gottfried v. Calw
        - Welf VII., † 1167
  - Fulko I., Mkg. v. Este, † 1128

(Heinrich der Löwe wird H. d. L. abgekürzt; Kaiser Friedrich I. Barbarossa der Einfachheit halber Barb.)

Bibliographische Hinweise

Unter der benutzten Literatur bilden die Bände der Reihe »Geschichtsschreiber der deutschen Vorzeit« sowie die bisher erschienenen einschlägigen Bände der Freiherr vom Stein-Gedächtnisausgabe »Ausgewählte Quellen zur deutschen Geschichte des Mittelalters«, herausgegeben von R. Buchner (Darmstadt 1961 ff.) die Grundlagen. Dazu kommt die unentbehrliche »Geschichte der deutschen Kaiserzeit« von W. von Giesebrecht (Band 5 und 6, 1888 und 1895) sowie die älteren Biographien von H. Prutz (1865) und M. Philippson (2. Auflage 1918). Folgende monographische Literatur wurde benutzt:

Appelt, H.: Heinrich der Löwe und die Wahl Friedrich Barbarossas. In: Festschrift für H. Wiesflecker. 1973.

Arnold von Lübeck: Chronik. Übersetzt von J. M. Laurent und W. Wattenbach. 3. Auflage 1940.

Aubin, H. und *Zorn, W.* (Hrsg.): Handbuch der deutschen Wirtschafts- und Sozialgeschichte, Bd. 1. 1971

Bärmann, J.: Die Städtegründungen Heinrichs des Löwen und die Stadtverfassung des 12. Jahrhunderts. 1961.

Biereye, W.: Die Wendeneinfälle der Jahre 1178, 1179, 1180 und die Herausforderung Heinrichs des Löwen zum Zweikampf durch Markgraf Dietrich von Landsberg. In: Historische Zeitschrift. 1916.

Biereye, W.: Die Kämpfe gegen Heinrich den Löwen in den Jahren 1177 bis 1181. In: Festschrift für D. Schäfer. 1915.

Borst, A.: Lebensformen im Mittelalter. 1973.

Borst, A. (Hrsg.): Das Rittertum im Mittelalter. 1976.

Bosl, K.: Bayerische Geschichte. 1971.

Brackmann, A.: Die Wandlung der Staatsanschauungen im Zeitalter Kaiser Friedrichs I. In: Historische Zeitschrift. 1931.

Brüske, W.: Untersuchungen zur Geschichte des Lutizenbundes. 1955.

Bühler, J.: Die Kultur des Mittelalters. 4. Auflage 1948.

Cartellieri, A.: Weltgeschichte als Machtgeschichte. Band 5. 1972.

Crombie, A. C.: Von Augustinus bis Galilei. 1964.

Diestelkamp, B.: Welfische Städtegründungen und Stadtrechte des 12. Jahrhunderts. In: Zeitschrift der Savigny-Stiftung für Rechtsgeschichte, Germanistische Abteilung. 1964.

Durant, H.: Das Zeitalter des Glaubens. 1966.

Eggert, O.: Dänisch-wendische Kämpfe in Pommern und Mecklenburg 1157–1200. In: Baltische Studien, Neue Folge Band XXX. 1928.

Eggert, O.: Die Wendenzüge Waldemars I. und Knuts VI. von Dänemark nach Pommern und Mecklenburg. In: Baltische Studien, Neue Folge Band XXIX. 1927.

Engels, O.: Die Staufer. 2. Auflage 1977.

Feldhaus, F. M.: Technik der Antike und des Mittelalters. 1931.

Feldmann, K.: Herzog Welf VI. und sein Sohn. 1971.

Fichtenau, H.: Von der Mark zum Herzogtum. 2. Auflage 1965.

Freytag, H.-J.: Der Nordosten des Reiches nach dem Sturz Heinrichs des Löwen. In: Deutsches Archiv für Erforschung des Mittelalters. 1969.

Fried, J.: Königsgedanken Heinrichs des Löwen. In: Archiv für Kulturgeschichte. 1973.

Gronen, E.: Die Machtpolitik Heinrichs des Löwen. 1919.

Haberkern, E. und *Wallach, J. F.:* Hilfswörterbuch für Historiker. 2. Auflage 1964.

Hable, G. und *Sterl, R. W.:* Geschichte Regensburgs. 1970.

Haendle, O.: Die Dienstmannen Heinrichs des Löwen. 1930.

Hampe, K.: Deutsche Kaisergeschichte in der Zeit der Salier und Staufer. 12. Auflage 1968, bearbeitet von F. Baethgen.

Handbuch der historischen Stätten Deutschlands. Verschiedene Bände.

Hardegen. F.: Imperialpolitik König Heinrichs II. von England. 1905.

Hasenritter, F.: Beiträge zum Urkunden- und Kanzleiwesen Heinrichs des Löwen. 1936.

Hecker, H.: Die territoriale Politik des Erzbischofs Philipp I. von Köln. 1883.

Helmold von Bosau: Slawenchronik. Neu übertragen und erläutert von Heinz Stoob. 1963.

Herrad von Landsberg: Hortus deliciarum. Hrsg. von A. Straub und G. Keller. 1901.

Heydel, J.: Das Itinerar Heinrichs des Löwen. In: Niedersächsisches Jahrbuch. 1929.
Hildebrand, R.: Der sächsische »Staat« Heinrichs des Löwen. 1937.
Hofmeister, A.: Der Kampf um die Ostsee vom 9. bis 12. Jahrhundert. 1960.
Hömberg, A. K.: Westfalen und das sächsische Herzogtum. 1963.
Hoppe, W.: Erzbischof Wichmann von Magdeburg. In: Die Mark Brandenburg, Wettin und Magdeburg. 1965.
Hubensteiner, B.: Bayerische Geschichte. 6. Auflage 1977.
Hugelmann, K. G.: Stämme, Nation und Nationalstaat im deutschen Mittelalter. 1955.
Hüttebräuker, L.: Das Erbe Heinrichs des Löwen. 1927.
Jentzsch, U.: Heinrich der Löwe im Urteil der deutschen Geschichtsschreibung. 1939.
Jordan, K.: Die Bistumsgründungen Heinrichs des Löwen. 1939.
Jordan, K.: Heinrich der Löwe und Dänemark. In: Festschrift für O. Becker. 1954.
Jordan, K.: Heinrich der Löwe und Bremen. In: Festschrift für W. Koppe. 1973.
Jordan, K.: Das politische Kräftespiel an Oberweser und Leine um die Mitte des 12. Jahrhunderts. In: Festschrift für H. Heimpel. 1971/72.
Jordan, K.: Sachsen und das deutsche Königtum im hohen Mittelalter. In: Historische Zeitschrift. 1970.
Jordan, K.: Herzogtum und Stamm in Sachsen während des hohen Mittelalters. In: Niedersächsisches Jahrbuch. 1958.
Jordan, K. und *Gosebruch, M.:* 800 Jahre Braunschweiger Burglöwe. 1967.
Kahl, H.-D.: Slawen und Deutsche in der brandenburgischen Geschichte des 12. Jahrhunderts. 1964.
Kahl. H.-D.: Zum Ergebnis des Wendenkreuzzuges von 1147. In: Heidenmission und Kreuzzugsgedanke in der deutschen Ostpolitik des Mittelalters. 1963.
Kamphausen, A.: Die Baudenkmäler der deutschen Kolonisation in Ostholstein und die Anfänge der nordosteuropäischen Backsteinarchitektur. 1938.
Keyser, E. (Hrsg.): Deutsches Städtebuch. 1939 ff.
König, E. (Hrsg.): Historia Welforum. 1938.

Krüger, E.: Die Schreib- und Malwerkstatt der Abtei Helmarshausen bis in die Zeit Heinrichs des Löwen. 1972.
Langosch, K.: Profile des lateinischen Mittelalters. 1965.
Läwen, G.: Die herzogliche Stellung Heinrichs des Löwen in Sachsen. 1936.
Leyen, F. v. d. (Hrsg.): Das Buch deutscher Dichtung, Band 1: Frühes und hohes Mittelalter. 1939.
Lubenow, H.: Heinrich der Löwe und die Reichsvogtei Goslar. In: Niedersächsisches Jahrbuch. 1973.
Lucidarius: Neuausgabe von F. Heidlauf. 1915.
Mau, H.: Heinrich der Löwe. 1943.
Mayer, Th., Heilig, K., Erdmann, C.: Kaisertum und Herzogsgewalt im Zeitalter Friedrichs I. 1944.
Meier, P. J.: Die Münz- und Städtepolitik Heinrichs des Löwen. In: Niedersächsisches Jahrbuch. 1925.
Meyer, H.: Die Militärpolitik Friedrich Barbarossas im Zusammenhang mit seiner Italienpolitik. 1930.
Meyer, H.: Bürgerfreiheit und Herrschergewalt unter Heinrich dem Löwen. In: Historische Zeitschrift. 1932.
Mitteis, H.: Politische Prozesse des frühen Mittelalters in Deutschland und Frankreich. 1927.
Mohrmann W.-D. (Hrsg.): Heinrich der Löwe. 1980.
Monumenta germaniae historica: Die Urkunden Heinrichs des Löwen. Bearbeitet von K. Jordan. 1942.
Nitschke, A.: Naturerkenntnis und politisches Handeln im Mittelalter. 1967.
Ohnsorge, W.: Die Byzanzpolitik Barbarossas und der »Landesverrat« Heinrichs des Löwen. In: Deutschles Archiv für Erforschung des Mittelalters. 1943.
Otto von Freising und Rahewin: Die Taten Friedrichs. Übersetzt von A. Schmidt, hrsg. von F.-J. Schmale. 1965.
Otto von St. Blasien: Chronik. Übersetzt von Horst Kohl. 1881.
Philippi, F.: Heinrich der Löwe als Beförderer von Kunst und Wissenschaft. In: Historische Zeitschrift. 1922.
Platner, K. und *Wattenbach, W.* (Hrsg.): Die Kölner Königschronik. 2. Auflage 1896.
Poole, A. L.: Die Welfen in der Verbannung. In: Deutsches Archiv für Erforschung des Mittelalters. 1938.

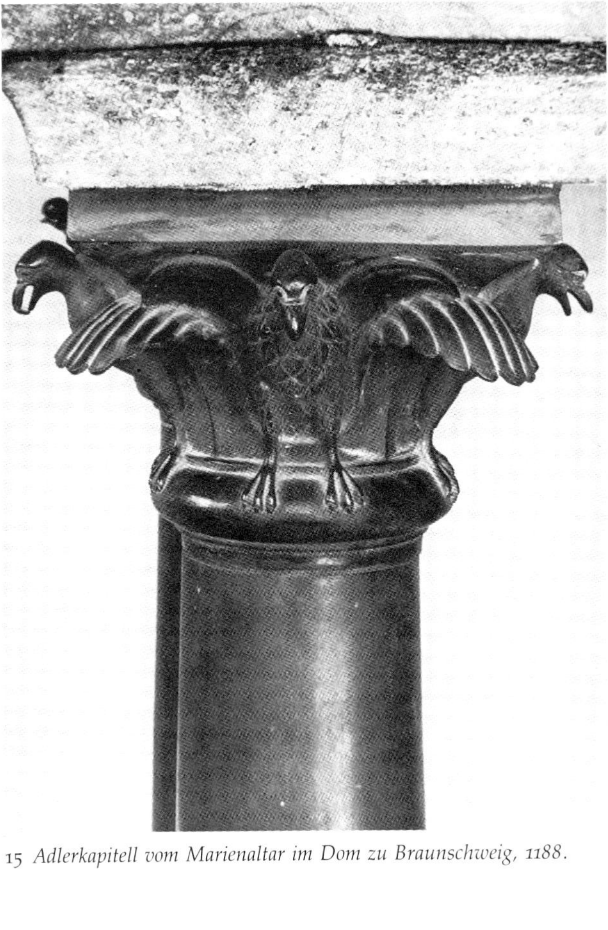

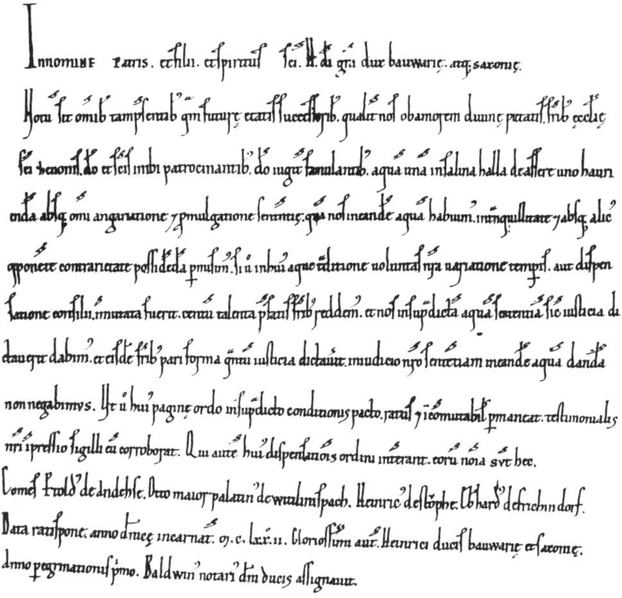
Innomine patris. et filii. et spiritus sci. H. di gra dux bauwarie. atq; saxonie.
Notu sit omib tam psentib qm futuris etatis successorib. qualiter nos ob amorem diuine pietatis. fratrib ecclie
sci zenonis. deo et scis inibi patrocinantib. do iugiter famulantib. aquam unam in salina halla de afferre uno hauri
enda absq; omi angariatione et promulgatione seruitutis. qua nos in eande aqua habuim. in tranquillitate et absq; alic
opponente contrarietate possidenda pmisim. Si u in hui aque editione uoluntas nra uariatione tempis. aut dispen
satione consilii. inmutata fuerit. centu talenta platis fratrib reddem. et nos insup dicta aqua sententia sic iusticia di
dauerit dabim. et eisde fratrib pari forma qntu iusticia dictauit. in iudicio nro sententiam in eande aqua danda
non negabimus. Ut u hui pagine ordo insupdicto conditionis pacto. ratus et incomutabil pmaneat. testimonialis
nri impressio sigilli eam corroborat. Qui autem hui dispensationis ordini interfuerant. eoru noia sunt hec.
Comes Frid de Andechse. Otto maior palatin de Witilinespach. Heinric de Stoufe. Ebhard de Friedrichdorf.
Data ratispone. anno dnice incarnat. m. c. lxx. ii. Gloriosissimi aut Heinrici ducis bauwarie et saxonie.
Anno peregrinationis pmo. Balduuin notari dni ducis assignauit.

Urkunde Heinrichs des Löwen: Heinrich schenkt dem Stift St. Zeno einen Anteil an der Saline in Reichenhall. Regensburg, Februar 1172 (KU ST. Zeno 13)

Welt seine Würde und seinen Reichtum zu präsentieren. Und schließlich konnte Erzbischof Wichmann von Magdeburg, den er vor zwei Jahren noch völlig unmotiviert angegriffen hatte, seine zur Versöhnung ausgestreckte Hand kaum zurückweisen, wenn es galt, den Herzog für eine fromme Pilgerfahrt freizustellen. Der Kirchenfürst war sogar bereit, den Herzog während dessen Abwesenheit zu vertreten, und er gab damit die beste Versicherung für die Einhaltung des Friedens ab.

Mit rund 500 Rittern brach Heinrich der Löwe mitten im Winter, im Januar 1172 in Braunschweig auf, begleitet von Bischof Konrad von Lübeck, mit dem er sich wieder ausge-

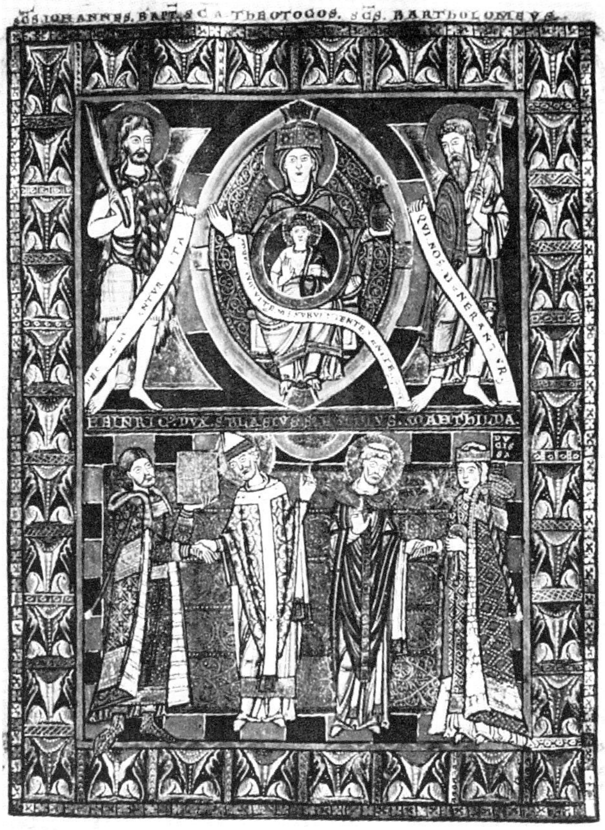

DAS REICH
FRIEDRICHS I. BARBAROSSA
MIT DEN HERZOGTÜMERN
Friesland
Nimwegen
Brügge
Gent
Köln
Maas
Aachen
Rhein
Gft. Hennegau
HZM. NIEDER-LOTHRINGEN
Rouen
Trier
Mosel
Reims
Seine
HZM. OBER-LOTHRINGEN
Englisches Lehen
Paris
Toul
Le Mans
KÖNIGREICH
Sens
Nantes
Orléans
Tours
Loire
Elsaß
Bourges
Besancon
Gft. Burgund
Poitiers
FRANKREICH
Englisches Lehen
Gft. Savoyen
Dordogne
Garonne
Susa
Agen
Rhône
BURGUND
Toulouse
Arles
Gft. Provence
KGR. NAVARRA
KÖNIGREICH ARAGON
Ebro
MITTELMEER

DAS HERZOGTUM
SACHSEN
unter Heinrich dem Löwen
NORDSEE
Schleswig
Eider
Wagrier
Lübeck
Rostock
Kessiner
Demmin
Obotriten
Circipaner
Ratzeburg
Hamburg
Stade
Schwerin
Polaber
Elbe
Friesischer Stammesbereich
Bardowick
Lüneburg
Bremen
Weser
Verden
Havelberg
Havel
MARK BRANDENBURG
Aller
Ems
Osnabrück
Brandenburg
Lutizen
Braunschweig
Haldensleben
Hildesheim
Magdeburg
Münster
Halberstadt
Goslar
Quedlinburg
Leine
Paderborn
Dortmund
MARK LANDSBERG
Geleitrechte bis zum Rhein
Fulda
Saale
LDGFT. THÜRINGEN
Köln
Erfurt
Werra
Rhein
BÖHMEN
HZM. FRANKEN
Frankfurt
Mainz
Gebiet besonders dichten Besitzes von Grafschaften und Eigengütern

Reincke, H.: Forschungen und Skizzen zur Geschichte Hamburgs. 1951.
Schambach, K.: Der genaue Tag des Achtspruches und Aberachtspruches im Prozeß Heinrichs des Löwen. In: Zeitschrift der Savigny-Stiftung für Rechtsgeschichte, Germanistische Abteilung. 1952.
Schmid, K.: Welfisches Selbstverständnis. In: Festschrift für G. Tellenbach. 1968.
Schmidt T.: Die Grablege Heinrichs des Löwen im Dom zu Braunschweig. In: Braunschweigisches Jahrbuch 1974.
Solleder, F.: München im Mittelalter. 1938.
Southern, R. W.: Gestaltende Kräfte des Mittelalters. 1960.
Spindler, M.: Handbuch der bayerischen Geschichte, 1. Band. 1968.
Stengel, E. E.: Zum Prozeß Heinrichs des Löwen. In: Deutsches Archiv für Erforschung des Mittelalters. 1942.
Swarzenski, G.: Aus dem Kunstkreis Heinrichs des Löwen. In: Städel-Jahrbuch. 1932.
Theophilus, Presbyter: Schedula diversarum artium. Neuausgabe (Auswahl) von W. Theobald. 1933.
Vincenz von Prag und Gerlach von Mühlhausen: Jahrbücher. Übersetzt von G. Grandaur. 1889.
Waas, A.: Der Mensch im deutschen Mittelalter. 1964.
Wellner, F. (Hrsg.): Die Troubadours. 1942.
White, L.: Die mittelalterliche Technik. 1968.
Wilke, S.: Das Goslarer Reichsgebiet und seine Beziehungen zu den territorialen Nachbargewalten. 1970.
Winkelmann, E. (Hrsg.): Die Jahrbücher von Magdeburg. 2. Auflage 1895.
Winkelmann, E. und *Wattenbach, W.* (Hrsg.): Die Chronik von Stederburg. 2. Auflage 1895.
Winkelmann, E. und *Wattenbach, W.* (Hrsg.): Die Jahrbücher von Pöhlde. 2. Auflage 1894.
Zauner, A.: Die territoriale Entwicklung Oberösterreichs unter den Babenbergern. In: Jahrbuch für Landeskunde von Niederösterreich. 1976.

Zusätzlich zu diesen Literaturangaben sei auch auf die Bibliographien zu den Ausführungen über Heinrich den Löwen von K. Jordan in der »Neuen deutschen Biographie«, Band 8, 1969 und von K. Jordan sowie K. Bosl in Gebhardt, »Handbuch der deutschen Geschichte«, Band 1, 9. neubearbeitete Auflage 1970 hingewiesen.

Bildquellennachweis

Archiv für Kunst und Geschichte, Berlin: Abb. 20, 23
Bayerisches Hauptstaatsarchiv, München: Abb. 4, 11, 18, 19, 27
Bildarchiv Foto Marburg, Marburg: Abb. 30
Bildarchiv Preußischer Kulturbesitz, Berlin: Abb. 24, 29
Foto Willi Birker, Braunschweig: Abb. 1, 8, 9, 12, 13, 14, 15, 16, 22, 31
Foto Archiv Gerstenberg, Frankfurt/Main: Abb. 21, 28
Herzog Anton Ulrich Museum, Braunschweig (Foto B. P. Keiser): Abb. 25, 32
Foto Meyer, Wien: Abb. 17
Niedersächsisches Staatsarchiv, Wolfenbüttel: Abb. 2 (Christine Schneegans), 3 (Christine Schneegans), 5 (Dieter Matthes), 6 (Dieter Matthes), 7 (Christine Schneegans), 10 (Christine Schneegans), 26 (Christine Schneegans)

Die Abbildungen im Text:
Archiv Gerstenberg, Frankfurt/Main (S. 41, 69, 107, 239); *Bayerisches Hauptstaatsarchiv*, München (S. 178).

Karten im Anhang: Christel Aumann (S. 288–291)

Alte Welt und Mittelalter
im insel taschenbuch

Apuleius: Der goldene Esel. Mit Illustrationen von Max Klinger zu ›Amor und Psyche‹. Aus dem Lateinischen von August Rode. Mit einem Nachwort von Wilhelm Haupt. it 146

Augustinus: Bekenntnisse. Lateinisch und deutsch. Eingeleitet, übersetzt und erläutert von Joseph Bernhart. Mit einem Vorwort von Ernst Ludwig Grasmück. it 1002

Joseph Bédier: Der Roman von Tristan und Isolde. Mit Holzschnitten von 1484. Deutsch von Rudolf G. Binding. it 387

Boethius: Trost der Philosophie. Zweisprachige Ausgabe. Lateinisch und deutsch. Mit einem Nachwort von Ernst Ludwig Grasmück. it 1215

Otto Borst: Alltagsleben im Mittelalter. Mit zeitgenössischen Abbildungen. it 513

Roberto Calasso: Die Hochzeit von Kadmos und Harmonia. Aus dem Italienischen von Moshe Kahn. it 1476

Catull: Sämtliche Gedichte. Lateinisch und deutsch. Aus dem Lateinischen von Carl Fischer. Mit einem Nachwort von Bernhard Kytzler. it 1736

Dante: Die Göttliche Komödie. Mit fünfzig Holzschnitten von Botticelli. Deutsch von Friedrich Freiherr von Falkenhausen. 2 Bde. it 94

Epiktet: Wege zum glücklichen Handeln. Aus dem Lateinischen von Wilhelm Capelle. it 1458

Epikur: Philosophie der Freude. Briefe, Hauptlehrsätze, Spruchsammlung, Fragmente. Übertragen und mit einem Nachwort versehen von Paul M. Laskowsky. it 1057

Erasmus von Rotterdam: Das Lob der Torheit. Mit den Randzeichnungen von Hans Holbein dem Jüngeren. Übersetzt und herausgegeben von Uwe Schultz. it 369

Das Evangeliar Heinrichs des Löwen. Erläutert von Elisabeth Klemm. Mit farbigen Bildtafeln. it 1121

Geschichten aus dem Mittelalter. Herausgegeben von Hermann Hesse. Aus dem Lateinischen übersetzt von Hermann Hesse und J. G. T. Graesse und mit Nacherzählungen von Leo Greiner. Neu zusammengestellt von Volker Michels. it 161

Götter, Spötter und Verrückte. Antike Anekdoten. Herausgegeben von Gerhard Fink. it 1720

Griechisches Theater. Aischylos: Die Perser. Die Sieben gegen Theben. Sophokles: Antigone. König Ödipus. Elektra. Aristophanes: Die Vögel. Lysistrata. Menander: Das Schiedsgericht. Deutsch von Wolfgang Schadewaldt. it 721

151/1/3.95

Alte Welt und Mittelalter im insel taschenbuch

Hermann Grimm: Das Leben Michelangelos. it 1758

Helmut Hiller: Heinrich der Löwe. Herzog und Rebell. Eine Chronik von Helmut Hiller. it 922

Homer: Ilias. Neue Übertragung von Wolfgang Schadewaldt. Mit antiken Vasenbildern. it 153

Ilias. Odyssee. In der Übertragung von Johann Heinrich Voß. it 1204

Horaz: Oden. Lateinisch und deutsch. Neu übertragen von Winfried Tilmann. it 1418

Ibn Hazm: Von der Liebe und den Liebenden. Aus dem arabischen Urtext übertragen von Max Weißweiler. it 1757

Klosterleben im deutschen Mittelalter. Nach zeitgenössischen Quellen von Johannes Bühler. Mit zahlreichen Abbildungen. Herausgegeben von Georg A. Narciß. it 1135

Christoph Kolumbus: Bordbuch. Mit einem Nachwort von Frauke Gewecke und zeitgenössischen Illustrationen. it 476

Dieter Kühn: Ich Wolkenstein. Eine Biographie. Neue, erweiterte Ausgabe. it 497

– Neidhart aus dem Reuental. it 1389

– Parzival. Der Parzival des Wolfram von Eschenbach. it 1328

Longus: Daphnis und Chloë. Ein antiker Liebesroman. Aus dem Griechischen übersetzt und mit einem Nachwort von Arno Mauersberger. Mit Illustrationen der »Edition du Régent«. it 136

Thomas Malory: Die Geschichten von König Artus und den Rittern seiner Tafelrunde. 3 Bde. Übertragen von Helmut Findeisen auf der Grundlage der Lachmannschen Übersetzung. Mit einem Nachwort von Walter Martin. Mit Illustrationen von Aubrey Beardsley. it 239

Marc Aurel: Selbstbetrachtungen. Aus dem Lateinischen von Otto Kiefer. Mit einem Vorwort von Klaus Sallmann. it 1374

Meister Eckhart: Das Buch der göttlichen Tröstung. Ins Neuhochdeutsche übertragen von Josef Quint. it 1005

Minnesinger. In Bildern der Manessischen Liederhandschrift. Mit Erläuterungen herausgegeben von Walter Koschorreck. Vierundzwanzig Abbildungen. it 88

Die Nibelungen. In der Wiedergabe von Franz Keim. Mit Illustrationen von Carl Otto Czeschka. Mit einem Vor- und Nachwort von Helmut Brackert. Im Anhang die Nacherzählung ›Die Nibelungen‹ von Gretel und Wolfgang Hecht. it 14

Ovid: Liebeskunst. Nach der Übersetzung von W. Hertzberg. Bearbeitet von Franz Burger-München. Mit Abbildungen nach etruskischen Wandmalereien. it 164

151/2/3.95

Alte Welt und Mittelalter im insel taschenbuch

Ovid: Metamorphosen. In der Übertragung von Johann Heinrich Voß. Mit den Radierungen von Pablo Picasso und einem Nachwort von Bernhard Kytzler. it 1237

Francesco Petrarca: Dichtungen. Briefe. Schriften. Auswahl und Einleitung von Hanns W. Eppelsheimer. it 486

Platon: Sämtliche Werke. Griechisch und deutsch. Nach der Übersetzung Friedrich Schleiermachers, ergänzt durch Übersetzungen von Franz Susemihl u.a. Griechischer Text nach der letztgültigen Gesamtausgabe der Association Guillaume Budé. Herausgegeben von Karlheinz Hülser. Zehn Bände in Kassette. it 1401-1410

Band I:	Ion. Protagoras. Apologie. Kriton. Laches. Lysis. Charmides. it 1401
Band II:	Eutyphron. Alkibiades I. Gorgias. Menexenos. it 1402
Band III:	Menon. Kratylos. Euthydemos. Hippias maior. it 1403
Band IV:	Hippias minor. Symposion. Phaidon. it 1404
Band V:	Politeia. it 1405
Band VI:	Phaidros. Theaitetos. it 1406
Band VII:	Parmenides. Sophistes. Politikos. it 1407
Band VIII:	Philebos. Timaios. Kritias. it 1408
Band IX:	Nomoi. it 1409
Band X:	Briefe. Unechtes. it 1410

– Das Trinkgelage oder Über den Eros. Übertragung, Nachwort und Erläuterungen von Ute Schmidt-Berger. Mit einer Wirkungsgeschichte von Jochen Schmidt und griechischen Vasenbildern. it 681

Der Sachsenspiegel in Bildern. Aus der Heidelberger Bilderhandschrift ausgewählt und erläutert von Walter Koschorreck. it 218

Sappho. Neu übertragen und kommentiert von Stefanie Preiswerk-zum Stein. Mit farbigen Abbildungen. it 1229

Sappho: Strophen und Verse. Übersetzt und herausgegeben von Joachim Schickel. it 309

Gustav Schwab: Sagen des klassischen Altertums. 3 Bde. Mit sechsundneunzig Zeichnungen von John Flaxman und einem Nachwort von Manfred Lemmer. it 127

Seneca für Manager. Sentenzen. Ausgewählt und übersetzt von Gerhard Schoeck. it 1656

Seneca: Vom glücklichen Leben. Philosophische Schriften und Briefe. Herausgegeben und aus dem Lateinischen übertragen von Heinz Berthold. it 1457

– Von der Seelenruhe. Philosophische Schriften und Briefe. Herausgegeben und aus dem Lateinischen übertragen von Heinz Berthold. it 743

151/3/3.95

Alte Welt und Mittelalter
im insel taschenbuch

Sophokles: Aias. Übertragen von Wolfgang Schadewaldt. Herausgegeben von Hellmut Flashar. Mit zahlreichen Abbildungen. it 1562

– Antigone. Übertragen und herausgegeben von Wolfgang Schadewaldt. Mit einem Nachwort, einem Aufsatz, Wirkungsgeschichte und Literaturhinweisen. it 70

– Antigone. Übersetzt von Hölderlin. Bearbeitet von Martin Walser und Edgar Selge. it 1248

– Elektra. Übertragen von Wolfgang Schadewaldt. Herausgegeben von Hellmut Flashar. Mit zahlreichen Abbildungen. it 1616

– König Ödipus. Übertragen und herausgegeben von Wolfgang Schadewaldt. Mit einem Nachwort, drei Aufsätzen, Wirkungsgeschichte und Literaturnachweisen. it 15

Tacitus: Germania. Zweisprachig. Übertragen und erläutert von Arno Mauersberger. it 471

Der tanzende Tod. Mittelalterliche Totentänze. Herausgegeben, eingeleitet und übersetzt von Gert Kaiser. it 647

François Villon: Sämtliche Dichtungen. Zweisprachige Ausgabe. Aus dem Französischen von Walther Küchler. it 1039

151/4/3.95